JN448617

요한계시록

– 장윤철 목사

______________ 님께

______________ 드립니다.

나됨

책 머리에

장윤철 목사

우리는 마지막 때를 살고 있습니다. 예수께서 말씀하신 그날들의 징조들을 내다보면서, 아니 우리의 눈으로 그런 것들이 하나하나 이루어지는 것들을 직접 보면서 고통의 때를 살고 있습니다(딤후 3:1).

하나님의 정하신 뜻은 변함없이 이루어질 것입니다. 하나님의 말씀은 일점일획이라도 변함없이 다 이루어진다고 말씀하셨기 때문입니다(마 5:18).

지금은 일어나 정신을 차리고 머리를 들어 위를 바라볼 때입니다(눅 21:36; 롬 13:11). 등만 들고 잠자고 있는 자들이 아니라, 또 다른 지혜 있는 처녀들의 준비하고 깨어 있는 모습으로, 예수의 혼인 잔치에 참여하는 영광 얻기를 소망하며 더욱 신앙에 열심을 낼 때입니다(마 25:10; 계 19:9).

요한계시록은 "이후에 마땅히 일어날 일들을"(계 4:1) 기록하고 있는 책입니다. 그러므로 우리가 장차 일어날 일들을 바로 알고 대비하며 무장하는 일은 성도들에게는 필수적인 것이라 하겠습니다. 계시록이 어렵고 이해하기 어려운 책이라 하지만, 성령께서 영감을 주시고, 베뢰아 교인들처럼 간절한 마음으로 말씀을 받고, 이것이 그러한가 아닌가 하여 날마다 성경을 상고하고 묵상하며 연구하는 일은 우리가 해야 할 일이며 주어진 과제입니다(행 17:11).

어둠 속에 작은 빛이 되고자 하는 심정으로, 감히 부족한 사람이 계시록에 담은 뜻과 말씀과 묵시를 풀어보려고 노력했습니다. 함께 나누고자 하는 작은 마음의 시작에서 비롯되었습니다.

그리고 존경하는 김형태 목사님의 가르침과 사명자들을 위한 목사님의 정신과 헌신에, 조금이나마 보답하고자 하는 작은 몸부림으로 이 글을 썼습니다.

읽는 분들께 도움이 되었으면 합니다.

2018년 2월　장윤철 목사

추천의 글

김성철 목사

장윤철 목사님은 자신을 드러내지 아니하고 꾸준히 하나님의 역사를 감당하는 사명의 동역자십니다.

언제나 변함없이 예수님을 사랑하고 삶을 온전히 제물로 바치기 위하여 힘쓰시는 모습을 봅니다.

금번에 요한계시록을 연구하신 결과물로 『요한계시록』을 펴내게 되었습니다.

얼마나 반갑고 기쁜지 모릅니다.

친절히 한 절 한 절 주해하는 가운데, 깊이 있고 은혜로우신 하나님의 말씀을 독자들로 하여금 체험할 수 있도록 애쓰셨습니다.

추미애 사모님의 헌신적 내조를 잊을 수 없습니다.

늘 곁에서 기도하시고 책을 쓰실 수 있도록 응원하셨지요.

표지도 사모님의 작품입니다.

아름다운 석양의 그림이기도 하지만, 어찌 보면 쓸쓸하고 외로운 한 날의 끝을 표현하였습니다.

역사의 마지막은 하나님의 새로운 시작을 알리는 징조이기도 함을 성경은 말씀하고 있으며, 이를 조용히 표현한 것이라 생각되어집니다.

창세기를 '하나님께서 처음에 일을 이렇게 시작하셨다'를 기록한 하나님의 말씀이라 한다면, 요한계시록은 '하나님께서 마침내 그 일을 이렇게 이루신다'를 기록한 하나님의 말씀입니다.

이 책은 그 일을 이루시는 하나님의 역사를 말씀을 통해 돌아보게 하며 오늘을 사는 일꾼들이 무장할 수 있게 합니다.

목사님의 글을 대하는 이마다 주님의 은혜와 능력이 함께하심을 체험하는 귀한 역사가 일어나길 소원하며, 영광을 하나님께 돌립니다.

2018년 2월

김성철 목사(용문장로교회 담임, 성산수도원 원장)

차례 / Contents

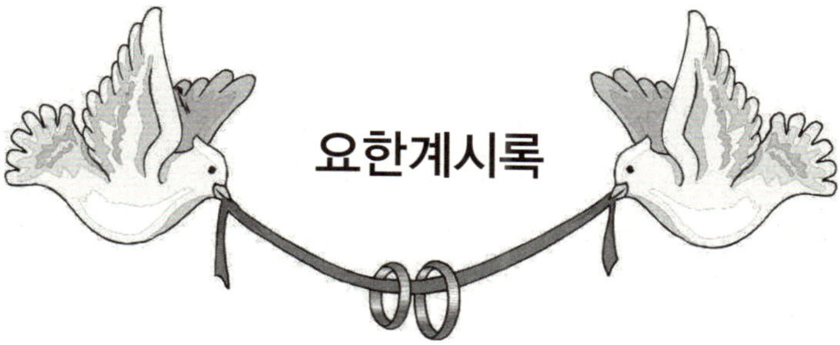

요한계시록

Ⅰ. 서론

신구약 성경의 종결판이요 종합판이라 할 수 있는 요한계시록은 가장 난해한 책이며 많은 오해와 억측을 낳게 한 책이다. 확실히 계시록은 어떤 책과는 다른 그 뜻과 내용과 언어와 상징 등이 인봉되어 있는 듯 보인다. 언어는 때로는 은밀하고 상징은 종종 별스럽다 못해 괴팍스럽다. 그 내용과 뜻은 쉽게 이해할 수 없는 고문서(古文書)와 괴문서 같아서 이 책을 해석하는 과정에서 이단사설 등이 많이 생겨난 것도 사실이다. 따라서 요한계시록은 연구하는 학자들이 각기 다양한 평가를 내리는 것은 당연하다.

그러나 계시록은 결코 어렵다거나 인봉된 책이 아니다. 하나님이 우리에게 계시록을 주신 것은 1장 1절에 기록된 대로 "예수 그리스도의 계시"로서 "반드시 속히 될 일을 그 종들에게 보이시려고" 주신 것이요, "그 가운데 있는 것을 지키는 자들이 복"을 받도록 주신 것이다(1:3).[1]

그뿐 아니라 전 성경을 마감하는 입장에서 그 무엇보다도 구속사의 절정의 사건들, 곧 우주와 역사의 궁극적 미래, 사탄이 횡행하며 교회와 성도를 핍박하고 또 유혹하는 현세상의 종결은 물론 새로운 신천신지의 도래 과정과 결과를 묵시로 보여줌으로써 교회와 성도가 현세상의 본질과 그 궁극적인 운명을 바로 인식하여 당장의 시련과 유혹을 극복하고 신앙의 순결을 유지하는 동시에 약동하는 환희 가운데 천국을 소망하는 역동적 삶을 살 수 있는 근본적인 힘과 용기,[2]

1) 권성수, 『요한계시록』(서울: 횃불선교, 1999), p.9.
2) 제자원 편, 『그랜드 종합주석 제16권』(서울: 제자원 성서교재간행사, 1994), p.665.

위로와 희망을 주는 예언서이며 문학작품인 동시에 1세기 말의 발달된 신학논문이기도 하다. 계시록은 하나님이 성도들에게 곤란에 빠뜨리기 위해서 주신 말씀이 아니라 읽고 듣고 복 받기 위해서 주신 말씀임에도 불구하고, 독자들 편에서 볼 때 그것은 상당한 당혹과 논쟁을 야기하고 있다. 그것은 계시록이 그 구조와 장르(묵시문헌)와 그 의미와 그것의 성취시기 등을 파악하기 쉽지 않기 때문이다.[3] 따라서 계시록을 연구한 학자들이 각기 다양한 평가를 내리는 것도 당연하다. 그러므로 계시록에 대한 연구와 바른 해석을 내리는 것은 이 시대의 중요한 과제일 뿐 아니라 우리 신앙과도 직결된 문제이기 때문에 조심스러울 수밖에 없다.

우리는 유대의 묵시문학 속에서 계시록을 이해해야 한다. 그래야 계시록에 나타난 상징적 환상 및 은어·사건 등에 대한 바른 이해를 할 수 있다. 특히 유대의 묵시문학은 국가와 개인을 나타내는 신화적 동물들의 기괴한 상징들을 많이 포함하고 있는데, 계시록은 신약에서 그러한 묵시문학의 특징을 보여주는 유일한 책이다. 한편 유대교나 기독교의 묵시문학들은 이 악한 시대와 마지막 시대를 살아가고 있는 성도들에게 위로를 주는 책이라고 할 수 있다. 오늘날 계시록의 저자가 자신의 상징을 통해서 전달하고자 했던 내용들을 속속들이 이해하지는 못한다. 하지만 박해받은 성도들과 박해자, 그리스도와 적그리스도, 하나님과 마귀 사이에서 벌어지는 우주적인 투쟁에 관한 장엄한 회화적 언어들의 박진감을 느낄 수 있다.[4] 우리는 계시록의 내용을 할 수만 있으면 바로 이해하고 해석할 수 있는 영감을 주시기를 기도하며 계시록을 살펴보고자 한다.

---

3) 위의 책, p.9.

4) 임마누엘 편, 『레마 종합자료씨리즈 제15권』 (광명: 임마누엘, 1990), p.63.

1. 명 칭

본서의 '계시록'이란 제목은 본서 1장 1절의 '계시(ἀποκάλυψις)'라는 낱말에서 유래되었다. 헬라어 원전에서 본서의 제목은 Ἀποκαλυψις Ι ωαννου(아포칼륍시스 이오안누), 즉 '요한의 계시'로 되어 있다. 그러나 엄격한 의미에서 본서의 제목은 Ἀποκαλυψις Ι ησου Χριστους(아포칼륍시스 이예수 크리스투스), 곧 '예수 그리스도의 계시'가 되어야 마땅하다. 왜냐하면 예수 그리스도의 계시가 요한에 의해 기록된 것뿐이기 때문이다.[5]

한편 '계시'라는 말은 '숨다'라는 뜻의 καλύπτω(칼뤼프토)와 '드러남'을 나타내는 전치사 Ἀπο(아포)의 결합형으로서 '하나님 편에서 비밀로 간직해 오던 사물을 드러내 보여 주셨다'는 의미이다. 즉, 그리스도와 그의 나라가 타락한 인류에게 가려졌다가 밧모 섬에 유배되었던 요한에게 천사를 통하여 계시된 것이 본서이다.[6]

2. 저자와 기록 연대

본서의 저자가 요한이라는 사실은 본서 자체가 내증하고 있다(1:1, 2, 4:9, 22:8). 그런데 저자 요한이 자신을 단지 '예수의 종'으로만 소개하고 있어(1:1) 이 요한이 누구인지에 대하여 다소 논란이 있다. 왜냐하면 '요한'이라는 이름과 관련하여 떠올릴 수 있는 당시의 대표적인 인물로서, 사도 요한과 마가 요한, 그리고 소아시아의 예언자 요한 등이 있었기 때문이다. 그러나 요한이 자신을 단순한 예수의 종으로만 소개한 점은 오히려 그가 당시 초대교회 교인들 사이에 널리 알려져 있었던 바 이처럼 자신을 단순히 소개해도, 곧 그 사도적 권위

---

5) 위의 책, p.658
6) 위의 책, p.63.

를 인정받을 수 있었던 인물이었음을 시사해 준다. 그리고 요한이 스스로를 복음 증거로 인해 유배당한 자라고 밝히고 있는 점(1:9)도 사도 요한이 말년에 로마제국 제10대 황제인 도미티아누스(AD 81-96) 시대에 밧모 섬으로 유배당했던 사실과 잘 조화된다. 따라서 본서의 저자 요한은 다른 요한이 아닌 바로 사도 요한인 것으로 사료된다.

한편 본서의 기록 연대에 관해서는 본서 자체에 언급이 없기 때문에 단정하기 어렵다. 그러나 요한이 예수의 복음을 증거하다가 로마정부에 의해 밧모 섬에 유배 되었다는 언급(1:9)에 비추어 볼 때, 본서가 로마제국이 기독교를 극심히 박해하던 시기에 기록한 것만은 분명하다. 이 때문에 학자들에 따라서는 본서의 기록 연대를 ① 클라우디우스(Claudius, AD 41-54) 황제 시대 ② 네로(Nero, AD 54-68) 황제 시대 ③ 베스파시아누스(Vespasianus, AD 69-79) 황제 시대 ④ 도미티아누스(Domitianus, AD 81-96) 황제 시대 등으로 각각 추정하고 있다. 그러나 그 가운데 비교적 많은 학자들의 지지를 받고 있는 견해는 무엇보다도 마지막 네 번째 것이다. 그 이유는 리옹(Lyons)의 주교였던 이레니우스(Irenaeus, AD 140?-200?)가 그의 저술에서 다음과 같이 기록하였기 때문이다. "요한계시록은 오랜 옛날이 아닌 바로 도미티아누스 치세 때 기록되었다.… 요한은 도미티아누스에 의해 밧모 섬에 유배되었다." 이 밖에 클라우디우스와 네로, 베스파시아누스의 기독교 박해가 비교적 각 황제들의 개인적인 이유에서 비롯되었던 반면, 도미티아누스의 기독교 박해는 황제숭배 정책이 로마정부의 본격적인 핍박에 따라 보다 공격적이고 대대적인 성격을 지닌 박해였음에도 본서의 기록 연대를 도미티아누스 치세 당시로 보는 견해를 지지해 준다.

이상의 사실에 의거할 때 본서는 요한이 밧모 섬에 유배당했던 도미티아누스 치세 때에 밧모 섬에서 기록되었을 가능성이 제일 크다.

그런데 이레니우스와 일명 '교회사의 아버지'라고 불리는 가이사랴의 유세비우스(Eusebius of Caesarea, AD 260-339) 등의 기록을 보면 요한의 밧모 섬 유배는 도미티아누스 치세 말기인 AD 95년에 시작되어 네르바 황제가 즉위한 AD 96년 사이의 약 1년 남짓한 기간이었다. 따라서 본서는 AD 95-96년경에 기록되었다고 볼 수 있다.[7)]

3. 수신자

요한계시록은 엄격하게 구분하여 에베소, 서머나, 버가모, 두아디라, 사데, 빌라델비아, 라오디게아 등 소아시아 일곱 교회에 보내진 편지다(1:11). 그리고 그 수신자는 요한이 밝힌 바와 같이 명확하고 대부분의 학자들 사이에서도 인정되었다. 하지만 당시 소아시아에서는 이들 교회보다 크게 성장한 교회들도 있었을 것이다. 그럼에도 불구하고 위의 일곱 교회만을 수신자로 택한 것은 상징적인 수를 중요시한 본서의 성격상 요한이 일곱이라는 완전수를 염두에 두었던 것으로 생각된다. 따라서 본서는 당시 실재했던 소아시아 지역의 교회를 통해서 전 세계 교회로 보내진 것으로 보인다. 특히 소아시아 지역의 교회들은 요한이 말년에 사역한 교회들로서 로마의 대로를 잇는 요지에 위치하였다. 아마도 사도 요한은 소아시아 지역 교회들과의 연고지 문제와 더불어 교통의 요지로서 소아시아의 입지 조건을 생각했던 듯하다.[8)]

4. 기록 목적

요한계시록은 그 기록 과정과 양상에 있어서 여타 성경과 뚜렷이

---

7) 제자원 편, 앞의 책, pp.658-660.
8) 임마누엘 편, 앞의 책, (광명: 임마누엘, 1990), pp.65-66.

구별되는 특징이 있다. 물론 여타 성경도 궁극적으로는 성령의 감동으로 기록된 것이나 1차적으로는 각 성경 기자가 각자의 삶의 자리에서 다양한 배경과 동기로 기록을 한 것인 반면, 본서는 우리 주 예수께서 직접적으로 보여 주시고 또 기록하라고 명한 묵시들을 요한이 기록한 것이다. 즉 계시의 주체인 삼위 하나님의 입장에서 볼 때, 여타 성경 기록이 간접성이 있다면 이는 직접성이 있다 하겠다.

본서의 묵시들은 주의 승천과 오순절 강림으로 태동된 교회가 유대주의자들의 온갖 질시와 박해 및 각종 이방종교 사상을 이겨내고, 이제 AD 90년경에 이르러 로마 전역에 확산되자 로마 정부가 전제국적 차원에서 대박해를 시작함은 물론, 교회 내부에서도 이단사설들이 끊임없이 성도들을 유혹하고 있던 위기 상황을 배경으로 주어지고 기록된 것이다. 즉 이러한 위기 상황에서 무엇보다도 먼저 교회에게 역사의 종말과 그의 따른 교회와 사상의 상이한 운명을 제시함으로써, 교회가 세상 안에서도 세상에 휩쓸리지 않고 그 신앙의 순결을 유지하여 교회의 원형을 유지하게 하고자 주어지고 또 기록한 것이다. 특히 교회에 대한 격려는 자신들의 적을 심판하고 교회를 위험으로부터 구출해 내며 하나님 나라를 이루기 위한 그리스도의 재림에 초점을 두었다. 요한계시록에 수록된 아시아 교회에 대한 모든 권면은 그리스도의 출현에 관계된 구절들로 묘사되어 있으며 "내가 속히 임하리니"(3:11)라는 구절이 세 번이나 반복되어 나타난다. 따라서 본서의 목적은 격려와 권면이요, 중심 주제는 '그리스도의 재림의 준비'라 할 수 있다.

5. 본서의 해석방법

원대하고 신묘한 환상들로 가득 찬 계시록의 정립이 요청된다. 그 중에서도 특히 계시록의 핵심부인 4장 1절-22장 5절의 묵시들이 어떤 시점의 사건들에 대한 묵시인가 하는 문제는 결국 각 묵시의 본질에 관련된 문제로서, 이에 대하여 어떤 견해를 취하는가에 따라 온전히 상이한 해석이 도출되게 된다. 따라서 계시록에 대한 해석학적 논쟁의 핵심 문제라 할 수 있는 이 4장 1절-22장 5절의 묵시들의 시점에 대한 주요 4대 해석학적 견해를 살펴보면 다음과 같다.[9]

(1) 영적(관념론적) 해석법

영적 해석은 요한계시록의 기저를 이루는 영적 갈등과 투쟁에 강조점을 두며, 본서의 내용을 모두 기독교 시대에 직접 적용할 수 있는 것으로 간주한다. 특히 이 학설은 당시 유행했던 천년왕국설에 반대하여 성경에서 난해한 구절로 간주되는 모든 구절을 우화적인 방법으로 해석하는 것이다. 따라서 이 학설은 요한계시록에 대한 문자적인 해석을 반대하고, 그것이 구체적으로 역사 속에서 성취되는 것을 부정하며, 이것을 인류 전체의 역사로 보는 것이다. 그러므로 이들의 견해에 의하면 역사는 하나님과 사탄, 혹은 선과 악의 투쟁사이다. 그리고 그 역사에 있어서 한때 악은 선을 능가하고 압제하기도 한다. 하지만 궁극적으로 악은 패망한다는 것이 그들이 제시한 역사법칙이다. 어쨌든 이 학설의 최대의 약점은 우화적인 해석이라는 점이며, 이를 계속 고집할 경우 독자들은 본서가 하늘이나 땅 위에서 실제적인 사건과는 아무런 관계도 없는 영적인 가르침을 구체화한 단순한 신화들의 수집물이 아닌가 하는 의혹으로 인해 성경에 대한 회의적인 생각을 갖게 될 수도 있다. 더 나아가 요한계시록은 독자들의 일시적인 기분이나 환경에 적용될 수 있을 뿐인 극히 애매모호한 상징들의 수집물로 전락하고 말 것이다.

(2) 과거적 해석법

9) 위의 책, pp.79-81 참조.

과거적 해석법은 요한계시록을 1세기 말에 아시아의 교회들이 처한 상황을 묘사한 것으로 간주한다. 그러므로 본서에 나타난 모든 상징은 본서가 씌어진 당시 상황에 관한 묘사로 해석되어지며, 결코 미래적인 예언으로 생각하지 않는다. 그리고 그 밖의 여러 가지 심판들은 본서의 저자인 요한이 살아 있을 때 겪었던 국가적인 재앙들을 고도의 기교로 표현한 것으로 간주한다. 즉 계시록의 기사는 전체적으로 지나간 사건이라는 해석이다. 이 학설은 최근 광범위한 지지를 받는데, 계시록이 기록된 시대적인 입장에서 고찰하고, 그 당시 본서의 독자들이 보였을 최초의 반응들을 재연시켜 준다는 이점이 있다. 그러나 이 해석을 응용하는 데 있어서는 과거적 해석학파 내에서도 의견 일치가 어려우며, 본서에 내포된 예언적인 요소들을 사장시킬 우려가 있다. 결국 이 학설은 그리스도의 재림을 포함한 종말 자체를 부정하는 결과를 초래하기 쉽다.

(3) 역사적 해석법

역사적 해석법은 계시록에 대한 역사가적 입장의 해석이라 할 수 있다. 즉 이 해석에 따르면 계시록에 언급된 여러 가지 인봉들·나팔들·대접들은 교회 발전에 있어서 중요한 단계들을 나타내어, 연대기적으로 계속 이어지는 일련의 사건들에 대한 묘사로 간주된다. 사실상 본서는 본서가 기록될 당시의 아시아 지역에 있던 교회들의 상태를 분명하게 보여 주며, 또 불확실한 미래에 있어서 나타날 악과의 최종적인 투쟁, 그리고 하나님 도성의 설립에 대한 기사를 나타내고 있다. 따라서 역사적 해석법이 기독교 전체의 역사와 계시록의 기사를 접목시킨 것은 매우 합리적인 결론으로 보인다. 하지만 계시록을 이해함에 있어서 역사적인 해석법을 따를 때 감수해야 할 주요 난제는 본서의 기록 당시와 역사적 미래 사이의 중간기가 막연하게 긴 기간이며, 또 본서에 언급된 상징들을 어떤 특정한 사건에 결부시키는 것이 불확실한 추론에 불과하다는 것이다.

(4) 미래적 해석법

미래적 해석법은 계시록을 세 부분으로 나누어 설명한다. 즉 계시록 1장은 과거적인 사건들로 당시 독자들이 이미 본 사건들을 가리키고, 계시록 2, 3장은 본서가 기록될 당시 일어나고 있는 사건들을 가리키며, 계시록 4장 이후는 장차 되어질 일에 대한 묘사로 보는 학설이다. 따라서 계시록 4장 이후에 언급된 모든 기사는 아직 성취되지 않았으며, 그리스도의 재림 직전에 이 모든 예언들이 이루어질 것이라고 한다. 그리고 이 학파는 본서에 언급된 상징과 사건들에 대한 해석에 있어서 두 부류로 나뉘는데, 문자적인 천년왕국설을 주장하는 학자들과 무천년왕국설을 주장하는 학자들의 부류가 그것이다. 전자는 그리스도의 공중재림과 지상재림 사이에 어떤 간격이 있다고 본다. 즉 계시록에 언급된 사건들은 모두 공중 재림과 지상 재림 사이에 일어날 일련의 사건들이라고 한다. 그러나 후자는 그리스도의 공중 재림과 지상 재림을 구분하지 않고 그 둘을 동일시함은 물론 계시록의 기사를 그 재림 직전에 닥칠 환난으로 간주한다. 여기서 두 견해를 평가하기에는 어려움이 있다. 왜냐하면 두 견해 모두 입증되지 않은 미래적인 사건인데다가 두 견해 모두 계시록의 내증에 의지하기 때문이다. 다만 계시록의 예언적이며 종말론적인 성격을 감안할 때 천년왕국설과 무천년왕국설 모두를 포함한 미래적인 해석법이 가장 적합하리라고 생각된다. 결국 계시록은 위의 네 가지 해석법을 개별적으로 적용할 것이 아니라 함께 자연스럽게 적용함으로써 다양한 방법으로 해석되어야 할 것이다.

6. 요한계시록의 해석 원리

계시록을 해석하는 것이 어려운 만큼 본서를 문자적으로 해석할 것인가, 아니면 영적으로 해석할 것인가[10] 하는 견해가 양립해 있는 실정이다. 그러나 계시록 전체를 문자적으로 해석할 수 없는 것처럼 그 전체를 상징적으로 해석할 수 없다. 따라서 두 대립된 관점은 서로 보완적인 입장에 서야 한다. 다른 하나는 저자가 본서를 기록함에 있어서 사용한 상징적인 요소들이 오늘날에 적용되어야 한다는 점이다. 다른 성경들과 마찬가지로 본서도 오늘날의 독자들에게 유용하다는 사실을 공감해야 할 것이다. 그것은 또 그 당시 독자들이 이해한 방식을 따른다는 점이 덧붙여져야 될 전제이기도 하다.

(1) 구약성경과 병행하는 표상

계시록에 나타난 표상(表象)을 구약성경에서 찾아보면 어떤 암시를 발견할 수 있다. 물론 계시록의 표상은 구약성경의 용례와 동일한 선상에서 동일한 내용을 갖는다고 생각해서는 안 된다. 예를 들면 용(龍)에 대한 구약성경의 표상이 묵시문학적인 본서에서는 전혀 다른 의미로 사용되었다. 하지만 이러한 위험에도 불구하고 병행적인 용례를 찾아 비교하는 것은 같은 용어가 서로 다른 표상을 나타낼 수 있다는 점을 비교 검토할 수 있다는 이 점에서 필요하다. 반면에 거의 같은 표상을 나타내는 경우도 많다. 따라서 본서와 구약성경, 특히 묵시문학으로 분류될 수 있는 에스겔서와 다니엘서와의 비교 연구가 필요하다 하겠다.

(2) 전반적인 의미 추구

기존의 해석들이 계시록의 지엽적인 내용에 치중했다는 점을 부인할 수 없다. 만일 계시록에 나타난 모든 상징을 구체적으로 해석하여

---

10) 계시록 해석원리에 대한 더 자세한 내용은 위의 책, pp.83-85를 참조.

각 상징에 할당된 의미를 찾는 데 열중한다면, 본서 전체가 주고자 하는 의미를 희석시킬 우려가 있다. 따라서 본서를 해석함에 있어서 주의할 점은 본문의 구체적인 사건에 매몰되지 말아야 한다는 점이고, 그렇게 지엽적인 문제에 매몰되어 본서 전반의 의미를 희석시키거나 오해하게 해서는 안 된다는 점이다. 더욱이 본서처럼 분명한 표현보다는 상징적이고 암시적인 표현이 지나치게 많은 성경에서 전체적인 안목을 가져야 한다는 점은 중요하다.

(3) 상징 그 자체를 뛰어넘는 상징

본서만이 아니라 상징은 그 본래적인 성격상 가리어져 있다. 그리고 그 상징의 숨겨진 부분은 그 상징을 어떤 대상에 적용시킬 때 비로소 추측이 가능해진다. 그러므로 상징적인 표현을 해석한다고 해서 그 의미가 정확하게 밝혀지는 것은 아니다. 때문에 상징적인 표현은 언제나 밝혀진 의미 이상을 내포하고 있으며, 그것 때문에 많은 학자들이 그것을 해설하려고 시간과 정력을 투자하는 것이다. 따라서 성경의 표현은 풍부한 의미를 내포하고 있다. 특히 계시록처럼 상징적인 표현으로 가득 찬 성경을 이해하는 데 문자적인 번역에만 의존한다면 그 의미를 정확하게 이해하는 데는 실패하고 말 것이다. 바로 이러한 점이 문자적인 해석만으로 본서를 이해할 수 없다는 전제를 성립하게 한다.

(4) 통일성이 견지된 해석

본서를 해석하는 데 있어서 전반적인 의미에 초점을 맞춘다는 것은 본서의 통일성을 동시에 파악한다는 의미와 통한다. 반대로 본서에 언급된 어떤 사건을 오직 그것만으로 해석하는 것은 충분한 것이 못 된다. 전체의 문맥과는 상관없이 어떤 사건이나 구절을 해석하는 것은 본서의 통일성을 와해시킬뿐더러 본서가 독자들에게 주려는 교훈을 오도할 수 있다. 따라서 어떤 한 사건이나 구절은 통일성이 견지된 전체 속에서 한 부분으로 해석되어야만 한다.

(5) 저자의 기록 목적

현대의 해석자들이 본서를 이해함에 있어서 드러나는 난점은, 저자가 사용한 표상들의 배경은 물론 저자 자신의 기록 목적도 정확하게 규정할 수 없다는 점이다. 그런데 본서의 기록 목적을 고려함에 있어서 당시의 독자들은 본서에 나타난 표상들을 이해하고 있었다는 점과 저자는 그들에게 별 무리 없이 본서와 같은 기사를 사용할 수 있었다는 점을 간과할 수 없다. 그러므로 계시록은 원시 독자들에 의해서 분명하게 이해되었다. 더욱이 본서의 저자가 자신이 본 환상을 기록할 때, 당시 독자들이 그것을 이해할 수 없도록 하려고 상징적인 표현들을 사용했다고 할 수는 없다. 비록 그가 자신이 본 환상 그 자체보다는 자신이 받은 인상에 치중하여 본서를 기록하였다 할지라도 자신의 저작 목적을 분명하게 밝혔을 것이다. 따라서 오늘날 계시록 해석의 주안점은 바로 이 점을 파악해야 한다는 점이다. 그리고 본서에 나타난 난해한 구절들은 분명히 이해할 수 있는 명료한 의미를 가졌다는 인식이 필요하다 하겠다. 이것이 곧 들을 귀가 있는 자의 태도일 것이고, 그러한 사람에게 숨겨진 보화의 비밀이 밝혀지는 것이라 생각된다.

7. 요한계시록의 구조

요한계시록은 거기에 사용된 상징들만큼이나 그 구조도 복잡하고 다양하다. 줄지어 나오는 교회들 · 인(印)들 · 나팔들 · 대접들 · 축복 구조들 · 노래들, 그리고 그 밖의 주제들은 우리를 계속 당황하게 하며, 이것이 과연 진정한 의미를 지니고 있는 것인지, 아니면 풀지 못할 문제들만을 잔뜩 모아 놓은 것인지 의심하게 한다. 그러면 요한계시록의 구조에 대해서 살펴보자.

(1) 문학적 구조

어느 책이든 그 내용을 이해하고 일관된 주제를 파악하는 데 필수적인 책은 비교구절로 구분되어진다. 그리고 어떤 책들은 병행구절로 나눠지기도 한다. 그러나 요한계시록은 매우 독특한 환상들로 구분되어진다. 특별히 그 논리의 연결 부분 및 각 사건들의 전환 부분들을 잘 살펴보아야 한다.

요한계시록에는 동일한 반복 구절이 여러 번 나타난다. 이것을 '반복이론(recapitulation theory)'[11]이라고 한다. 이 반복 구절을 잘 살펴볼 때 계시록의 점진적인 사고의 발전과정을 추적할 수 있다. 계시록은 비유적 표현이라는 미로를 통해서 독자들을 새로운 깨달음의 단계로 인도하는 구조를 지녔다. 가장 우선적으로 눈에 띄는 특별한 전환문구는 "성령에 감동하여"(또는 "성령으로" ; ἐν πνεύματι)이다. 이 문구는 다음 네 구절에 나타난다.

1:10 - 주의 날에 내가 성령에 감동되어(ἐν πνεύματι)…
4:2 - 내가 곧 성령에 감동되었더니(ἐν πνεύματι)…
17:3 - 곧 성령으로(ἐν πνεύματι)…
21:10 - 성령으로(ἐν πνεύματι)…

---

11) 반복이론 : 요한계시록의 많은 부분들이 전체적으로 어떠한 구조를 형성하느냐 하는 것에 관하여 크게 세 가지의 입장이 있다. 첫째, 계시록의 각 부분들이 반복적인 요점을 보여 준다고 보는 것이다. 이것을 반복이론이라고 한다. 둘째로, 계시록의 각 부분들이 연대기적 순서로 배열되어 있다는 것으로 파악하는 것이다. 셋째, 이 둘을 혼합하는 입장이다. 반복이론은 현존하고 있는 주석서 중 가장 오래된(주후 3세기) 주석서를 쓴 빅토리누스에 의해 처음 제기되었다. 그는 일곱 대접의 재앙 시리즈(15:1-16:21)가 일곱 나팔 재앙 시리즈(8:6-11:15)라는 동일한 사건의 반복적 진술이라고 보았다. 다시 말해 요한계시록의 많은 재앙들은 연대기적인 발생 순서를 가리키는 것이 아니라 같은 주제를 반복적으로 표현하는 방식이라는 것이다.

이 문구들은 저자 요한이 성령의 강한 능력에 이끌리어 새로운 행동 영역으로 옮겨졌다는 것을 말한다. 거기에서 그는 일상과 똑같은 사고를 하면서 영적인 사건들과 미래에 일어날 사건들을 목도하고, 보통 일상의 상태에서는 얻을 수 없는 신비한 계시를 얻게 되었다.

이 문구가 나올 때마다 선지자 요한은 전혀 다른 장소에 서게 된다. 첫 번째는 밧모라 하는 섬이었고(1:9), 두 번째는 하늘에 열린 문으로 올라가 하늘의 보좌를 보게 되었다(4:1-2). 세 번째는 광야로 이끌렸고(17:3), 마지막은 크고 높은 산에 서게 되었다(21:10).

이 문구가 나오는 구절들을 서로 비교 검토해 보자. 이 구절들은 둘씩 짝지을 수 있다. 처음 두 구절에서 저자는 각각 "큰 소리"(1:10, 4:1)에 의해 인도되고, 나중 두 구절에서는 각각 "일곱 대접을 가진 일곱 천사 중"(17:1, 21:9)에 의해 인도된다.

첫 번째 쌍은 밧모 섬과 하늘이 대조된다. 전자는 저자 요한이 자신의 신앙 때문에 유배되어 육체적 고통과 고난을 당하는 곳이고, 후자는 모든 구속받은 자들의 주, 곧 전능의 그리스도께서 인봉한 책의 인을 떼시는 모습이 나타난 곳이다. 두 번째 쌍은 광야와 높은 산, 음녀와 신부, 부정과 정결, 지옥과 천국, 절망과 환희 등이 대조된다. 후자의 대조는 이 책이 진정으로 밝히고자 하는 것들이다.

이러한 책의 구조는 결코 우연한 것이 아니다. 이 네 구절이 각기 새로운 장을 펼치는 것이다. 따라서 이 책의 구조는 다음과 같이 나눠질 수 있다.

서 언 - 그리스도를 말함	1:1-8
환상 Ⅰ - 교회의 그리스도	1:9-3:22
환상 Ⅱ - 온 세상의 그리스도	4:1-16:21
환상 Ⅲ - 승리의 그리스도	17:1-21:8
환상 Ⅳ - 완성의 그리스도	21:9-22:5

결　언 - 그리스도께서 도전을 주심　　　　22:6-21

각 항 모두가 그리스도에 대해서 말하고 있다는 점이 특별하다. 서언은 이 책의 전체적인 서론이다. 첫 번째 환상은 이시아의 일곱 교회를 통해서 교회를 향한 그리스도의 시각을 보여 준다. 두 번째 환상은 인(印)을 뗌으로부터 시작되어서 일곱 대접의 재앙으로써 끝을 맺는(15:1) 심판의 모습을 보여 준다. 세 번째와 네 번째 환상은 분명한 대조를 이룬다. 전자는 타락한 인간 욕망의 죄악 된 산물인 여신 바벨론의 멸망을 말하고, 후자는 하나님의 도성의 도래로 하나님이 사람들과 함께하시는 -하나님의 궁극적 목적이 성취되는- 모습을 보여 준다(21:3). 그리고 결언(21:6-21)은 이 모든 내용의 실제적인 적용을 말한다. 지금까지 살펴본 방법은 계시록을 크게 나누는 방법이다.

두 번째 방법은 좀 더 자세히 나누는 방법으로 "또 내가 보니…"라는 문구에 따라 나누는 것이다. "내가 보니"라는 문구가 항상 새로운 환상을 보여 주는 것이냐에 대해서는 어느 정도 논란이 있으나, 대충 약 40회 이상 그렇게 나타난다. 제일 첫 번째 이 문구가 나타나는 곳은 1장 12절이다. 그리고 맨 마지막으로 나타나는 곳은 21장 22절이다. 간혹 같은 환상의 다른 국면을 보여 주는 예도 있으나(17:3, 6), 대개의 경우 이 문구가 나올 때마다 새로운 환상이 펼쳐진다. 이 문구로 소개되는 각 환상들이 어떤 연관성을 가지며, 어떤 발전과정을 가지고 있는지는 그리 분명치 않다. 다만 이 문구들을 주목할 때 우리는 계시록의 형태를 알게 되며, 각 환상들이 요한에게 어떻게 보여졌는가 하는 모습들을 알 수 있다.

세 번째로, 또 다르게 나누어 볼 수 있는 방법은 "뇌성과 음성과 번개와 지진"이라는 문구에 따라 나누는 방법이다. 이 문구는 전체적으로 다음 네 곳에 나타난다.

4:5 – 보좌로부터 번개와 음성과 우렛소리가 나고…

8:5 – 우레와 음성과 번개와 지진이 나더라(인 재앙).

11:19 – 또 번개와 음성들과 우레와 지진과 큰 우박이 있더라(나팔 재앙).

16:18 – 번개와 음성들과 우렛소리가 있고 또 큰 지진이 있어…(대접 재앙)

이 구절들은 내용상으로는 결코 똑같지 않다. 그러나 많은 유사성을 지니고 있다. 이 구절들은 모든 환상Ⅱ 부분에 속해 있다. 그중 특별히 나중 세 구절은 각각 인 재앙·나팔 재앙·대접 재앙의 결론 부분에 나타나며, 어떤 새로운 재앙이 계속될 것을 말하고 있다. 이 구절들은 하늘에 있는 제단 또는 하나님의 성전 모습과 함께 어떤 결정적인 행위와 연결되어 있다(8:3–5, 11:16–19, 16:17–21). 아무튼 이 문구들은 독자들로 하여금 그 심판의 주체에게 눈을 돌리게 하며 이 책의 더욱 심오한 곳으로 이끌리게 한다. 지금까지 이 책의 문학적인 구조를 어떤 중요 구절의 반복을 따라 구분해 보았다.

(2) 주제별 구조

요한계시록을 주제별로 나눠볼 때 다음 몇 부분으로 나눠질 수 있다.

첫째 부분은 2–3장에 걸쳐 나오는 일곱 교회에 대한 편지 부분이다. 이 부분에는 교회에 대한 하나님의 평가와 그 요구사항을 기록하고 있다. 첫 번째 환상과 함께 이 구분은 이 책의 특별한 한 부분을 차지한다.

둘째 부분은 인 재앙, 나팔 재앙, 대접 재앙이 나오는 부분이다. 이 부분은 하나의 연속으로 묵시의 발전을 묘사한다. 일곱 나팔은 일곱 인에 의해 소개되며(8:1, 6), 일곱 대접은 일곱 나팔에 의해 소개된다(11:15, 19, 15:1, 5, 6, 16:1 이하). 전자의 연속보다 후자의 연속이 덜 밀접한 관계에 있다. 그래서 그 관계는 석 장에 걸쳐 길게 이어진다. 그러나 그 연결맥락이 길게 이어진다 해도 그 연속성은 이미 언급한 바와 같이 계속된다.

일곱 대접의 재앙은 그 성격을 정확히 파악하기 어렵다. 왜냐하면 거기에는 특별한 또 다른 명칭, 곧 '이적'(또는 표적)이란 말이 사용되기 때문이다(15:1). 계시록에 사용된 '이적'이란 말 중에서 네 번(13:13, 14, 16:14, 19:20)은 사도 요한의 다른 글들에서와 동일하게 '기이한 일'을 뜻한다. 그러나 12장 1, 3절과 15장 1절에 사용된 이적이라는 말은 문맥상 한 인물 또는 한 사건을 상징적으로 의미한다. 따라서 대접 재앙은 인 재앙과 나팔 재앙에 뒤이은 하나의 결정적인 재앙일 뿐 아니라 하나의 '표적'으로서 죄에 대한 하나님의 분노를 보여준다.

세 번째 부분은 전쟁을 주제로 한 부분이다. 여기에는 하늘의 전쟁(12장)과 바벨론의 전쟁(17, 18장), 그리고 거룩한 성(21:9-22:5)이 묘사된다. 특별히 맨 마지막 부분인 거룩한 성 부분은 환상에 따른 분류표에 의하면 환상 Ⅳ에 일치한다. 그러나 한두 가지의 의미에 있어 서로 차이가 있다. 예를 들면 21장 1-8절의 주제는 21장 9절-22장 5절의 주제와 밀접한 관계가 있다. 따라서 일반적인 주제별 분류법에 의하면 한 주제군에 속할 수 있다. 그러나 사실상 21장 1-8절의 주제는 21장 9절-22장 5절 사이에는 분명한 차이가 있다. 왜냐하면 전자는 한 환상의 절정 부분을 설명하고, 후자는 전자와는 전혀 다른 환상의 마지막 부분을 상술하고 있기 때문이다. 사실 많은 경우에 있어 "또 내가 보니"라는 문구에 의한 주제별 분류는 보다 포괄적인 환상 분류의 작은 단위를 구성한다.

(3) 노래들에 의한 구조

요한계시록에는 노래에 의한 찬양이 많이 나오고 있다. 대략 11회 나오는데 거기에는 심판을 행하시는 하나님의 능력에 대한 경외심이 나타나고, 구속하심에 대한 깊은 감사도 나타난다. 계시록의 구조를 이 노래에 의거해서 분석해 볼 때, 그리 복잡한 것만도 아니다. 그 노래들을 도식화하면 다음과 같다.

제 목	본문	행위자	상 황
1. 테르쌍투스(Tersanctus : 세 번 거룩) : "거룩하다, 거룩하다, 거룩하다"	4:8	네 생물	쉬지 않고 경배
2. "만물을 지으신 주"	4:11	24장로	면류관을 던지며 경배
3. "구속의 주"	5:8 –10	네 생물과 24장로	어린양이 일곱 인으로 봉한 책을 취함
4. "죽임당하신 어린양"	5:11 –12	천사와 네 생물과 24장로	어린양이 일곱 인으로 봉한 책을 취함
5. "보좌에 앉으신 이와 어린양"	5:13	모든 만물	어린양이 일곱 인으로 봉한 책을 취함
6. "구원하심이 우리 하나님과 어린양에게 있도다."	7:9, 10	온 우리	흰옷 입고 손에 종려가지를 들고
7. "아멘 찬송과…"	7:11, 12	모든 천사	보좌 앞에 엎드려 얼굴을 대고
8. "세상 나라에 대한 그의 왕권"	11:15	큰 음성	일곱째 천사가 나팔을 불 때
9. "감사"	11:16 –18	24장로	일곱째 천사가 나팔을 불 때
10. "어린양의 노래"	15:2 –4	짐승을 이긴 자들	마지막 재앙이 끝난 후 유리 바닷가에 서서
11. "네 번 할렐루야"	14:1 –8	허다한 무리 24장로와 네 생물 큰 음성	바벨론의 무너짐. 어린양의 혼인 잔치

이 11편의 노래들은 크게 다섯 묶음으로 나눠볼 수 있다. 처음 다섯 편의 노래들은 지상에서의 구속사역의 완전한 성취를 바로 앞두고, 하늘 어린양의 보좌 앞에서 행해지는 경배의 모습을 담고 있다.

그리고 그다음 두 편의 노래는 구속받은 성도들이 하나님 앞에 부르는 찬송에 대한 일종의 화답 형식이다. 그리고 세 번째 묶음에 속하는 여덟 번째와 아홉 번째 노래는 하나님 나라의 완전한 성취를 감사하고 있다. 열 번째 노래는 죄악과의 마지막 접전에서 승리한 자들이 부르는 어린양의 노래이다. 이 마지막 열한 번째 노래는 네 번의 할렐루야 찬송이 나오는 노래이다. 이 마지막 노래는 최후의 승전가로 바벨론이 멸망하는 때, 곧 그리스도의 왕국이 성취되는 때 불려졌다. 이 노래들은 모두가 환상 Ⅱ, Ⅲ 부분에 속해 있으면서, 이 두 환상을 하나의 단일체로, 곧 같은 목적과 같은 진행과정에 대한 다른 두 시각인 것으로 소개한다.

(4) 연대기적 구조

연대기적 구조를 살피는 것이 가장 어렵다. 계시록의 연대기적 해석에 있어서 일반적으로 가장 권위 있게 취급되는 구절은 1장 19절이다.

"그러므로 네가 본 것과 지금 있는 일과 장차 될 일을 기록하라"

우리는 이 구절을 쉽게 세 부분으로 나눌 수 있다. "네 본 것"은 과거이고, "이제 있는 일"은 현재요, "장차 될 일"은 미래이다. 이 구절이 계시록 전체 연대기에 대한 요약 구절이라면 "네 본 것"은 저자 자신이 과거에 친히 체험한 부분을 말하는 것이고, "이제 있는 일"은 현재 되어지는 일, 특별히 일곱 교회와 관련된 일일 것이다. 그리고 "장차 될 일"은 계시록의 나머지 부분에 소개된 환상들일 것이다. 그런데 계시록 1장 19절은 다음과 같이 다르게 번역될 수도 있다.

"네가 본 것, 곧 이제 있는 일과 장차 될 일을 기록하라."

이러한 번역은 비록 대다수의 주석가들이 따르지 않지만 문법적으로는 능히 가능한 번역이다. 만약 이것이 옳다면 계시록은 과거에는 전혀 상관이 없고 현재와 미래만을 관계한 것이 된다. 즉, 본 경험 그 자체는 과거이지만 그 환상의 내용은 현재와 미래에만 한정된 것이 된다. 그러나 어떻게 번역하든지 간에 동일한 물음이 제기된다. 곧 어느 환상이 현재와 관련된 것이고, 어느 환상이 미래와 관련된 것인가 하는 물음이다. 본문 자체 내에서 일단 그 답을 찾을 수 있다. 즉 4장 1절에 보면 나팔소리 같은 큰 외침이 "이후에 마땅히 될 일을 내가 네게 보이리라"고 하였다. 그러므로 그 구분점은 계시록을 기록한 그 시점이 된다.

그러나 문제는 "이후에"가 구체적으로 언제인가 하는 것이다. 그것이 어떤 분명한 연대기적 구분점을 지칭하는 것이라면, 일곱 교회에 대한 편지는 문자 그대로 그 당시 일곱 교회에 적용될 것이고, 나머지 부분은 계시록 기록 당시부터 그리스도 재림까지의 전 역사 기간이 될 것이다. 그러나 "이후에"를 일반적인 미래를 일컫는 것으로 이해할 때, 계시록 전체는 어떤 정해지지 않은 미래 시점에 실현될 이상의 영역을 다룬 것이 될 것이다.

그러나 이러한 불분명성은 이 책의 몇 가지 명백한 사실을 살펴볼 때 어느 정도 밝혀지게 된다. 첫 번째 명백한 사실은 이 책의 저작 시기이다. 이 책이 씌어질 때 저자는 그의 신앙 때문에 유배 중에 있었고, 몇몇 교회는 이미 무서운 박해 가운데 있었다. 그때를 도미티아누스 황제 재위 시라고 할 때, "이제 있는 일"은 1세기 말 아시아의 교회들이 당하는 일이 될 것이다. 그리고 "이후에 마땅히 될 일"은 그 후 1,800년간, 아니면 그 이후까지 계속되는 시기에 되어지는 일일 것이다.

또 다른 분명한 사실은 주의 재림에 대한 것이다. 계시록 기록 당시는 주의 재림과 함께 있을 심판의 완성, 곧 바벨론의 멸망과 악한 전체주의 정권의 멸망, 지상의 그리스도의 왕권의 확립, 최후 심판,

새 예루살렘의 도래는 아직 성취되지 않았으며, 아직도 멀리 보이는 상태였다. 묵시가 비록 상징적이라 할지라도 종말은 아직 실현되지 않았고 바라보아야 하는 상태였다. 따라서 과거에다 돌릴 것은 전혀 없었다. 그러나 굳이 계시록은 연대기에 따라 구조를 나눠본다면 3장까지는 저자가 계시록을 기록할 당시이고, 나머지 부분들은 그 이후 시대, 곧 미래에 속한 것이다. 그것이 전적으로 우리 미래도 되느냐, 되지 않느냐의 문제는 이와는 전혀 별개의 물음이 될 것이다.

(5) 그리스도 구절을 중심으로 한 구조

계시록의 머리말이 "예수 그리스도의 계시"인 것처럼, 그 내용 전체도 그리스도에 대한 가르침의 발전 양상을 가진다. 빈번한 그리스도의 명칭이나 그리스도를 연상케 하는 구절들은 차치하고라도 계시록에는 그리스도를 묘사한 네 중요 구절이 있다.

① 1장 12-18절은 교회의 그리스도, 곧 그의 백성의 상담자이시며 비평자이신 그리스도를 소개한다.

② 5장 1-14절은 우주의 그리스도, 곧 구속의 목적을 기록해서 인봉한 책을 펼치시며, 세상 모든 일을 명시하시는 그리스도를 소개한다.

③ 19장 11-16절은 승리의 그리스도를 소개한다. 승리의 그리스도는 악을 척결하시고 그의 왕국을 설립하신다.

④ 21장 22절-22장 2절은 완성의 그리스도를 간접적으로 소개한다. 이렇게 네 번에 걸쳐 소개된 그리스도 구절은 결국 계시록 전체를 지금 세상에서 활동하시는 그리스도에 대한 소개 역할자인 것으로 결정짓는다. 그리고 이 네 구절은 각기 다른 상황 속에서 소개되면서, '성령으로(ἐν πνεύματι)'라는 말로 시작되는 환상들에 기독론적 강조를 더해 준다. 그러므로 이 네 구절을 따라 계시록의 구조를 나눠보는 것이 가장 자연스럽다.

(6) 삽입 구절

계시록을 구조를 살펴봄에 있어서 가장 난제인 '삽입 구절'들을 살펴보자. 이 삽입 구절들은 중요 상황들의 논리적인 연결을 명백히 끊어 놓는다. 중요한 삽입 구절들을 살펴보면 다음과 같다.

① 여섯째 인과 일곱째 인 사이에 나타나는 인 맞은 자.

십사만 사천과 흰옷 입은 큰 무리에 관한 이야기(7:1-17).

② 여섯째 나팔과 일곱째 나팔 사이에 나타나는 힘센 천사와 작은 책에 관한 이야기(10:1-11).

③ 여섯째 나팔과 일곱째 나팔 사이에 나타나는 두 증인에 관한 이야기(11:1-14).

④ 나팔 재앙과 대접 재앙 사이에 나타나는 일곱 인격과 천사들에 관한 이야기(12-14장).

마지막에 언급된 네 번째 삽입 구절은 진정한 의미의 삽입 구절이 아닐 수도 있다. 왜냐하면 계시록 12장 1절의 "하늘에 큰 이적이 보이니"라는 문구는 대접 재앙을 소개할 때 사용된 계시록 15장 1절의 "또 하늘에 크고 이상한 다른 이적을 보매"라는 문구와 거기 병행하는 구절이기 때문이다. 수적인 면에서 살펴볼 때 대접 재앙은 인 재앙, 나팔 재앙과 병행한다. 그리고 이들 세 재앙은 모두 전쟁의 모습을 소개한다는 점에서 통일성이 있다. 그리고 이들 세 재앙은 결정적인 심판과 하나님 나라의 설립이라는 동일한 결론을 가지고 있다. 따라서 이런 점에서 이 세 재앙들은 역사적인 무대를 달리하는 연속적인 재앙이라는 성격보다, 같은 종류의 재앙과정을 다른 각도에서 묘사하였다는 성격이 더 진하다. 따라서 소위 삽입 구절이라 하는 구절들을 거대한 심판행위의 전개과정 가운데 삽화식으로 삽입되어 계시록 전체를 더욱 풍성하게 한 것이다.[12)]

---

12) 메릴 C. 테니, 김근수 역, 『요한계시록 해석』 (기독교문서선교회,1988), pp.34-45 참조.

이처럼 여러 구조로 성경을 해석하고 연구하는 것은 모두 다 해석 방법에 각자의 장점과 유익, 그리고 색다른 의미와 그 내용을 두드러지게 나타낼 수 있기 때문에 적극적으로 활용할 필요가 있다. 하지만 저자는 그대로 계시록 장(章)마다 그 뜻을 해석하고 그 의미를 찾아보려고 한다. 이것이 성경 해석자로서 가장 편하고 쉬운 방법이 아닌가 생각한다.

8. 계시록 전체 개관

계시록은 오랫동안 해석자들을 난처하게 해 오고 있는 복잡한 책이다. 하지만 이 책의 문학 구조를 이해한다면 혼란은 상당 부분 피할 수 있다. 이 접근 방법은 계시록의 전체 구조 안에서 개별 장면들을 이해하게 해줄 것이며, 불필요하게 각 환상의 세세한 면들의 수렁에 빠지지 않게 막아 줄 것이다. 계시록은 전체를 통해 장면 전환이나 주제 전환, 또는 이전 장면의 회상을 나타내는 암시들을 제공하고 있다.

요한은 이 책을 쓰게 된 상황에 대한 이야기(1:1-20)로 시작하여, 예수께서 소아시아 일곱 교회를 위해 그에게 주신 특별한 메시지(2:1-3:22)를 언급한다. 갑자기 하늘로 이끌려 올라간 요한은 전능하신 하나님께서 보좌에 앉아 계신 환상을 보는데, 그리스도를 따르는 모든 자들과 하늘의 천사들이 하나님께 경배하고 있다(4:1-11). 이어서 요한은 하나님께서 일곱 인이 있는 두루마리를 그 인을 떼기에 합당하신 어린양이신 예수 그리스도에게 주시는 것을 본다(5:1-14). 어린양은 인들을 하나씩 떼기 시작하며, 각각의 인이 떼어질 때마다 새로운 환상이 나타난다.

처음 네 개의 인이 떼어지면서 여러 색깔의 말들을 탄 자들이 나타나고, 그들이 가는 길에는 전쟁과 기근, 질병과 죽음이 일어난다(6:

1-8). 다섯째 인이 떼어지자 요한은 그리스도에 대한 믿음으로 인해 순교를 당하는 자들이 하늘에 있는 것을 본다(6:9-11). 여섯째 인이 떼어질 때는 일련의 대조되는 이미지들이 등장한다. 한쪽에서는 큰 지진이 일어나고 하늘의 별들이 떨어지며 하늘이 두루마리처럼 말려진다(6:12-17). 다른 쪽에서는 큰 보좌 앞에서 수많은 무리가 하나님과 어린양께 경배하며 찬송을 드린다(7:1-17).

그다음 일곱째 인이 떼어지자(8:1-5), 일곱 나팔을 가진 일곱 천사들이 선포하는 하나님의 심판이 연이어 밝혀진다. 처음 네 천사들은 우박과 불, 불타는 산, 떨어지는 별을 가져오고, 해와 달을 어두워지게 한다(8:6-13). 다섯째 나팔은 쏘는 권세를 가진 황충들의 나타남을 선포한다(9:1-12). 여섯째 나팔은 말 탄 천사들의 나타남을 예고한다(9:13-21). 10장 1-11절에서 요한은 작은 두루마리를 받아 먹는다. 이어서 요한은 하나님의 성전을 측량하라는 명령을 받는다(11:1-2). 그는 3년 반 동안 땅에서 하나님의 심판을 선포하라는 두 증인을 본다(11:3-14).

마지막으로 일곱 나팔이 울리면서 결정적인 전투를 치르도록 선과 악의 경쟁 세력들이 부름을 받는다. 한쪽에는 사탄과 그 세력이 있고, 다른 쪽에서는 예수 그리스도와 그분의 세력이 서 있다(11:15-14:5). 이 전투가 벌어지는 동안 하나님께서는 사탄이 아주 하찮은 존재라는 것을 밝히신다. 사탄은 자신의 때가 짧다는 것을 알고 있다(12:2). 비록 권세를 갈망하고 다스리기를 원하지만 그는 하나님과 그리스도를 흉내 내고 있을 뿐이다. 예를 들어 치유된 치명적인 상처는 부활의 모방이며, 짐승의 표(13:16-18)는 하나님의 인을 모방한 것이다(7:3-4). 이 전투 소집의 와중에 요한은 세 천사가 마지막 심판을 선포하는 것을 본다(14:6-13). 두 천사는 땅에 대한 이 심판의 추수를 행하기 시작한다(14:14-20). 이 두 천사의 뒤를 이어 일곱 명의 천사들이 나타나 일곱 대접으로부터 하나님의 심판을 땅에 쏟아 붓는다(15:1-16:21). 이 일곱 천사 중 한 명이 붉은 짐승을 탄 바벨론이라는 큰 음녀에 대한 환상을 요한에게 보여 준다(17:1-18). 바벨론이 패한 후에(18:1-24) 하늘에서 수많은 무리가 그분의 위대한 승리에 대해 하나님을 소리 높여 찬양한다(19:1-10).

계시록 마지막 세 장은 대적에 대한 그리스도의 승리를 완결시키는 사건들을 열거한다. 반역한 나라들과 짐승과 거짓 선지자들에 대한 심판(19:11-21), 사탄의 천년 감금(20:1-10), 마지막 심판(20:11-15), 새 땅과 새 예루살렘의 창조(21:11-22:6), 그다음 한 천사가 요한이 본 환상에 대한 그 환상들을 모두 기록한 다음, 해야 할 일에 대해 마무리 지시를 내린다(22:7-11).

계시록은 그리스도의 재림에 대한 약속, 새 예루살렘의 대로를 따라 흐르는 생명수를 마시라는 제안, 그리고 이 책을 읽는 사람들에게 주는 경고로 끝을 맺는다(22:12-21). 요한은 "아멘 주 예수여 오시옵소서." 하는 기도로 마무리를 한다(22:20).

그러므로 이 책과 전체 성경은 모든 세대의 사람에게 주는 경고와 소망의 메시지로 끝난다. 그리스도께서 승리하시며, 모든 악은 정복당한다. 계시록을 읽으면서 성도들의 구원 및 사탄의 악한 세력을 이기는 그분의 능력에서 나타나는 하나님의 은혜에 경탄하며, 하나님의 궁극적인 승리가 사실임에 소망을 갖도록 해야 한다.[13)]

9. 요한계시록의 특징

① 본서는 그 문학 장르상 구약의 에스겔서, 다니엘서, 스가랴서 등과 함께 고도의 상징성을 가진 난해한 환상들을 비의적(秘儀的) 의미를 가진 형식과 체계로 기록한 묵시문학(默示文學)에 속한다. 그중

13) 그랜트 오스본, 전광규 역, 『요한계시록』 (서울: 성서유니온교회, 2008), pp.22-24.

에서도 본서는 첫째, 가장 포괄적으로 대종말을 중시한 전 역사의 지평을 보여 주며, 둘째, 철저하게 그리스도 중심으로 일관하고 있으며, 셋째 성경 묵시문학 가운데서도 그 묵시의 구조나 배열에 있어서 가장 조직적인 체계를 갖고 있는 특징을 갖는다.

② 본서는 문법을 임의로 변경시킨 용례, 즉 비문법적 용례가 가장 많은 책이다.

③ 계시록은 현 세상 역사 자체는 분명 하나님과 사탄, 선과 악이 대립하는 이원론적 체계로 파악하지만, 그 기원과 종국적 미래에 있어서는 절대 초월자 하나님의 단일 창조설, 그리고 하나님이 마침내 사탄을 징벌하시고 선을 세우실 것을 보여줌으로써 궁극적으로는 오직 일원론(一元論)적 세계관을 제시한다.

④ 본서는 그 묵시문학적 구성상 많은 숫자를 상징적으로 사용하는 중에 특히 '7'을 그 기본 숫자로 한다.

⑤ 여타 신구약 성경이 모두 다 주로 예수의 초림에 대한 약속, 또는 초림하신 예수의 사역과 교훈을 다루지만 본 계시록은 성경 66권 전체 중에서도 가장 포괄적이고 강력하게, 그리고 일관되게 재림하실 예수의 사역에 초점을 맞추고 있다.[14)]

---

14) 제자원, 앞의 책, p.670.

Ⅱ. 본론

제1장
예수 그리스도의 계시

계시록은 그리스도의 완전한 신분 및 세상의 종말에 대한 하나님의 계획을 밝히고 있다. 또한 그리스도의 재림과 악에 대한 승리, 그리스도의 나라 설립 등, 예수 그리스도께 초점을 맞추고 있다. 계시록을 읽고 연구하는 동안, 사건들의 시간표나 요한이 제시한 이미지들의 세세한 면에 지나치게 집중하지 말자. 그래야 주요 메시지, 즉 주 예수 그리스도의 영원한 사랑과 능력·공의를 놓치지 않게 된다.[15)]

사도 요한은 서두에 "예수 그리스도의 계시"라는 이 책의 제목을 책 속에 포함시켜 제시하고, 하나님·그리스도·천사·요한·종들 등 계시의 기원과 통로를 제시한 다음, '하나님의 말씀', '예수 그리스도의 증거', '예언의 말씀' 등으로 표현된 내용을 지적하고, '지시하신 것', '본 것' 등으로 표현된 계시 방법, 그리고 '계시' 및 '예언' 등으로 이 책의 장르를 명기하고 있다. 그는 "반드시 속히 될 일"로 성취시기를 암시하고, "읽는 자와 듣는 자들과… 지키는 자들이 복이 있다"는 표현으로 이 책의 실제적인 목적과 축복 선언 등을 밝힌다.[16)]

15) 위의 책, p.29.
16) 권성수, 『요한계시록』(서울: 선교횃불, 1999), pp.14-15.

✻ 머리말

계시록 1장 1–8절은 머리말 같은 부분으로 다음과 같은 내용을 담고 있다.

① 책의 제목은 무엇인가?
② 책의 저자는 누구며 독자는 누구인가?
③ 책의 기원과 저술 배경은 무엇인가?
④ 책의 내용과 특징은 무엇인가?
⑤ 책의 핵심 주제는 무엇인가?[17)]

그럼 머리말(서론)의 구조에 대해서 살펴보자.

1. 서언(1–3절)

먼저, 서언을 보자. 계시록 1장 1절은 이렇게 시작하고 있다.

① 예수 그리스도의 계시

"예수 그리스도의 계시라." 요한계시록의 첫머리에 나오는 '예수 그리스도의 계시라'는 말은 계시록의 제목과도 같은 것이다. 그러면 '계시'란 무슨 뜻인가? 헬라어로 아포칼립시스(ἀποκάλυψις)로 이 말은 '숨은 것이 드러나다', '감추었던 것이 나타나다'라는 뜻을 가지고 있다. 그렇다면 계시록은 예수께서 사도 요한에게 감추어진 하나님의 구속 계획을 드러내 주신 것이다.

② 계시의 과정(경위) : 1장 1절 하반절은 예수 그리스도의 계시가 어떻게 우리에게까지 오게 되었는지의 과정(경위)을 보여 준다.

"이는 하나님이 그에게 주사 반드시 속히 일어날 일들을 그 종들에게 보이시려고 그의 천사를 그 종 요한에게 보내어 알게 하신 것이라"

하나님(근원)→ 예수님(계시자)→ 천사(전달자)→ 사도 요한(수신

17) 백금산, 『요한계시록 1』(서울: 부흥과 개혁사, 2010), p.46.

자)→ 종들(교회 사자)→ 소아시아에 있는 일곱 교회(교회의 성도들)

여기서 계시의 근원은 하나님이심을 알 수 있다. 그러면 계시의 근원이 하나님이시라면 '하나님의 계시'라고 해야지, 왜 '예수 그리스도의 계시'라고 했는가? 하나님이 예수 그리스도를 통하여 계시하셨기 때문에 예수 그리스도의 계시라고 한 것이다. 이것은 구약 시대의 선지자들을 생각해 보면 알 수 있다. 구약의 선지자들은 하나님께 직접 계시를 받아 이스라엘 백성에게 예언을 했다. 구약의 선지자들의 계시는 예수님이 오시기 전이었기 때문에 '하나님의 계시'라고 하는 것이 맞다. 그러나 사도 요한은 예수님이 오신 후에 계시를 받았기 때문에 예수님이 오신 후에는 예수님을 통해 계시하신다. 따라서 사도 요한이 하나님의 계시라고 하지 않고 '예수 그리스도의 계시'라고 한 것은 당연한 것이고,[18] 여기에서도 예수님이 하나님과 동등한 분이라는 사실을 알 수 있다.

③ 계시의 내용

계시록의 내용은 두 가지 특징을 가지고 있다.[19]

그것은 "반드시 속히 일어날 일들"이다.[20] "장차 될 일"(1:19), "이후에 마땅히 일어날 일들"(4:1), "반드시 속히 되어질 일"(22:6)이다. 먼저 계시의 내용은 반드시 일어난다. 하나님은 미쁘시사(고전 1:9; 요일 1:9) 자기가 말씀하신 계시의 내용을 반드시 이루신다. 여기 '반드시(δει)'란 절대적인 확실성을 뜻하는 말이다. 하나님이 예수 그리스도를 통해 교회와 세상에 반드시 행하실 일들이 기록되어 있는 것이다. 그러므로 본서의 내용들은 일어날 수도 있고, 안 일어날 수도 있는 것이 아니라, 필히 이루어질 틀림없는 내용들임을 알 수 있다.

그리고 '속히' 일어날 일들이다. 계시록은 '속히 될 일'에 대한 기록

18) 위의 책, p.50.
19) 위의 책.
20) 박계형 편저 『이후에 마땅히 될 일』(서울: 보이스사, 2001), p.23.

이다. 계시록 22장에는 예수님이 '내가 속히 오리라'는 말씀이 무려 세 번이나 나온다(7, 12, 20). 여기서 '속히'(ταχύ : 빠름, 신속히)라는 말은 '종말의 임박성'이라기보다는 '성취의 확증'으로 이해하는 것이 좋다. 그 이유는 성경에서 종말의 임박성 못지않게 종말의 지연도 언급되기 때문이다(참조, 눅 19:11; 벧후 3:8). 뿐만 아니라 '속히'라는 말의 의미를 바로 알아야 한다. 여기서 '속히'라고 하는 것은 몇 년 후, 몇 시간 후와 같은 물리적인 시간 개념이 아니다. '속히'라는 말을 이해하려면 구약성경을 함께 보아야 한다. 구약의 다니엘서 2장 28절에 보면 "오직 은밀한 것을 나타내실 이는 하늘에 계신 하나님이시라 그가 느부갓네살 왕에게 후일에 될 일을 알게 하셨나이다"라고 말한다. 여기서 말하는 '후일'은 '마지막 날'이라는 의미로서 우리가 흔히 '종말'이라고 부르는 말이다.

다니엘서 2장은 종말에 일어날 일들에 대한 계시다. 이러한 일들은 다니엘이 살던 시대가 아닌 다니엘의 시대로부터 후일, 즉 종말에 될 일이었다. 마찬가지로 '종말의 날(후일)'을 사도 요한은 '속히'라고 쓴 것이다. 다니엘이 말한 '후일'은 예수님의 초림을 통해 이미 성취되었고, 예수님의 재림으로 완성될 것이다. 그러므로 종말에 일어날 일들이란 모두 메시아가 오시면 일어날 일들을 말한다. 이 메시아 오심은 역사적으로 초림과 재림의 두 단계에 걸쳐 일어난다. 그러므로 예수님의 초림과 재림 사이의 모든 기간을 신약성경은 '종말'이라고 부른다. 예수님의 초림이 이루어졌기 때문에 신약 시대의 시점에서 보면, 이제 예수님의 초림부터 재림까지의 모든 일은 '속히' 일어날 일들이다.[21] 따라서 사도 요한이 말하는 '속히'라는 말은 이렇게 예수님의 초림과 재림으로 이루어지는 종말이라는 구속사의 긴 시간표 속에서 하는 말이다.

---

21) 백금산, 『요한계시록 1』(서울: 부흥과 개혁사, 2010), pp.53-54.

④ 계시의 전달 방법

천사를 통해 요한이 받은 그리스도의 계시는 '반드시 속히 될 일들'이며, 동시에 이것은 2절에서 '하나님의 말씀과 그리스도의 증거' 혹은 '자기가 본 것'으로 달리 표현하고 있고, 요한이 보았던 '하나님의 말씀'과 '그리스도의 증거'를 기록한 것이 바로 요한계시록이다. 여기서 계시록의 메시지가 어떻게 주어졌는가를 알 수 있다. 그것은 '자기가 본 것'을 증언했다. '본 것'이란 하나님께서 환상을 통해 보여 주신 것을 말한다. 이것은 환상적 계시로 계시록의 특징을 보여 준다. 계시록에는 상당한 상징법이 등장하고 동시에 "그리고 내가 보았다"는 표현이 많이 등장한다. 이것은 요한이 본 다양한 상징들을 담고 있는 계시적 환상들이 전달의 방법이라는 것을 암시한다. 그러므로 계시록은 하나님의 구속의 목적과 예언의 메시지를 하나의 도화적(圖畵的) 형태로 나타낸 계시이다.[22] 그렇다고 환상의 형태로 표현되었다고 해서 진리의 신빙성이 감퇴되는 것이 아니다. 도리어 그 신빙성을 고조시킨다고 할 수 있다.

⑤ 계시의 목적

요한계시록을 교회와 성도들에게 주신 목적은 주의 재림이 가까운 마지막 때, 이 말씀을 '읽는 자'와 '듣는 자'와 '지키는 자'들에게 복을 주시기 위함이다.

> **"이 예언의 말씀을 읽는 자와 듣는 자와 그 가운데에 기록한 것을 지키는 자는 복이 있나니 때가 가까움이라"(계** 1:3).

"복이 있다"는 말은 "하나님이 복을 주신다", 또는 "하나님의 복이 그 위에 있다"는 의미이다. 그러면 누가 복이 있는가? 이 예언의 말씀을 읽는 자가 복이 있다. 공적인 성경 낭독은 유대 전통에서 일반적인 것이었다(느 8:2-3; 눅 4:16; 행 13:15). 그리스도인들도 공중 앞

22) 메릴 C. 테니, 김근수 역, 『요한계시록 해석』(기독교문서선교회, 1988), p.49.

에서 큰 소리로 성경을 낭독했는데, 이는 모든 신자들이 복음서들의 사본과 사도들의 편지들을 갖고 있을 수 없었기 때문이다. 보통은 서기관이나 읽고 쓰는 훈련을 받은 누군가를 택해 본문의 일부를 큰 소리로 읽게 했다.

성경낭독은 중요한 일이었다. 읽는 자에게 덧붙여, 듣는 자와 그 가운데 기록한 것을 지키는 자 또한 복이 있다. 이것은 누가복음 11장 28절에 있는 예수님의 말씀, 즉 "하나님의 말씀을 듣고 지키는 자가 복이 있느니라"는 말씀을 반영한다. '듣다'와 '지키다'는 계시록에서 중요한 용어들이자 주요 주제들이다. 이 단어들은 함께 사용함으로써 "끝까지 신실하게 순종하다"를 의미한다. 복이 있는 사람은 하나님의 말씀을 들으러 교회에 나오며, 그 말씀이 자신의 삶을 변화시킬 수 있도록 지키는(순종하는) 자이다.[23] "예언의 말씀을 듣고, 지키는 자들"이라는 문구는 구약 선지자들이 선포하거나 기록했던 말씀의 속성을 계승한다. 그 당시 선지자들에 의해 선포되거나 기록되었던 예언의 말씀은 즉각적인 행동을 요구했다. 단순히 듣고 끝나는 정도의 가벼운 말씀이 아니다. 반드시 회개하고 돌이켜야 하는 결과를 요구한다. 이처럼 계시록도 예언의 말씀으로 이러한 윤리적 행동을 요구한다.

2. 일곱 교회를 향한 인사와 찬양(4-8절)

예수 그리스도의 계시는 예언 형태의 계시이고 동시에 서신 형태의 계시이다. 저자는 앞 단락인 1-3절에서 본서의 성격과 원저자(原著者)를 규명하는 내용을 기술한 뒤에, 이제 일반적인 서신들이 취하고 있는 전형적인 도입부의 형태, 곧 송신자·수신자·축도라는 인사말을 기록하고 있다. 이러한 본문에 따르면 송신자는 요한이고(4절),

23) 그랜트 오스본, 전광규 역, 『요한계시록』(서울: 성서유니온교회, 2008), p.33.

수신자는 당시 아시아 지역(지금의 터키)에 있던 일곱 교회이다(4절). 그리고 수신자들에 대한 축도는 본서의 특성과 어울리게 영원한 통치자이신 그리스도의 이름으로 주어지고 있다. 한편 전형적인 인사말 뒤에 본서의 주인공 되신 그리스도를 찬양하는 송가(頌歌)를 기록하고(5-6절), 마지막으로 다시 오시는 주님이 심판주로서 모든 사람이 보는 가운데 오셔서 심판하실 것을 확신 있게 선언한다(7절). 그리고 저자는 앞에서 언급한 내용, 곧 그리스도가 구세주이시며 심판주로 오실 것이라는 사실을 확증하기 위해 그리스도는 처음과 끝을 주관하시는 영원한 전능자라고 선언한다(8절). 곧 그리스도는 세계를 시작케 하신 창조주요, 세상을 구원하시는 구세주요, 이 세상의 악을 종결시킬 심판자로서 세계의 시작(창조)과 끝(종말)을 주관하시는 전능자라고 선언한다.

본서에서 우리가 주목해야 할 것은 당시 아시아 주에는 많은 교회들이 있었는데, 왜 그 많은 교회들 중 굳이 일곱 교회만이 본서의 수신자로 선정되었는가 하는 점이다. 그 이유를 살펴보면, '일곱'이라는 숫자는 하나님께서 천지를 창조하실 때에 7일 동안 창조하셨다는 그 일곱과 깊은 연관을 가지고 있다(창 2:2-3). 그래서 일곱이라는 숫자는 성경에서 절대적인 완성을 상징하는 완전수요, 전체(全體)를 상징하는 보편수(普遍數)를 의미했다. 이처럼 '7'이라는 숫자가 절대적 완성과 보편을 의미하고 있는 상징성에 기초하여, 일곱 교회에 보내는 본 서신은 지역과 시대를 초월한 모든 교회에게 보내는 서신이며, 하나님의 교회는 궁극적으로 완전하게 보존되고 완성될 것이라는 사실을 독자들에게 알리기 위해 의도적으로 일곱이라는 교회를 수신자로 선정한 것이다.[24)]

---

24) 제자원, 『그랜드 종합주석 제16권』(서울: 제자원 성서교재간행사, 1994), p.681.

(1) 인 사

"예수 그리스도로 말미암아 은혜와 평강이 너희에게 있기를 원하노라"(5절).

은혜와 평강은 고대 세계의 전형적인 인사말이었다. '은혜(charis)'는 그리스도인의 인사말이었으며, '평강(shalom)'은 히브리인의 인사말이었다. '은혜'는 조건 없이 주어지는 하나님의 무한한 사랑을 의미한다. 다시 말해서 이는 그리스도 예수를 많은 사람의 대속물로 내어 주신 하나님의 구원의 은총을 의미한다. 그리고 '평강'은 하나님과 원수 되었던 자들이 예수 그리스도를 인하여 하나님과 화해하고 관계를 회복할 뿐 아니라 그로 인한 평안을 의미한다(롬 5:10-11). 초대교회는 이 두 인사말을 취하여 함께 사용함으로써, 하나님께서 그분의 백성에게 은혜와 평강이라는 이 두 가지 실재를 주셨음을 선포했다.[25]

(2) 삼위일체 하나님

이처럼 은혜와 평강을 주시는 삼위 하나님은 어떤 분이신가를 본문에서 잘 표현해 주고 있다.

① 성부 하나님

㉮ 성부 하나님은 "이제도 계시고, 전에도 계셨고, 장차 오실 이"라고 말한다(4절). 이러한 표현은 본서에 몇 번 반복되어 나타난다(1:8, 4:8, 11:17, 16:5). 이는 출애굽기 3장 14절의 '나는 스스로 있는 자(I am who I am)'라는 말에 해당하는 것으로서, 하나님의 불변하심과 절대성을 나타내는 표현이며, 하나님께서 계시하시고 약속하신 것은 반드시 이루실 것임을 암시하는 말이다(말 3:6). 이처럼 요한이 하나님을 "이제도 계시고, 전에도 계셨고, 장차 오실 이"라고 하신 것은 바로 여호와 하나님의 이름을 뜻을 풀어서 설명한 것이다.

---

25) 그랜트 오스본, 전광규 역, 『요한계시록』(서울: 성서유니온교회, 2008), p.36.

첫째, 성부 하나님은 영원히 존재하시는 분이라는 뜻이다. 이 말 속에는 '과거·현재·미래'의 세 가지 시제가 모두 포함되어 있다. "전에도 계셨고" 이것은 '과거'이고, "이제도 계시고" 이것은 '현재'이며, "장차 오실 이"는 '미래'를 나타낸다. 이것은 우리 인간은 시간의 한순간과 역사의 한순간에 존재할 수밖에 없지만, 하나님은 영원하신 분으로서 "전에도 계셨고, 이제도 계시고, 장차 오실 분"임을 보여 준다.

둘째, 성부 하나님은 역사를 자신의 계획과 목적에 따라 완성하시는 분이다.[26] 요한은 '미래에도 계실 분'이라는 정적인 표현 대신에 '장차 오실 분'이라는 역동적인 표현을 사용하고 있다. 장차 오신다는 것은 하나님 자신이 구속 계획에 따라 미래에 예수 그리스도를 재림시킴으로써 역사를 완성하실 것을 말씀하시는 것이다. 인간의 눈으로 보면 세상의 권력자들이 인류 역사를 주관하는 것처럼 보일 수 있다. 그러나 인류의 역사는 장차 오실 예수 그리스도가 주인이 되셔서 세상을 심판하시고 그의 나라를 유업으로 주실 분이시다.

㉯ 성부 하나님은 "알파와 오메가"(8절)가 되시는 하나님이시다. 요한은 하나님을 알파와 오메가가 되시고, 이제도 있고, 전에도 있었고, 장차 올 자요, 전능한 자라고 하면서, 계시록 서론을 마무리하는 8절을 마치 하나님이 계시록의 모든 내용을 증명하는 인장을 찍는 분으로 나타내고 있다. 이는 하나님이 모든 주인이시며 하늘과 땅의 모든 권세를 가지신 분임을 말해 준다. 알파는 그리스어의 알파벳의 첫 글자요, 오메가는 마지막 글자이다. 그러므로 알파와 오메가라는 것은, 하나님은 역사의 시작인 동시에 마지막이 되셔서 시대와 세대의 주가 되심을 뜻하며, 하나님은 창조자로서 모든 만물의 근원이 되시며, 모든 창조 목적을 성취하셔서 온전히 새롭게 이루시는 역사의 주관자 되시는 분이심을 시사해 준다. 이뿐 아니라 하나님은 전능하신

26) 백금산, 『요한계시록 1』(서울: 부흥과 개혁사, 2010), p.60.

분으로, 절대 권력을 가지고 세상에 있는 모든 세력을 주관하시는 권위를 가지신 분이다. 이런 하나님은 하나님의 백성만이 아니라 하나님의 원수들에 대한 절대 통치권도 가지신 분임을 뜻한다.

② 성령 하나님

이는 4절에서 말하고 있는 성령, 즉 "그의 보좌 앞에 있는 일곱 영"을 말한다. 보좌 앞의 일곱 영으로 계신 성령은 성부 하나님의 뜻을 따라 역사 속에서 적극적으로 활동하시는 분이시다. 그러면 사도 요한은 왜 성령을 '일곱 영'이라고 했을까? 계시록에는 성령을 '일곱 영'이라고 부르는 네 곳이 있다.

㉮ 1:4 **"그의 보좌 앞에 있는 일곱 영과"**

㉯ 3:1 **"사데 교회의 사자에게 편지하라 하나님의 일곱 영과 일곱 별을 가지신 이가 이르시되"**

㉰ 4:5 **"보좌 앞에 켠 등불 일곱이 있으니 이는 하나님의 일곱 영이라"**

㉱ 5:6 **"그에게 일곱 뿔과 일곱 눈이 있으니 이 눈들은 온 땅에 보내심을 받은 하나님의 일곱 영이더라"**

이 네 곳의 본문을 잘 살펴보면, "일곱 영"을 4장 5절에서는 '일곱 등불'이라고 했고, 5장 6절에서는 '일곱 뿔'과 '일곱 눈'이라고 표현하고 있다.

사도 요한이 성령을 '일곱 영', '일곱 등불', '일곱 눈'이라고 묘사하는 이유를 알려면 구약성경 스가랴 4장의 배경을 알아야 한다. 스가랴 4장 1-5절에서 하나님은 스가랴에게 순금 등잔대와 일곱 등잔에 대한 환상을 보여 주신다. 그리고 그 등대 좌우에 있는 두 개의 감람나무를 보여 주신다. 스가랴도 이것이 무엇인지 이해가 되지 않아 질문을 한다. "이 일곱 등불을 가진 등대의 의미는 무엇입니까?"(4절) "등대 좌우의 두 감람나무는 무슨 뜻입니까?"(11절) 여기에 대해 하나님은 이렇게 대답해 주신다.[27] 일곱 등불은 "온 세상에 두루 다니는 여호와의 눈"(10절)이라고 말씀하셨다. 이것은 일곱 등잔을 인격화해서 말씀하신 것이다. 이러한 인격화에 의해 우리는 적어도 스가랴 4장의 문맥에서 '일곱 등잔'은 성전 안에 있는 하나의 기물이 아니라, 온 세상에 두루 행하는 인격체로 인식되고 있다는 것을 알 수 있다. 그렇다면 어떻게 '일곱 등잔'이 '여호와의 눈'이 될 수 있는가?

이러한 질문에 답하기 위해서는 먼저 "온 세상에 두루 행하는 여호와의 눈"이 무엇인지를 생각할 필요가 있다. 우리는 "온 세상을 두루 행하는 여호와의 눈"이라는 문구에서 여호와의 편재성과 온 세상을 주관하시는 신적 주권의 의미를 발견한다(참조, 대하 16:9). 이러한 여호와 하나님의 속성과 사역은 구약에서 일반적으로 '여호와의 신'에 의해 구현되고 시행된다.

다시금 처음 질문으로 돌아가서, 일곱 등잔은 하나님의 성전에서 그 등잔의 불을 밝힘으로 하나님의 임재를 완벽하게 나타내고 있다는 점에서 이것은 온 천하뿐 아니라 성전에 충만하신 '여호와의 신'으로 '여호와의 눈'을 의미하기에 적합하다.

그런데 일곱 등잔은 성전을 밝히지만 여호와의 눈은 온 세상에 보내심을 받는다. 이것은 서로의 차이를 말하는 것이 아니라 좀 더 해석적인 차원에서 이해될 수 있다. 성전에서의 하나님의 임재는 결국 온 세상으로 향하게 되어 있다. 이러한 관계에 의해서 일곱 등잔은 성전에서 불빛을 충만하게 비출 뿐 아니라, 그러한 일곱 등잔에 의해 상징되는 여호와의 눈, 곧 여호와의 신은 온 세상을 두루 다니는 것으로 묘사된다. 이상에서 보면 스가랴 4장의 문맥에서 일곱 등잔, 여호와의 눈, 그리고 여호와의 신은 서로 밀접한 관계를 가진다.[28]

그러므로 계시록에서 성령을 '일곱 영'이라고 하는 것은 스가랴 4장에서 일곱 등잔이 여호와의 신, 여호와의 눈으로 상징하는 것에서

27) 위의 책, pp.62-63.

28) 이필찬, 『내가 속히 오리라』(서울: 이레서원, 1990), p.48.

유래한다고 보아야 한다. 여기서 성령의 존재 양태와 관련하여 주목할 것은 '보좌 앞에'와 '일곱'이라는 문구이다. 성령은 하나님의 보좌 앞에 존재하여 하나님의 임재와 통치, 곧 하나님의 사역을 수행하는 역할을 감당하는 것으로 이해할 수 있을 뿐 아니라 '일곱'이라는 숫자에 의해 그 사역은 충분성과 완전성을 갖추게 된다는 의미를 가진다.

③ 성자 하나님

성자 하나님, 예수 그리스도에 대한 표현이 본문에서는 삼중으로 묘사되어 있다.

첫째, 충성된 증인: 이 말은 성자 예수 그리스도의 지상 사역을 말한다. 그는 지상에 계실 때 자기를 낮추시고 죽기까지 성부 하나님께 복종한 하나님의 충성된 일꾼이셨다(마 26:42; 빌 2:8). 그는 하나님의 뜻대로 행하셨으며(요 5:30), 하나님 말씀만 증거하셨다(요 7:16). 한편 본서에서 '증인(μάρτυς)'이란 단어는 그 자체가 진리를 전파하고 수호자 및 이를 위해 순교한 자라는 의미를 내포하고 있다. 이런 점에서 실로 그리스도는 어느 모로 보나 목숨을 바치기까지 세상에 하나님을 증거한 충성된 증인인 것이다(사 55:4).

둘째, 죽은 자 가운데에서 먼저 나신 분: 이 호칭은 예수님이 죽음을 이기셨다는 것과 부활의 첫 열매라는 두 가지 의미를 가지고 있다. 예수는 부활을 통하여 죽음을 이기시고, 예수의 부활은 앞으로 예수를 믿는 자들의 부활의 원형이요, 보증이기도 하다(고전 15:20, 15:23). 다시 말하면 교회 공동체는 이미 부활하신 예수의 구속의 은혜에 동참함으로 첫째 부활에 참여하는 자들이 되고(20:4-6), 동시에 그들은 마지막에 있을 생명의 부활에 동참하게 될 것을 보장받는다. 이런 의미에서 죽음을 이기시고 부활의 첫 열매가 되시는 예수는 믿는 자들의 참 소망이 되신다.

셋째, 땅의 임금들의 머리가 되신 예수 그리스도 : 이 말은 하나님 나라의 설립자이시며, 악의 세력을 정복하신 승리자 그리스도에게 붙여지는 호칭이다. 예수의 주권의 범위는 죽음만이 아니라 땅의 모든 왕을 포함한다. 예수는 '왕 중의 왕'이시며, '만주의 주'가 되신다. 때문에 세상의 그 어떤 적대적인 왕이라 할지라도 예수의 주권 아래 있다. 지금도 예수는 하나님의 보좌 우편에 앉아 계셔서 교회와 세상을 통치하시는 왕이시다. 이러한 그리스도의 권세 앞에서는 당시 로마제국을 통치하면서 절대 권력을 휘두르던 황제들조차 그 권세 아래에 있음은 새삼 말할 필요가 없다.

그리고 이 세 가지 호칭은 계시록의 일반적인 구조와도 상호 연관이 있다. '충성된 증인'의 모습은 일곱 교회들에게 그들의 죄를 성실하게 지적하고 엄청난 약속을 하시는 그리스도의 계시에서 나타난다. '죽은 자들 가운데에서 먼저 나신 자'의 모습은 운명의 결정권자로서 일곱 인을 떼시고 구속을 이루시는 모습에서 나타난다. 그가 이렇게 할 수 있었던 것은 그가 죽으셨다가 살아나시고, 하늘에 오르사 권능의 보좌에 앉으셨기 때문이다. 마지막으로, '땅의 임금들의 머리가 되신 자'로서의 모습은 모든 대적자들을 그의 발아래 굴복시키고 영원토록 세계를 통치하시는 모습에서 나타난다.[29] 아무튼 이 세 가지 호칭은 전 시간의 흐름에서의 성자 예수 그리스도의 위치를 요약해서 표현한 것이다.

(3) 그리스도 송영

요한은 성부·성령·성자를 은혜와 평강의 기원으로 지적한 다음, 성자 그리스도에게 영광과 능력을 돌리는 송영을 기록했다. "영광과 능력이 세세토록 있기를 원하노라 아멘." 성자 예수께 돌리는 송영에서 그리스도를 세 가지로 묘사했다.

---

29) 메릴 C. 테니, 김근수 역, 『요한계시록 해석』(서울: 기독교문서선교회, 1988), p.53.

① 우리를 사랑하사

이 말은 그리스도의 지속적이고 영원한 사랑의 태도를 지적하는 것으로 인간을 사랑하신 주체는 하나님이시며(요 3:16; 롬 5:8), 그 사랑이 구체적으로 드러난 사건이 예수 그리스도의 십자가 구속 사건이다.

② 우리를 해방하시고

이 말은 하나님의 사랑으로 말미암은 그리스도의 피의 구속을 말하는 것으로서, 계시록 전체의 핵심으로 등장하는 어린양(피)의 구속을 밝히는 말씀이다(5:9). 이것은 하나님이 그리스도를 통해 우리를 최고의 사랑으로 사랑하신다는 표징이다.[30] 사실 '사랑'과 '해방'이라는 두 개의 단어는 인류를 위한 예수의 사랑과 특정한 수령자들을 해방시키는 자발적 죽음을 통한 그 사랑의 표현이다. 이 동기와 행동의 결합은 전통적 고리를 갖고 있다. 갈라디아서 2장 20절에서 바울은 "나를 사랑하사 나를 위하여 자기 자신을 버리신 하나님의 아들"에 대해 말하고, 에베소서 5장 25절에서도 "그는 우리를 위하여 자신을 버리사"라고 말한다. 이 구절들은 모두 사랑과 죽음이라는 두 주제를 통합하는데, 그중에서 죽음은 '주다'와 '해방하다'라는 은유로 언급된다. 이처럼 그리스도의 죽음의 자발적이고 희생적인 사랑과 그 죽음의 구원의 유익들은 우리 기독교 교리의 중심이다.

③ 우리를 나라와 제사장으로 삼으신

'삼으심'은 사랑으로 말미암은 구속행위의 결과와 구속의 목적을 보여 준다. 그 결과는 우리를 나라와 제사장으로 삼으시는 것이다. 나라는 그의 통치의 영역이고, 제사장은 그의 사역에의 참여자이다. 다시 말하면 예수 그리스도의 구속은 단순히 하나님의 택한 자들을 율법의 정죄에서 해방시키셨을 뿐 아니라, 그들을 하나님의 백성으로

30) 권성수, 『요한계시록』(서울: 선교횃불, 1999), p.27.

삼아 하나님의 나라를 구현하게 한다. 사실 어떤 면에서 '하나님의 백성'이란 낱말은 이미 하나님의 나라를 전제로 하는 용어이다. 왜냐하면 백성은 나라, 곧 왕국을 전제로 하고 있기 때문이다. 그러므로 하나님은 하나님 나라의 왕이시며, 성도는 그 나라 백성이다. 또한 그리스도의 구속은 아담의 범죄 이래 단절되었던 하나님과 인간과의 관계(창 3:22-24)를 회복시키시사 각 사람이 각각 하나님께로 나아갈 수 있는 길을 열어 놓으셨다(히 10:19). 예수께서 운명하실 때 성소의 휘장이 위에서 아래로 찢어진 것(마 27:51)은 이제 예수 그리스도의 피 공토를 믿고 의지하는 자마다 하나님께 직접 나아갈 수 있게 된 것을 가시적으로 보여 준 사건이었다. 우리는 이를 신학적으로 '성도의 만인 제사장직'이라고 일컫는다.[31]

한편, 이미 살펴본 것처럼 그리스도의 보혈의 공로를 통해 인간이 하나님 나라의 제사장이 되도록 하신 것은 인간을 위한 것이기 이전에 하나님을 위한 것이다. 즉 모든 사건과 역사와 행위들의 궁극적인 목적은 하나님의 영광으로 귀결되며, 인간들은 하나님의 영광을 힘입어 은혜 가운데 거하게 되는 것이다.

(4) 주제(7절)

계시록의 주제, 또는 중심되는 사상은 7절에 나타난다.

"볼지어다 그가 구름을 타고 오시리라 각 사람의 눈이 그를 보겠고 그를 찌른 자들도 볼 것이요 땅에 있는 모든 족속이 그로 말미암아 애곡하리라 아멘."

이 구절은 계시록의 부제, 곧 '그리스도의 재림'을 말하고, 그것이 전 세계적인 사건이 될 것임을 말한다. 시간과 장소에 구애됨이 없이 모든 사람들이 그 일을 목도하게 될 것이다. "모든 눈"이라 함은 지역

---

31) 제자원, 『그랜드 종합주석 제16권』(서울: 제자원 성서교재간행사, 1994), p.682.

적 제한이 없는 것을 말함이고, "그를 찌른 자들도"란 말은 시간상 십자가 사건이 일어난 시간까지도 포함된다는 것을 말함이다. 그리고 "땅의 모든 족속"이란 말은 어느 민족, 어느 국민이나 제외됨이 없는 것을 말한다. 주의 재림은 역사상 단 한번 있을 전 세계적 사건으로서 모든 장소, 모든 시간, 모든 민족에 동시에 나타나는 사건일 것이다. 주의 재림은 전창조가 향하여 나아가는 하나님의 한 결정적 사건이다.

이 구절은 구약성경의 여러 성경이 인용된 것이다. "구름을 타고 오시리라"는 말은 다니엘 7장 13절의 인용이다. 하나님으로부터 나라를 받은 "인자 같은 이가 하늘 구름을 타고 와서…," 그리고 "각인의 눈이 그를 보겠고 그를 찌른 자들도 볼 터이요"라는 표현은 스가랴 12장 10절을 생각나게 한다.[32]

이처럼 예수의 재림은 구원과 심판의 완성을 말한다. 결국 계시록의 주제는 예수님을 통한 하나님 나라 완성에 있다.

(5) 보증(8절)

서론 부분의 맨 마지막 구절인 8절은 계시록 서론을 마무리하는 모든 내용을 증명하는 하나님의 도장과 같다.

> **"주 하나님이 이르시되 나는 알파와 오메가라 이제도 있고 전에도 있었고 장차 올 자요 전능하신 자라 하시더라."**

이 구절은 역사의 처음과 나중뿐 아니라 전 역사를 주관하시는 하나님의 초월적인 권위를 선포한다. 그뿐 아니라 영원한 전능자 하나님께서 친히 그의 메시지인 계시록 서문에 날인하시고, 그 출판을 보증하신 것이다.

결론적으로 말하자면, 요한계시록은 그리스도에 대한 계시, 곧 전 구속사적 세계 과정에서의 그리스도의 역할에 대한 계시이다. 이 글

---

32) 메릴 C. 테니, 김근수 역, 『요한계시록 해석』(서울: 기독교문서선교회, 1988), pp.54-55.

은 특별히 그리스도의 종들에게, 그들 앞에 나타날 여러 가지 이상한 사건들과 대비하며, 그들을 향한 하나님의 목적을 이해시키기 위하여 기록된 것이다.[33]

3. 그리스도에 대한 환상(9–20절)

사도 요한은 재림을 계시록의 주제로 제시하고(7절), 그 주제를 주 하나님을 통해 확인한 다음(8절), 바로 뒤이어 밧모 섬에서 "주의 날"에 성령 안에서 본 예수 그리스도의 환상을 소개한다. 그리고 자신에게 나타내신 소아시아 일곱 교회에 그가 "보는 것"을 써 보내라는 명령(11절)과 그분의 인상착의(11–12절)를 기록했다. 요한은 이어서 그분을 보았을 때 죽은 자같이 된 자신의 반응(17절)과 그분의 자기 신분 계시(17–18절)와 "네가 본 것과 지금 있는 일과 장차 될 일을 기록하라"는 그분의 명령을 기록한다(19–20절).

(1) 요한이 환상을 본 배경

요한은 자신이 예언을 하게 된 경위를 설명하면서 먼저 자신에 대해 소개한다. 요한은 자신을 수신자들보다 뛰어난 신분과 지위를 가진 자로 말하지 않는다. 오히려 그들의 형제며 환난을 통한 참음에 함께 동참한 자라고 소개한다.

'환난과 나라와 참음에 동참한' 것은 예수 안에서 가능한 것이다. '환난'과 '나라'와 '참음'는 서로 밀접한 관계가 있다. '환난'은 고난과 박해를 의미하며, 이것은 그리스도인의 현실이다. '나라'를 말하는 것은 '환난'의 목적이 하나님의 나라와 주권 때문에 온 것이기 때문이다. 그리스도인은 하나님의 나라를 위해 부름을 받았기 때문에 환난을 당한다. 그러나 환난을 이길 수 있는 것은 오직 '참음'을 통해서만

33) 위의 책, p.55.

가능하다. '참음'로 번역된 헬라어 '휘포모네(ὑπομονη)'는 계시록에 일곱 번(1:9; 2:2, 3, 19, 3:10, 13:10, 14:12) 나오는 단어로 강조되고 있다.[34] 따라서 이러한 표현들은 서로 인과 관계를 내포하는 것으로, 환난은 하나님의 나라에 이르는 길이요, 참음은 그 길을 걷게 하는 힘이다.

① 계시를 받은 장소

그러면 왜 요한은 밧모 섬에 가 있게 된 것인가? 그것은 "하나님의 말씀과 예수를 증언하였음으로 말미암아" 가게 된 것이다. 여기서 전치사 '말미암아(διά)'를 어떻게 해석하는가에 따라 본 절 전체의 의미가 달라진다. 왜냐하면 전치사 '말미암아'는 '하나님 말씀을 전하기 위하여'로 볼 수도 있고, '하나님의 말씀을 받기 위하여'로 이해할 수도 있으며, 또한 '하나님의 말씀을 전했기 때문에'로 해석할 수 있기 때문이다. 그러나 요한이 복음을 증거하기 위하여 절해고도(絕海孤島)인 밧모 섬에 노구(老軀)를 이끌고 갔다고 보기는 어렵다. 그리고 요한이 계시를 받기 위하여 밧모 섬에 갔다는 것 역시 너무 결과론적인 해석이다. 그러므로 세 번째 견해가 가능성이 있다. 즉 앞부분에서 요한은 성도들과 고난에 동참했다고 하였으며, 밧모라는 섬이 유명한 귀양지였다는 점에 비추어 볼 때 요한은 하나님의 말씀인 복음을 증거하다가 박해로 인해 밧모로 유배되었다는 의미로 보는 것이 가장 타당하다.[35]

밧모 섬은 에베소에서 남쪽으로 약 90km, 사모스에서 남서쪽으로 46km 지점에 있는 에게해(Aegean Sea)의 스포라데스 군도(Sporades Group) 중의 한 섬으로 오늘날에는 '파트모스(Patmos)'로 불리운다. 길이 17km, 너비 10km의 작은 섬으로 탄광이 있었고, 당시 이곳

34) 이달, 『요한계시록』(서울: 한국장로교출판사, 2008), p.64.
35) 제자원, 『그랜드 종합주석 제16권』 (서울: 제자원 성서교재간행사, 1994), p.685.

에는 많은 범죄자들이 유배되어 왔으며 그 탄광에서 노역을 했다고 한다. 당시에 섬에 유배하는 경우로는 재산을 몰수하고 민권을 박탈하는 도서유배와, 재산과 인권 박탈이 없는 도서유배가 있었다고 한다. 전자는 황제가 발할 수 있는 유배이고, 후자는 지방 총독이 발할 수 있는 유배였다. 요한은 비교적 관대한 유배를 받았던 것 같다. 그는 도미티아누스 황제 때(AD 81-96) 밧모 섬에 유배되어 광산에서 강제노동을 하다가 도미티아누스가 죽었을 때 귀환이 허락되었다고 한다.[36)]

② 계시를 받은 시간

요한은 밧모 섬에서 '주의 날(κυριακη ἡμερα)'에 계시와 환상을 보게 된다. '주의 날'에 대한 견해가 세 가지가 있다. 첫째로, 구약에서 언급된 '종말적 주의 날'이다. 구약의 '주의 날'은 칠십인 역에서 헬라어로 '헤메라 [투] 퀴리우(ἡμερα [του] κυριου)'로 번역되었기 때문에 '퀴리아케 헤메라'와는 구별되어야 한다. 곧, '주님께 속한 날(κυριακη ἡμερα)'과 '주님의 날(ἡμερα [του] κυριου)'은 서로 동의어가 아니며, 그 사용되는 용법도 다르다. 따라서 구약에서 말하는 종말적 심판의 날과는 의미가 다르다 하겠다.

두 번째 견해로, '부활절 일요일(Easter Sunday)'을 가리키고 있다는 입장이다. 그러나 이것은 매우 추측에 불과하다고 여겨진다. 왜냐하면 부활절 주일에 대한 이해는 요한 당시에는 존재하지 않았으며, 2세기 초부터 부활절 주일이 지켜지기 시작했기 때문이다.

세 번째는, '예배의 날'로 부활 사건에 근거하여 초대 교회에 의해 채택된 일요일이라고 생각하는 입장이다. 초대 교회 성도들에게 매주의 첫 날은 특별한 의미가 있는 날이었으며(행 20:7; 고전 16:2), 특별히 이 본문에서 '주의 날'이라는 것은 안식일을 지키는 유대 그리스도인들을 의식하여 사용되기도 한다.[37)] 여기서 이것이 가장 유력한

36) 권성수, 『요한계시록』(서울: 선교횃불, 1999), pp.30-31.

견해로 받아들인다. 요한은 일요일인 주일, 주님이 부활하신 날에 하나님을 예배하고 묵상하는 자리에서 하나님의 계시를 받았다.

③ 계시를 받는 방법

요한은 주의 날에 '성령에 감동되어(ἐν πνεύματι)' 환상을 본다. 이 말을 직역하게 되면 '내가 성령 안에 있게 되었다'는 뜻으로, 성령으로 인하여 황홀경과 무아지경에 빠졌음을 의미한다. 요한은 육신적으로는 시공의 세계(시간적으로는 '주의 날', 공간적으로는 '밧모 섬')에 있었지만, 영적으로는 '성령 안에' 있었다.[38] 이 말은 인간 영혼의 엑스터시 상태를 가리키는 말이 아니라, 하나님의 영에 의해 전적으로 통제를 받아 자의식을 가지고 있는 상태를 가리킨다. 이처럼 요한은 성령의 감동으로 이상 중에 있으면서도 자기의 이성(理性)을 가진 상태에서 예수 그리스도의 계시를 보았던 것이다. 이것은 요한이 본 환상이 스스로 만들어 낸 상상이 아니라, 예수님이 성령의 감동을 통해 주신 것임을 확증하는 것이다. 다시 말하면, 이것은 본서가 하나님께로부터 받은 계시를 요한이 정확하게 기록한 글이라는 것을 내증(內證)하는 것이다.[39]

(2) 부활 승천하신 예수님에 대한 환상

첫 번째 환상은 한 음성, "네가 보는 것을 두루마리에 써서 일곱 교회들에게 보내라"는 큰 음성으로 시작된다. 나팔 소리 같은 큰 음성의 진원을 알려고 몸을 돌이킨 요한은 일곱 금 촛대 사이를 거니는 한 형상을 보았다. 그 형상은 어떤 화가도 사실적으로 그릴 수 없는 너무 놀라운 것이었다. 그 형상을 요한은 네 절에 걸쳐 여덟 가지 모습으로 묘사한다. 그 묘사한 바는 다음과 같다.

---

37) 이필찬, 『내가 속히 오리라』(서울: 이레서원, 1990), pp.81-82.
38) 권성수, 『요한계시록』(서울: 선교횃불, 1999), p.32.
39) 제자원, 『그랜드 종합주석 제16권』(서울: 제자원 성서교재간행사, 1994), p.685.

먼저, 요한이 뒤에서 들려오는 음성을 알아보려고 돌이킬 때에 그가 본 것은 하나님이 아니라 일곱 금 촛대였다. 일곱 촛대가 나오는 것으로 보아 요한이 본 곳은 성전임을 알 수 있다. 그런데 그것은 이 땅에 있는 성전이 아니라 하늘 성전이었다. 요한은 황홀경 속에서 하나님의 음성을 들었고(1:10), 하늘에 올라가(4:1), 하나님의 보좌 앞에 있는 일곱 등불(4:5)을 본 것으로 보아 하늘 성전을 말하고 있는 것이다. 일곱 촛대는 일곱 교회를 가리킨다. 즉 요한은 하늘에 있는 일곱 교회를 본 것이다. 이것은 지상에 있는 교회는 하늘에 그 본거지를 두고 있음을 의미할 수도 있고, 지상의 모든 것은 하늘에 원형을 가지고 있다고도 말할 수 있는 것이다. 이뿐 아니라 요한은 일곱 촛대만 본 것이 아니라, 그 사이에서 "인자(人子) 같은 이"를 보았다. 이것은 그가 본 최초 환상의 백미다.[40] '인자 같은 이'는 여기서 예수 그리스도를 가리키는데, 이는 다니엘 7장 13절을 배경으로 하고 있다. 예수 그리스도께서도 스스로를 인자라고 칭하셨는데(마 8:20, 9:6, 26:2; 막 14:41; 눅 6:22, 17:22, 24, 26, 30; 요 1:51, 12:23, 34, 13:31), 이는 자신이 근본 하나님의 아들이면서도 성육신하신 것을 강조하는 호칭이다.

한편 본문이 이 예수를 촛대 사이에 계시는 이로 묘사하고 있는 것은 그리스도께서 마치 구약 시대 당시에 대제사장이 성전 안에서 촛대 사이를 오가며 하나님께 제사를 드렸듯이, 언제나 교회 가운데 계셔서 자기 백성의 대제사장으로(히 9:26) 하나님께 중보 기도를 드리시고 계심을 나타내기 위함이다.[41]

① 복장

발에 끌리는 옷을 입고 가슴에 금띠를 띠고– 이런 인자의 모습은

40) 이달, 『요한계시록』(서울: 한국장로교출판사, 2008), pp.68–69.
41) 제자원, 『그랜드 종합주석 제16권』(서울: 제자원 성서교재간행사, 1994), p.686.

다니엘서 10장 5절에 “세마포 옷을 입었고 허리에 우바스 순금 띠를 띤” 천사의 모습과 흡사하다. 출애굽기 28장 4, 8절, 레위기 16장 4절에 의하면 이런 차림은 대제사장의 옷차림이다. 또한 이는 왕의 차림과도 유사하다(사 6:1). 즉 이것은 예수 그리스도께서 하나님 나라의 대제사장과 왕으로서 존귀와 위엄을 지니고 계신 분임을 묘사한 것이다(단 10:5–6).[42]

② 머리털

흰 양털 같고 눈 같으며– 이는 다니엘서 7장 9절을 배경으로 한 말씀으로, 흰 것은 나이와 거룩을 암시한다. 양털의 흰색과 눈의 흰색 중에 후자는 눈까지 부시게 한다. 그의 이 같은 흰 모습은 그의 선재성·거룩성·영원성을 의미하기도 한다. 그의 거룩 앞에 모든 만물은 무릎을 꿇고, 부끄러움을 드러내게 될 것이다.

③ 얼굴

해가 힘차게 비치는 것– 요한일서 1장 5절에서 요한은 ‘하나님은 빛이시다’고 했다. 이 빛은 태양 빛을 말하는 것이 아니라, 인간이 도저히 접근할 수 없는 그리스도의 영광·지혜·사랑·진실·성결 등과 같은 종합적인 그리스도의 속성을 말한다. 요한이 직접 목격했던 예수의 모습에서도 동일한 묘사가 나타난다(10:1; 마 17:2).

④ 눈

그의 눈은 불꽃같으며– 이는 모든 악에 대한 심판과 교회와 신자 및 역사의 전 과정에 대한 깊은 통찰력과 전지성을 말한다(단 10:6).

⑤ 입

좌우에 날선 검이 나오고– ‘그의 입에서 날선 검이 나온다’는 표현은 예수를 심판주로 소개한다. 이 말은 이사야서 11장 4절에서 메시

42) 위의 책.

아가 '그 입의 막대기로 세상을 치며'라는 말씀을 배경으로 주어진다. 여기서 이사야 말씀의 '막대기'를 계시록에서 '칼'로 바꾸어 표현한 것은, 이사야서 49장 2절의 "내 입을 날카로운 칼같이 만드시고 나를 그의 손 그늘에 숨기시며 나를 갈고 닦은 화살로 만드사 그의 화살통에 감추시고"라는 말씀에서 '칼'과 '살'과 같은 표현의 영향 때문이다.[43] 이러한 변형을 통해서 예수 그리스도의 메시지의 힘과 세력을 상징하는 것이라고 할 수 있다. 예수의 심판의 말씀은 검처럼 예리하다는 것을 보여 준다(엡 6:17; 히 4:12).

⑥ 목소리

많은 물소리 같으며 - 이는 에스겔서 43장 2절의 "하나님의 음성은 많은 물소리 같다"라는 구절과 다니엘서 10장 6절의 "그 말소리는 무리의 소리와 같더라"와 병행적 관계를 갖는다. 이러한 예수의 목소리는 높은 절벽에서 큰 소리로 내리 떨어지는 거대한 폭포를 연상하게 한다. 따라서 그의 음성은 힘이 있고, 세상의 모든 소리를 압도하는 그의 엄위하심과 경외감을 나타내신다.

⑦ 손

그의 오른손에 일곱 별이 있고 - 1장 20절은 이 일곱 별을 "일곱 교회의 사자"라고 설명하고 있다. 오른손은 권능의 손으로 모든 교회와 모든 주의 종들이 절대 주권자이신 주의 권능의 손에 있음을 말한다. 그러므로 그분이 일곱 교회, 그의 종들 가운데 거니시면서 그들을 지키시고 보호하신다는 의미이다.

⑧ 발

풀무불에 연단한 빛난 주석 같고 - 주석(청동) 같은 발은 위대한 능력을 가진 고귀한 사람을 나타낸다(단 10:6). 청동은 강한 힘을 상

43) 이필찬, 『내가 속히 오리라』(서울: 이레서원, 1990), p.89.

징하며(겔 1:7), 흔들림이 없는 하나님의 확실성을 나타낸다. 따라서 이는 전능하신 승리자로서 원수들을 밟아 멸하시는 심판의 권세를 의미한다(창 3:15; 마 24:44)

여기 1장에 나타난 사도 요한이 본 예수님의 모습 8가지 중 6가지(복장 · 머리털 · 얼굴 · 눈 · 목소리 · 발)가 다니엘서 7장과 10장에 등장하는 인물을 배경으로 하고 있음을 알 수 있다. 이것을 도표로 만들어 보면 아래와 같다.

요한계시록				다니엘	
1	복장	발에 끌리는 긴 옷과 가슴 띠	1:13a	세마포 옷과 허리에 순금 띠	10:5
2	머리털	눈과 양털 같은 백발	1:14a	깨끗한 양의 털 같고	7:9
3	얼굴	해처럼 빛남	1:16b	번개 빛 같고	10:6
4	눈	불꽃같음	1:14b	횃불 같고	10:6
5	입	양날 검이 나옴	1:16b		
6	목소리	많은 목소리	1:15b	무리의 소리 같다	10:6
7	손	일곱 별이 있음	1:16a		
8	발	빛난 주석 같음	1:15a	빛난 놋과 같고	10:6

이런 구약성경 외에도 예수의 복장(출 28:4), 예수의 얼굴(사 5:31), 예수의 음성(겔 1:24, 43:2)이 보충되어 나온다.

이런 예수님의 모습의 의미를 다시 정리해 본다면 다음과 같다.

예수의 옷과 금띠	제사장/왕
예수의 머리털	하나님과 동등한 분이며 영원한 분
예수의 얼굴	승리자/구원자
예수의 눈	전지자
예수의 입	심판자
예수의 음성	권위자
예수의 손	교회의 주권자
예수의 발	심판자

예수님은 하나님과 동등한 분으로서, 하나님의 원수를 무찌르고 승리한 메시아로 제사장과 왕과 같은 분이요, 교회와 세상의 주인이자 심판자이심을 나타내 보여 준다.

이처럼 13–16절에서 요한은 천상의 예수님의 모습을 본 후 그의 반응을 17절부터 소개한다. "그의 발 앞에 엎드러져 죽은 자같이 되매."

거룩하신 하나님의 현현은 언제나 사람에게 두려움을 준다(출 33:20; 단 8:17, 27, 10:9; 마 17:6; 눅 5:8; 행 26:14). 여기서 우리는 예수 그리스도의 능력에 압도되어 죽은 자 같은 자가 다름 아닌 세베대의 아들 요한임을 주목해야 한다. 그는 최후 만찬 시에 예수의 품에 의지하였던 자이다. 그런 자가 예수 그리스도께서 육체를 입고 있었던 때와는 전혀 다른 영광스러운 모습으로 변화된 그분 앞에 엎드러져 죽은 자같이 되었다는 것은 당연한 일이다. 거룩하신 그리스도의 영광 앞에 죄인으로 엎드러지는 것은 참된 경건이다. 승귀하신 예수님 앞에 엎드려 두려워 떠는 요한에게 예수님은 '두려워하지 말라'고 위로하신다. 그리고 말씀하신다.

첫째, "나는 처음이요 마지막이니." 이 말은 예수님 자신을 가리켜 하는 말씀으로 하나님 자신을 "나는 알파와 오메가"라고 하신 1장 8절의 말씀과 비교된다. '처음이요 나중이다'라는 것과 '알파와 오메가'라는 것은 서로 밀접하게 연결되었다.

"나는 알파와 오메가요 처음과 마지막이라"(21:6).

"나는 알파와 오메가요 처음과 마지막이요 시작과 마침이라"(22:13).

위의 말씀에서 21장 6절에서는 '처음과 나중'이라는 문구가 새롭게 첨가되었으며, 22장 13절에서는 '알파와 오메가'와 '시작과 마침'이라는 것과 삼중적으로 사용되고 있다. 흥미로운 것은 1장 8절과 21장 6

절은 하나님에 대해, 1장 17절과 22장 13절은 예수님에 대해 사용된다. 그런데 22장 13절에서 모든 명칭을 종합하는 내용이 예수님을 가리킨다는 점에서, 요한은 역사를 주관하시는 예수님의 신적 지위를 하나님과 동등한 것으로 강조한다.

'처음과 나중'이라는 명칭은 이사야서 41장 4절, 44장 6절, 48장 12절을 배경으로 사용하는데, 이사야서 말씀들은 하나님을 모든 피조물의 창조자일 뿐 아니라 역사에 대한 주관자로 묘사한다.[44] 그는 만물보다 선재하신 분이시요, 그리고 모든 만물의 종말적 성취를 이루실 것이다. 그는 모든 역사의 출발과 목적이시고 새 창조의 마지막을 말씀하신 대로 마감할 것이다. 이러한 하나님의 주권이 바로 예수님께 동일하게 주어진 것이다.

둘째, "나는 살아 있는 자라 내가 전에 죽었었노라 볼지어다 이제 세세토록 살아 있어."

① '살아 있는 자'란 신적인 특징을 나타내 주는 말이다. 그는 '전에도 있고, 지금도 있고, 앞으로도 있을 자, 곧 영원히 있는 자'라는 의미로 '세세토록 살아 있어'라는 말과 동일한 표현이다. 그러므로 '살아 있는 자'는 '영원한 자'로 표현할 수 있다.

② '내가 전에 죽었었노라'는 말은 예수께서 십자가에 달려 죽으셨던 사실을 지칭하는 것이다. 그러나 온 인류를 위하여 대속의 죽음을 당하셨던 그리스도는 사망 권세를 이기시고 부활하셔서 영원하신 자신의 본래 속성을 회복하셨다. 즉 그리스도는 다시 영생하시는 하나님의 지위를 회복하신 것이다. 여기서 예수의 죽음과 부활을 언급한 것은 예수님의 삶과 죽음에 대한 주권을 강조하기 위해서이다.

셋째, "사망과 음부의 열쇠를 가졌노니." 예수님은 자신을 사망과 음부의 열쇠를 가지신 이로 소개하신다. 즉 사망과 음부도 완전히 지

---

44) 위의 책, p.95.

배하신다는 말이다. 여기서 '음부(陰府)'란 헬라어로 하데스(ἅδης)인데 구약의 스올(sheol)에 해당된다. 신약에서는 이것이 회개하지 않은 자들이 죽은 후에 가는 흉한 곳을 의미한다. 그러나 구약에서는 스올이란 말이 육신의 죽음 상태와 무덤을 의미하기도 하지만, 별세한 영혼이 가는 곳을 가리키는 말로도 사용되었다. 특별히 선한 사람이나 악한 사람이 다 갈 수 있는 곳을 가리킨다(왕상 2:2, 9; 욥 3:13, 30:23; 시 89:48; 사 14:9; 겔 32:28). 그렇다면 악인과 선인이 사후에 같은 곳에 갈 수 있다고 한다면 여기에 문제가 생긴다. 그것은 신약 사상이나 구약 사상에도 맞지 않는다(시 16:11, 17:15; 마 8:11-12). 그러면 이 문제를 어떻게 해결할 것인가? 구약에서 '스올'이라는 말이 어떤 때는 단지 육신의 무덤을 의미하는 것으로 그친다고 할 수 있다. 그리고 또한 이것은 사후의 세계를 가리키기는 하나, 스올이란 말이 반드시 상(賞)이나 벌(罰)에 대한 개념을 가진다고 말할 수 없다.[45] 그러나 이러한 구약의 음부 개념은 점차 발전하여 신약에 이르러서는 이미 죽은 사람들 중 불신자의 영이 최후의 심판을 기다리는 중간기 처소로 이해되었다(눅 23:43). 동시에 '하데스'는 '낙원'(παράδεισος : 눅 23:43; 고후 12:4; 계 2:7)과 구별되고, 영원한 형벌의 곳인 지옥과도 구별된다. 어찌했든 '죽음'과 '하데스'는 구분하기가 쉽지 않다. 죽음은 죽은 상태를 가리키고, 하데스는 죽어서 가는 장소를 가리킨다.

예수 그리스도는 죽음과 음부(하데스)의 세력을 체험하셨고 그것을 정복하셨다. 그분은 죽음과 죽음 이후의 삶, 즉 하데스의 열쇠를 쥐고 계시면서(마 16:18) 그것들을 닫으시거나 원하시는 자들을 풀어주실 수 있다. 열쇠는 문을 열기도 하고 닫기도 하는 '권세'를 의미한다. 따라서 예수는 사망과 음부의 열쇠를 가지신 분으로 죽게도 하시

45) 박홍무, 『소아시아 일곱교회(상)』(서울: 쿰란, 2009), p.174.

고 살게도 하시며, 지옥에 들어가게도 하시고 지옥에 들어가지 않게도 하실 권세가 있으신 분이다. 우리가 살고 죽는 것, 천국에 들어가고 지옥에 들어가는 모든 것이 예수님의 주권에 달려 있다.

예수께서 요한에게 환상으로 보여 주신 그의 모습은 "처음이요 나중이시며, 죽었다가 살아나신 세세토록 살아 있는 분이시고, 사망과 음부의 열쇠를 가진 영원하신 분"으로 소개한 다음, "그러므로 네가 본 것과 지금 있는 일과 장차 될 일을 기록하라"고 명령하신다.

어떤 분들은 이 구절을 '요한계시록의 구조'로 생각하여 다음과 같이 구분하기도 한다. ① 네가 본 것(1장) ② 지금 있는 일(2-3장) ③ 장차 될 일(4-22장)로 구분한다. 그러나 이 문제는 우리가 좀 더 깊이 연구해 볼 일이다.[46] 2-3장의 일곱 교회에 보낸 메시지에는 현재와 미래의 내용도 존재하고, 4-22장에도 교회의 과거·현재·미래의 모습이 섞여 있다. 계시록은 1-22장까지 현재적 사건과 미래적 사건이 서로 혼합되어 구성하고 있다. 다시 말하면 예수님의 초림과 재림 사이에 일어날 일을 주제별로 설명하고 있지, 시간표처럼 사건이 일어나는 순서를 보여 주는 책이 아니다. 그러므로 이런 단순화는 계시록을 올바로 볼 수 있는 방법이 아니다.

요한은 20절에서 자신이 본 것, '지금 있는 일과 장차 될 일' 중에서 교회가 가장 중요한 것임을 암시한다. 여기서 요한은 두 개의 상징적인 모습을 본다. 그것은 '일곱 촛대'와 '일곱 별'이다. 이것에 대한 분명한 해석을 해준다. '일곱 촛대는 일곱 교회요, 일곱 별은 일곱 교회의 사자'라고 해석해 준다.

① 일곱 촛대

여기서 20절의 '일곱 촛대'와 4절의 '일곱 영'과의 관계를 분석해 보

46) 19절에서 말하는 '계시록의 구조'에 대한 좀 더 자세한 내용을 보려면 이필찬, 『내가 속히 오리라』(서울: 이레서원, 1990), pp.98-102를 참조.

는 것은 흥미로운 일이다. 교회를 상징하는 일곱 촛대와 성령을 상징하는 일곱 영이 모두 스가랴 4장을 배경으로 하고 있다. 그것은 스가랴 4장 2절에서 순금 등대가 일곱 등잔을 떠받치고 있는 것처럼 일곱 교회를 의미하는 일곱 금 촛대는 계시록 1장 12절과 20절에서 성령을 의미하는 일곱 등잔을 떠받치고 있다. 이러한 일곱 촛대와 일곱 등잔의 밀접한 관계에 의해, 교회 공동체는 성령에 의해 그 능력을 공급받고 그 존재 의미를 발견하는 것임을 의미한다. 더 나아가서 계시록 1장 12절에서 예수께서는 일곱 금 촛대 사이로 다니신다. 이것이 예수께서 교회를 주관하시고 다스리심을 의미한다면 교회는 성령과 예수의 통치와 보호와 능력 공급함을 받는 공동체임을 보여 준다.[47]

② 일곱 별

일곱 별은 '일곱 교회 사자'라고 해석해 준다.

여기서 '사자(ἄγγελοι)'라는 단어가 의미하는 해석에는 여러 견해가 있다. 첫째, 문자적인 의미 천사들, 둘째, 교회의 천상적 대응체, 셋째, 천사를 숭배하는 유대 전통이나 기독교의 한 부류의 경향을 반영하는 표현, 넷째, 감독들이나 목사들과 같은 교회의 지도자들 등이다. 그러나 분명한 것은 계시록에서 '사자(ἄγγελοι)'라는 단어가 사람에게 적용되지 않는다.[48] 그뿐 아니라 계시록 2-3장에 있는 일곱 편지들이 사자들에 대한 질책을 포함하고 있고, 또한 천사들은 전혀 교회의 머리로 여겨지지 않기 때문에 이 사자들이 천상의 심부름꾼이라는 것은 의심스럽다. 따라서 '일곱 교회 사자'란 공동체를 대표하는 존재와 지도자들을 말한다.

다시 한 번 1장 9-20까지를 정리해 본다면 첫째, 계시록과 구약과의 관련성이다. 계시록은 신약의 유일한 선지서로서 구약의 선지서들

---

47) 이필찬, 『내가 속히 오리라』(서울: 이레서원, 1990), p.104.
48) 위의 책, p.105.

의 절정이자 마무리이다. 구약의 종말에 대한 예언들이 예수님을 통해 성취되었으며, 성취되고 있으며, 성취될 것을 보여 준다. 특히 스가랴 4장, 다니엘 2장, 7장의 종말에 대한 예언이 강조되고 있다. 그러므로 신약에 있는 사건들은 구약에 있는 것을 배경으로 하고 있고, 구약은 신약을 전제로 하고 있음을 알고 성경은 성경으로 해석함이 좋다.

둘째, 예수님의 신분과 사명을 잘 보여 주고 있다. 지금 부활 승천하여 하나님 보좌 우편에 계신 예수님은 신성을 가지신 분으로 성부 하나님과 동등한 분이시다. 또한 예수님은 성부 하나님으로부터 하늘과 땅의 모든 권세를 위임받은 분으로서 교회를 다스리시고 관리하시는 분이다. 이것은 단순한 교회의 주인이시라는 것이 아니라 온 우주의 통치자요, 역사의 주관자요 심판자이심을 보여 준다. 따라서 우리는 역사의 주인공과 주관자는 예수 그리스도의 말씀을 따라 역사 진행과정을 주의 깊게 살펴보며, 그분을 우리 삶의 존재 근거로 삼고 살아야 한다.

셋째, 교회의 신분과 사명을 잘 보여 준다. 교회는 일곱 촛대와 같은 존재로서 어두운 세상의 빛과 같은 존재이다. 빛으로서의 사명은 교회가 아니면 세상의 어떤 다른 단체도 할 수 없는 일이다. 바른 진리, 바른 하나님의 말씀을 전하는 것이야말로 교회의 가장 중요한 사명이다. 따라서 죄인들이 모여 있는 불완전한 유형 교회인 이 지상 교회의 목적이 하나님 나라의 확장에 있다는 것을 명심하고, 그리스도의 복음을 전파하며 하나님의 의를 실천하기 위하여 힘써야 한다.

제2-3장
일곱 교회에 보내는 메시지

계시록 2-3장은 소아시아에 있는 일곱 교회에 보내는 선지적 메시지이다. 계시록은 묵시문학서로서 각 숫자의 고유한 상징적 의미를 지니고 있듯이 2-3장에서도 일곱 교회에 편지를 하므로 그 의미 전달의 중요성을 최대한 활용하고 있다. 잘 알다시피 '7'이라는 숫자는 태초의 하나님의 천지창조의 완성 기간과 관련된 숫자로서 전반적으로 진행되어 오던 하나님의 사역의 완성과 성취 및 그로 인한 안식과 축복, 그리고 하나님의 사역으로 성취된 그 모든 전체를 포괄적으로 상징하는 숫자이며, 본 계시록의 묵시 전개를 위한 기본 숫자이기도 하다. 그러므로 일곱 교회에 준 메시지는 일곱 교회에 국한된 것이 아니라 당시의 모든 교회는 물론 오고 오는 세대의 모든 교회에게 주는 것이다.

2장에서는 에베소, 서머나, 버가모, 두아디라 교회에 보내는 메시지를 담고 있고, 3장에서는 사데, 빌라델비아, 라오디게아 교회에 보내는 메시지를 담고 있다.

먼저 생각할 것은 일곱 교회에 보내는 메시지에 등장하는 예수님의 모습은 1장 12-18절에 나오는 부활 승천하신 예수님의 모습을 배경으로 하고 있다는 점이다. 곧, 1장 12-18절에서 예수님에 대한 환상의 내용들이 일곱 메시지의 초두에서 주어지는 예수님에 대한 묘사에 그대로 정확하게 사용되며, 그러한 표현은 2-3장에서 주어지는 메시지 내용을 형성하는 데 결정적인 요소로 작용하고 있다.

1장 12–18절의 예수	일곱 촛대를 보았는데 촛대 사이에 인자 같은 이(1:12a–13b)	나는 처음이요 마지막이요 곧 살아 있는 자, 내가 전에 죽었었다(1:17b–18a)	그의 입에서 좌우에 날선 검이 나오고(1:16b)	그의 눈은 불꽃같고 그의 발은 빛난 주석 같고(1:14b–15a)	그의 오른손에 일곱 별이 있고(1:16a)	사망과 음부의 열쇠를 가졌노라(1:18b)	… 충성된 증인으로… 땅의 임금들의 머리가 되신 예수(1:5)
교회	**에베소**	**서머나**	**버가모**	**두아디라**	**사 데**	**빌라델비아**	**라오디게아**
예수 이름	오른손에 있는 일곱 별을 붙잡고 일곱 촛대 사이를 거니시는 이(2:1)	처음이며 마지막이요 죽었다가 살아나신 이(2:8)	좌우에 날선 검을 가지신 이(2:12)	그 눈이 불꽃같고 그 발이 빛난 주석과 같은 하나님의 아들(2:18)	하나님의 일곱 영과 일곱 별을 가지신 이(3:1)	열면 닫을 사람이 없고 닫으면 열 사람이 없는 다윗의 열쇠를 가지신 이(3:7)	충성되고 참된 증인이시요 하나님의 창조의 근본이신 이(3:14)
메시지 내용	회개하지 아니하면 네 촛대를 옮기리라(2:5)	네가 죽도록 충성하라(2:10)	내 입의 검으로 그들과 싸우리라(2:16)	회개하지 않으면 큰 환난 가운데 던지고(2:22)		내가 네 앞에 열린 문을 두었으되 능히 닫을 사람이 없으리라(3:8)	

또 2–3장을 이해하는 데 중요한 것은 이 부분을 편지 형식으로 생각하는 데 전혀 편지 형식이 아니라는 점이다. 한글개역개정 성경은 '편지하라'고 번역한 것은 '쓰라'(γράψον〉γράπω)라는 동사에 해당하는 것으로, 이것을 '편지하라'고 번역한 것은 의역일 뿐이다. 1장 4절에서도 "요한은 아시아에 있는 일곱 교회에 편지하노니"라고 되어 있는 데, 원문에는 "요한은 아시아에 있는 일곱 교회에(Ἰωάννης ταις ἑπτά ἐκκλησίαις ταις ἐν τη Ἀσία)"라고 하여 '편지하노니'라는

말을 생략한 채 끝을 맺는다. 이것은 다른 바울 서신의 경우도 마찬가지이다. 그러므로 편지 형식에는 '편지한다'라는 말을 사용하지 않는 것이 통례이다. 그렇다면 2장에서 '편지하라'(γράψον>γράπω)고 명령형으로 사용된 것은 선지적 메시지의 기록의 부르심을 의미하는 1장 11절과 1장 19절에서 '쓰라', 혹은 '기록하라'라는 동사의 의미와 같은 연속선상에서 이해해야 한다.[49)]

그리고 이 일곱 교회에 주신 메시지는 일정한 형식을 갖추고 있는데, 일곱 개의 요소로 구성되어 있다.

1	수 신	모두 수신자를 언급하는 것으로 시작
2	이 름	화자(話者)인 그리스도가 언급된다
3	칭 찬	각 교회의 잘한 것에 대한 칭찬
4	책 망	각 교회의 잘못한 것에 대한 책망
5	권 면	심판에 대한 경고와 회개에 대한 권면
6	당 부	그리스도의 당부 : 귀 있는 자는 들을지어다.
7	약 속	이기는 자에게 주시는 종말론적인 약속

두 교회는 책망이 없고, 두 교회는 칭찬이 없다.[50)] 에베소, 버가모, 두아디라는 칭찬도 받고 책망도 받았다.

이 일곱 교회는 역사상 실제로 존재했던 교회들이다. 계시록을 쓸 당시 로마제국의 아시아 주에 실재했다. 일곱 교회가 있던 도시들은 당시 아시아 주에서 로마의 큰 도로상에 위치해 있던 교통의 요충지로서, 정치·경제·문화의 중심지이기도 했다. 당시 이 일곱 도시에만 교회가 있었던 것이 아니라 다른 도시에도 교회가 많이 있었다.[51)] 그

49) 이필찬, 『내가 속히 오리라』(서울: 이레서원, 1990), pp.114-115.
50) 책망이 없는 교회 : 서머나, 빌라델비아 / 칭찬이 없는 교회 : 사데, 라오디게아
51) 그 외의 교회 : 골로새(골 1:2), 히에라폴리스(히에라볼리; 골 4:13), 드로아(행 20:5; 고후

러면 왜 일곱 교회만인가? 일곱이라는 숫자에 집착한 이유를 두 가지로 볼 수 있다. 첫째로 완전함을 상징하는 일곱이라는 숫자가 소아시아의 교회를 대표하며, 둘째로 일곱 교회가 당시 행정의 중심 도시였던 에베소를 중심으로 가까운 위치에 존재하여 일곱 교회에 보내는 메시지를 빨리 전달할 수 있었던 점이다.[52] 그러므로 이 메시지는 21세기를 살고 있는 지상의 모든 교회를 대표하는 대표성을 가지고 있고, 우리가 섬기고 있는 교회에도 해당된다. 그런 의미로서 우리는 일곱 교회에 주어진 메시지의 의미를 입체적으로 연구해 현대 교회에 비교 적용함으로써 교회의 원형을 되찾고 구현하도록 해야 한다.

1. 에베소 교회(2:1-7) : 사랑이 없는 죽은 정통교회

에베소(현재의 셀쿠크)는 로마제국하에서 서머나, 버가모와 함께 아시아의 로마 속령 중에 가장 큰 세 도시였다. 항구 도시지만 상업적인 도시일 뿐 아니라 행정상의 중요한 도시로서 '아시아의 최초의 가장 큰 도시'였다. 유프라테스와 메소포타미아에서 오는 상품을 유럽과 로마로 실어 나르는 동방 무역의 주요 교통로였기 때문에 '아시아의 시장'이라 불리는 대무역도시였다. 정치적으로도 중요한 도시로서 로마제국 내의 몇 개 안되는 자유도시였다. 종교적으로는 세계 7대 불가사의 중의 하나로 꼽히는 아데미(다이아나) 여신의 신전이 있었다. 이 신전의 크기는 길이 130m, 넓이 67m, 높이 7m가 넘으며, 이중 36개의 기둥에는 진기한 보석과 금속으로 장식되어 있었다. 아데미 신전 경내에 5만 명을 수용할 수 있는 신전 뜰과 수천 명의 여사제(신전 창녀)가 있었고, 많은 유방을 달고 있는 아데미 여신상의

2:12), 그리고 안티옥의 이그나티우스가 주후 약 115년경에 편지를 보내는 마그네시아(Magnesia)와 트랄레스(Tralles)이다.

52) 이달, 『요한계시록』(서울: 한국장로교출판사, 2008), p.78.

축소품을 관광 상품으로 판매하기도 했다.

고대 도시들의 인구 측정은 불확실하다. 로마제국 시대에 에베소의 인구에 대한 현대의 계산은 대부분 에베소에 어린이·여성·노예를 빼고 적어도 4만 명의 남성이 있었다고 한다. 만일 어린이·여성·노예를 포함한다면 그 인구는 약 225,000명에 이를 것이다.[53)]

에베소 교회는 바울이 아굴라와 브리스길라 부부의 협력으로 개척했으며(행 19장), 디모데가 그곳에서 사역했다(딤전 1:3). 바울은 이곳에서 3년 동안 심혈을 기울였고, 인근의 골로새, 라오디게아, 히에라볼리까지 간접적으로 선교하였다. 이 편지의 저자인 요한도 에베소 교회와 밀접한 관계가 있다.

에베소 교회의 근본 문제는 교인들이 악과 거짓 교훈에 맞서 견고하게 서 있었음에도 그들의 '처음 사랑', 즉 그리스도 및 서로를 향한 근본 사랑을 버린 것이었다.

(1) 이름(1절)

① 오른손에 일곱 별을 붙잡고 계신 이(1:12-13, 16, 20)

'일곱 별'은 '일곱 교회의 사자'(1:20)라고 하였다. 예수께서 교회의 사자를 친히 오른손에 붙잡고 주장하신다. '오른손'은 승리와 능력, 보호를 의미한다. 여기서 '붙잡고(κρατῶν)'라는 말은 우리가 예수님의 손에 붙잡혀 있다는 말로 우리를 안전하게 보호하신다는 의미이다. 그뿐 아니라 우리의 안전과 평안이 그리스도의 손에 달려 있다는 것이다. 즉 교회를 보호, 통치, 지배하심을 나타낸다.

② 일곱 금 촛대 사이를 거니시는 이(1:13)

'일곱 금 촛대'는 일곱 교회를 의미한다(1:20). 일곱 금 촛대 사이를 '거니시는 이'라는 뜻은 현재부터 끝을 알 수 없는 영원까지 쉬지

---

53) 데이비드 E. 아우내, 김철 역, 『요한계시록 상』(서울: 솔로몬, 2005), p.527.

않고 계속 '일곱 금 촛대' 사이를 거니시는 분이심을 묘사하고 있다. 이것은 그리스도께서 에베소 교회에 임재하셔서 열심히 일하시는 모습을 보여 준다. 따라서 에베소 교회에 나타나신 예수님의 모습은 주께서 항상 에베소 교회를 권능으로 지켜주시고 사랑으로 인도해 주신다는 것을 보여 준다.

(2) 칭찬(2-3절)

① 내가 네 행위와 수고와 네 인내를 알고

여기서 말하는 '안다(οἶδα)'는 뜻은 '신적 소유의 전지전능의 지식'을 의미한다. 만주의 주 되시는 예수께서 땅에서 일어나는 인간의 모든 일들에 대해 갖고 있는 지식을 말한다.

'네 행위와 수고와 인내'는 그리스도인의 신앙생활 필수조건이라 하겠다. 이 세 가지는 데살로니가전서 1장 3절의 '믿음의 역사와 사랑의 수고, 소망의 인내'와 연결시켜 보는 것이 좋을 것이다. 요한이 말한 '역사 곧 행위, 수고, 인내'는 바울의 '믿음·소망·사랑'을 근거로 한 신앙생활의 결과라고 할 수 있다. 그러므로 에베소 교회의 행위와 수고와 인내는 믿음과 사랑과 소망의 결과로 나타난 것이다.

② 악한 자들을 용납하지 아니한 것

'악한 자(κακούς)'는 구약 잠언에 나오는 하나님을 두려워하는 자, 율법을 무시하는 자로 규정되었다. 일반적으로는 도덕성이 결여된 악한 사람을 말한다. 다시 말하면 거짓 진리를 가르치는 것뿐 아니라 우상 숭배는 물론 음행·토색·후욕과 같은(고전 5:11, 6:9, 10) 윤리적 악행을 일삼는 자들을 지칭하는 것으로 보인다.

③ 자칭 사도라 하되 아닌 자들을 시험하여 드러낸 것

에베소 교회는 거짓 사도들의 그릇된 가르침도 잘 분별하여 그들에게 미혹당하지 않은 것 같다. 여기서 말하는 '자칭 사도'는 6절과 관련해서 볼 때, 니골라당을 신봉하는 자로서 니골라당의 가르침을 전하는 자를 지칭하는 것으로 이해된다. 거짓 사도들의 공통점은 자신을 가장하기 때문에 분별하기 어렵다는 것이다(고후 11:13-15). 그러므로 에베소 교회가 이러한 자들을 '시험하여' 그들이 거짓된 자들이라는 사실을 드러내는 주도면밀한 수고와 인내가 필요했다. 그리고 이러한 결과를 낸 것은 예수님의 칭찬을 받기에 부족함이 없다고 할 수 있다.

④ 주의 이름을 위하여 참고 견디며

이는 신앙의 정절을 가리킨다. 그리고 정절(2절)에 나타난 선악의 식별력과 더불어 성숙한 신앙을 나타낸 것이다. 당시 황제숭배의 강요 때문에 교회는 박해의 와중에 놓여 있었다. 이런 상황에서 에베소 교회는 잘 참았고, 그리스도의 이름을 파수하고 신앙의 정절을 지켰다.

'내 이름을 위하여'라는 어구에서 '이름'이라는 단어는 예수를 나타내는 환유(換喩)이다.[54] 그러므로 이 어구 전체는 사실상 '나를 위하여'를 의미한다. 복음서들에서 예수는 자신을 따르는 자들이 '내 이름을 위하여' 미움을 받을 것이라고 예상한다(마 10:22; 막 13:13; 눅 21:17). '그 이름을 위하여' 고난받는 것은 초기 기독교의 고난과 순교의 정황에서 사용된 토포스(topos : 상용되는 주제 · 개념 · 표현)이다.[55] 여기서는 예수 그리스도의 이름을 위한 인내와 고난의 주제가 병렬되어 있다. 이처럼 에베소 교회가 칭찬을 받을 수 있었던 것은 그들의 인내와 예수의 이름을 위하여 고난을 받으면서도 끝까지 신앙의 정절을 지켰기 때문이다.

⑤ 게으르지 않았다.

---

54) 이달, 『요한계시록』(서울: 한국장로교출판사, 2008), p.80.
55) 데이비드 E. 아우내, 김철 역, 『요한계시록 상』(서울: 솔로몬, 2005), p.542.

'참고(ὑπομονήν)'는 현재 상황을 나타내는 현재 시제이고, '견디고'는 그들의 과거행동을 나타내는 부정과거 시제이며, '게으르지 않았다(κεκοπίακες〉κόπος)'는 것은 그들이 지금까지 신실했다는 것을 나타내는 완료 시제이다.

여기서 '게으르지 않았다'는 말은 다소 잘못 번역된 말이다. 공동번역에는 '낙심하는 일이 없었다'로, 현대인의 성경에는 '지치지 않았다'는 뜻으로 번역되어 있다. 여기서 사용된 동사(κοπιάω)는 본래 '수고하다'는 의미를 가지고 있으며, 이것이 3절에서처럼 부정으로 사용되었을 때는 '열심히 수고함에도 불구하고 피곤하지 아니하고 지치지 않았다'라고 번역하는 것이 맞다.[56] 따라서 에베소 교회는 그들의 수고에 의해 피곤할 수 있는 상황임에도 불구하고 피곤해하거나 낙심하지 않는 견고함을 지니고 있었다.

이처럼 에베소 교회는 신앙적으로 건전하고, 도덕적으로 깨끗하며, 이단사설을 용납하지 않고 정통의 길을 가고 있으며, 거기에다가 환난과 핍박을 이기고 신앙의 절개를 지키고 있던 교회라고 할 수 있다. 이를 다시 정리하면 첫째는 교리의 확립으로 이단의 사설을 막았고, 둘째는 예수의 이름을 위하여 열심과 참음과 견딤으로 말씀을 전파하는 선교의 사역을 잘 감당하였고, 셋째, 바른 신앙관으로 도덕적 순결을 유지하였던 교회였다.[57]

(3) 책망(4절)

"너를 책망할 것이 있나니 너의 처음 사랑을 버렸느니라."

에베소 교회는 거짓 사도들의 잘못된 교리와 거짓 가르침을 잘 분별하여 저들을 드러냈으며, 결코 정통에서 이탈하지 않았다. 주님께서는 이 점을 칭찬하셨다. 그러나 주님은 그들의 잘못에 대해서도 여

56) 이필찬, 『내가 속히 오리라』(서울: 이레서원, 1990), p.120.
57) 박홍무, 『소아시아 일곱교회(상)』(서울: 쿰란, 2009), pp.271-272.

지없이 책망하셨다. 처음 사랑을 버린 것이다. 기독교는 바른 교리 못지않게 바른 교리에서 나오는 바른 행동이 중요하다. 기독교의 가장 중요한 강령은 바로 '하나님을 사랑하는 것과 이웃을 사랑하는 것'이다.

'처음 사랑'이란 처음 기독교인이 되었을 때 가졌던 하나님과 사람들에 대한 순수하고 열정적인 사랑의 행위를 말한다. 에베소 교회 성도들은 처음에는 이런 사랑의 행위를 가지고 있었다. 그러나 거짓 사도들의 그릇된 진리를 막기 위해 온 힘을 기울이면서 지나치게 교리적 순결만을 강조하다 형제를 사랑하고 권면하며 서로를 돌아보는 실천적 사랑을 등한시하여, 결국은 그들이 처음 가졌던 열정적인 사랑의 실천력은 점점 식어지고 말았고, 그리스도께 대한 헌신과 사랑도 그만 잃어버리기 시작한 것이다. 바른 진리, 바른 교리, 바른 신학을 믿는 일은 아무리 강조해도 지나치지 않는 중요한 일이다. 그러나 바른 교리를 믿는 것만이 전부는 아니다. 바른 교리 위에 바른 윤리의 열매를 맺어야 한다. 진리 없는 사랑의 연합을 강조하는 것도 잘못이지만 에베소 교회처럼 사랑 없는 진리만 강조해서도 잘못이다. 결국 에베소 교회는 생명 없는 형식적 정통주의자들이 되고 말았다.

주님께서는 이러한 에베소 교회의 상태를 책망하시고 난 후, 저들의 잘못을 교정시키려고 다음 세 가지 처방을 제시하셨다. 생각하고, 회개하여, 처음 행위를 가지라.

① 그러므로 어디서 떨어졌는지를 생각하고

아마도 그 메말라가는 과정이 매일매일 조금씩 눈에 띄지 않게 진행되었던 것 같다. 그러나 한 세대가 지난 지금 첫 사랑과 지금의 상태는 엄청난 차이를 가져왔던 것이다. 그래서 그리스도는 지금의 영적 상태를 처음 그에게 열심을 내던 때와 비교하여 면밀히 검토해 보라고 요구하시는 것이다. 여기서 '생각하다'보다는 '기억하다'라는 의미가 좀 더 분명하다. 므네모뉴오(μνημονεύω, remember ; 기억하다)라는 동사는 구약과 신약에서 회개를 촉구하거나 이전의 도덕적이며 영적인 수준들을 다시 환기시키기 위해 자주 사용된다(사 44: 21, 46:8-9; 미 6:5; 롬 15:15; 갈 1:6-9, 3:2-3, 5:7; 살전 1:5-10, 2: 13-14, 4:1-2).[58] 에베소 교회의 성도들의 경우 문제의 발단이 어디서 출발했는지를 발견하는 것은 문제 해결의 열쇠가 된다.

② 회개하여

문제의 발견은 즉각적인 회개로 이어져야 한다. 회개는 추상적으로 행해질 성질의 것이 아니다. 정확한 문제를 가지고 구체적으로 자신의 죄를 자백할 때 하나님으로부터 용서를 받게 된다(요일 1:9). 또 참된 회개는 잘못을 뉘우치는 것만으로는 부족하다. 회개와 함께 회개에 합당한 열매를 맺지 아니하고는 참으로 돌이켰다고 볼 수 없기 때문이다.

③ 처음 행위를 가지라

처음 행위를 가지는(ποίησον〉ποιέω)것은 처음 행하던 행위를 회복하는 것이다. '가지다'는 동사는 '행하다' 혹은 '만들다'는 의미이기 때문에, 곧 하나님을 사랑하고 이웃을 사랑하는 행위를 다시 회복하는 것이다.

(4) 권면(5절)

'만일 그리하지 아니하면 네게 가서 네 촛대를 그 자리에서 옮기리라'고 말씀하신다. 이 말씀이 의미하는 바는 무엇인가? 그것은 교회가 세상을 밝히는 촛대로서 이 세상에 복음을 증거하는 자리에서 옮기게 된다는 것과 배교로 말미암아 교회의 정체성을 상실하게 될 것에 대한 심각한 경고를 의미하는 것이다. 어차피 교회의 정체성이란

---

58) 이필찬, 『내가 속히 오리라』(서울: 이레서원, 1990), p.123.

세상에 복음을 전하는 것으로, 교회의 정체성을 상실하면 그것은 죽은 것과 같은 것이며, 그 교회 공동체에 속한 구성원들은 교회라는 구성체로부터 얻을 수 있는 생명의 공급을 전달받지 못하게 된다.[59] 이것은 예수님께서 비유로 말씀하신 포도나무 가지에 대한 비유에서 여실히 살펴볼 수 있다. 포도나무 가지는 포도나무에 붙어 있을 때 생명력을 유지할 수 있고, 열매를 맺을 수 있다. 마찬가지로 교회가 개혁하고 회개하여 교회로서의 정체성을 갖지 못한다면 그것은 포도나무에서 떨어져 나가 생명력을 상실한 포도나무 가지와 같은 것이다. 따라서 교회로서 잘못을 회개하지 않는다면 그 촛대를 옮기시리라는 말씀은 교회가 교회로서 기능과 역할이 얼마나 중요하고, 날마다 회개하며 처음 행위를 회복하는 것은 교회의 정체성을 회복하고 하나님과의 관계를 새롭게 하여 열매를 맺게 하는 원동력이 되는 것이다.

6절은 2-3절에서 '자칭 사도라 하는 자들'을 니골라당[60]이라는 표현을 통해 좀 더 구체적으로 표현한다. 예수님은 여기서 에베소 교회에 대한 칭찬의 내용이 두 번 반복되는데, 이것은 에베소 교회에 대한 예수님의 애착이 돋보이는 부분이라 하겠다. 특별히 예수님이 자신이 미워하는 니골라당의 행위들을 그들이 미워했다는 것은 예수님의 마음을 흡족하게 해 드리고도 남음이 있을 것이다.

니골라당은 2장 6절과 2장 15절(버가모에 대한 선언)에서만 언급

---

59) 위의 책, p.125.

60) 니골라당의 기원 : 여기에는 두 가지 견해가 있다. 첫째, 역사적 기원설로 이레니우스(Irenaeus) 이후 초대의 교부 간에 강한 지지가 있었고(Hipplytus, Tertullian 등) 근대에도 지지자가 있었다(Alford 등). 이는 예루살렘 교회의 일곱 집사의 하나인 안디옥 사람 니골라가 후일에 배교하여 이 당의 개조(開祖)가 되었고, 그의 제자들은 니골라의 엄격한 율법주의에 반발로 무율법주의로 떨어졌다고 한다. 둘째는 상징적인 기원설로 니골라가 '백성을 이김'(νίκα λαόν)을 뜻하며 14절의 발람 역시 '백성을 삼킴'(bala am)이라는 동의어이므로 이 당의 성격에서 이 이름이 발생하였다는 것이다. 즉 니골라당은 그 퇴폐적 교훈으로 백성을 삼키고 이겼다는 것이다. 이 당의 특징은 14-15절에 밝혀진 대로 '우상의 제물을 먹게 하고 또 음행하는 것'이다. 즉 무율법주의이며 무도덕주의였다.

된다. 2장 6절은 단순하게 에베소 그리스도인들이 니골라당의 행위를 미워한다고 말한다. 2장 14-15절에서 '발람의 교훈'은 분명히 '니골라당의 교훈'과 동일시되는데, 그 교훈은 이교신에게 제사지낸 음식을 먹는 것과 간음 행위로 이루어진 것이다. '사탄의 깊은 것'을 예배하는 '이세벨'과 그녀의 추종자들(2:20-24)이 두아디라에서 니골라당을 구성하고 있었던 것으로 보인다. 왜냐하면 그들도 간음을 행하고 이교신들에게 바쳤던 고기를 먹었다고 하기 때문이다. 따라서 두아디라의 이세벨과 이세벨의 추종자들이 니골라당일 가능성이 있다. 게다가 두아디라의 이 집단은 '사탄의 깊은 것'을 배웠다고 하는데(2:14) 이 지식이 그들에게 '하나님의 깊은 일들', 즉 그노시스파가 주장하는 지식이었다는 것이다.[61]

진리를 사랑함은 비진리를 미워함에서 나타난다. 그리스도와의 일치는 그가 미워하는 것을 같이 미워함에서 나타난다. 에베소 교회는 주님께서 미워하시는 니골라당의 행위를 미워하며 드러냈다. 이것을 주님께서는 기뻐하며 다시금 칭찬하신 것이다. 그러나 버가모 교회는 그들을 용인했다(계 2:15).

(5) 당부(7절)

"귀 있는 자는 성령이 교회들에게 하시는 말씀을 들을지어다."

이런 문구는 일곱 개의 선언 각각의 결론에 나오는데(2:11, 17, 29, 3:6, 13, 22), 계시록 13장 9절에는 변형으로 나온다. 이 표현은 선포의 문구, 즉 청중에게 전달된(또는 전달될) 메시지를 주목하라는 당부와 명령 역할을 한다. 이 선언 문구(공청 문구)는 적어도 두 가지 기능을 한다. 먼저는 비전(秘傳) 기능이다. 말해진 바가 심오하고 비밀의 의미를 갖고 있다는 암시다. 그다음은 도덕적 교훈이다. 즉 들

61) 데이비드 E. 아우내, 김철 역 『요한계시록 상』(서울: 솔로몬, 2005), pp.547-548.

는 자나 읽는 자에게 선포된 바를 듣고 순종하라는 명령이다. 이런 선포 문구는 신탁의 결말을 지을 때 예언의 서명 역할을 하며, 듣는 자들에게 신의 계시를 듣고 깨달으라고 호소한다.[62]

또 이것은 계시록 전체가 상징적 메시지로 그것을 듣고 읽는 자들로 하여금 그 메시지에 주의를 기울여 하나님의 백성으로서 온전한 삶을 살도록 요구하는 목적이 있을 뿐 아니라, 하나님의 말씀에 순종하는 온전한 하나님의 백성과 그 말씀에 대적하는 불신자들과의 극명한 대조를 초래하게 된다. 계시록의 메시지가 우상숭배 및 황제숭배가 만연되어 있는 정황에서 주어졌다는 것은 이러한 목적을 더욱 충실하게 충족시킬 수 있었다.

"성령이 교회들에게 하시는 말씀"에서 예수님의 말씀을 성령의 말씀으로 표현한다. 이러한 표현의 변환은 그리스도의 말씀이 성령에 의해 주어지고 있기 때문에 발생할 수 있다. 곧 계시록에서의 성령은 '그리스도의 예언의 영'으로 역할을 한다(14:13, 22:17). 예언의 영으로서 성령은 선지자들을 통해 승귀하신 그리스도의 말씀을 땅에서 사는 그의 백성들에게 들려줌으로써 하늘의 계시 말씀을 이 땅에 편만하게 하신다. 더 나아가서 이 문구에서 '교회들에게'라는 단어는 복수로서 단순히 에베소 교회만을 지칭하고 있지 않으며 그 당시 모든 교회와 앞으로 올 모든 교회를 가리킨다. 이런 점에서 에베소 교회에게 주어지는 메시지뿐 아니라 2-3장에 주어진 모든 일곱 교회가 모든 교회를 향하여 주어진 것이라고 할 수 있다.[63]

(6) 약속(7절)

"이기는 그에게는 내가 하나님의 낙원에 있는 생명나무의 열매를 주어 먹게 하리라."

62) 위의 책, p.548.
63) 이필찬, 『내가 속히 오리라』(서울: 이레서원, 1990), p.130.

① 먼저, '이기다(νικάω)'라는 말은 계시록의 저자인 사도 요한의 특이한 표현법이다. 이 말은 군사적 용어로서 일곱 교회에 반복되는 말이며, 그리스도와 사탄의 결전상을 보인 본서에 적격한 것이나 무엇을 이기는 것인지 아무런 설명이 없이 나왔다. 그러나 본서를 읽어 갈수록 이 말이 무엇을 의미하는지를 알게 된다. 아니 본서 전체가 "이기는 자"가 누구인지를 보여 주고 있다. 그것은 그리스도의 일을 끝까지 지키는 자(2:26), 그리스도와 같은 성격의 승리를 한 자(3:21), 큰 환난에서 나오며 어린양의 피에 그 옷을 씻어 희게 한 자(7:14), 끝까지 그리스도의 피와 그의 증거를 인하여 사탄을 이긴 자(12:11), 짐승과 그의 우상과 그의 이름의 수를 이긴 자(15:2)를 가리킨다. 그러므로 이는 문자적인 순교자들만을 가리키지 않고, 순교자를 포함한 넓은 의미의 성도를 가리킨다. 그것은 이 땅위에서 순교를 했든 안했든 간에 세상을 이기고(요 15:4), 환난을 이긴(요 16:33) 모든 성도를 가리킨다.[64)]

② "하나님의 낙원에 있는 생명나무의 과실을 주어 먹게 하리라."

이것은 승리자에게 주어진 약속으로서 그 약속은 영원한 생명이다.

본래 낙원이라는 용어는 페르시아 왕이 살았던 선과 미와 쾌락이 가득 찬 동산(Pairidaiza)으로서 페르시아에서 유래되었다고 하고, 혹은 셈어(Semitic)에서 왔다고 한다. 이 말의 역사와 그 말에 대한 의미를 알면 그 뜻이 깊어진다.

파라다이스란 본래 페르시아(파사)의 말이다. 크세노폰(Xenophon)은 페르시아인에 대하여 많은 것을 기록하였는데 이 말을 헬라에 소개했다. 파라다이스란 원래 놀이동산, 유쾌한 공원과 목장이 가득하게 전개되어 있고, 웅장한 나무와 꽃이 만발한 동산이요, 야생의 동

---

64) 박홍무, 『소아시아 일곱교회(상)』(서울: 쿰란, 2009), pp.318-319.

물이 도망가지 않고 그 안에서 자유롭게 뛰노는 곳이었다. 크세노폰이 페르시아 왕이 살던 생활환경을 묘사할 때, 위대한 왕이라면 그런 문제를 마음대로 할 수 있되 그가 어딜 가나 그곳은 그 위광에 따라 소위 파라다이스가 되고, 그곳은 대지가 생산하는 모든 아름다운 것, 좋은 것으로 가득 차 있는 곳이라 말했다. 따라서 파라다이스는 숭고한 아름다움을 나타내는 아름다운 말이다.

구약성경에서 파라다이스란 두 가지로 통용되었다. 하나는 어떤 동산을 가리키는 경우에 언제나 이 말이 사용되었다(창 2:8, 3:1). 파라다이스란 동산이란 뜻이요, 에덴이란 '모든 동산 중에 가장 아름다운 동산'이라는 뜻이다. 둘째는, 훌륭한 정원을 가리킬 때 사용된 것이다. 이사야가 "물 없는 동산"(사 1:30)에 관해 말할 때나, 예레미야가 "정원을 만들고 그 열매를 먹으라"(렘 29:5) 할 때에도, 전도자가 여러 동산과 정원을 만들고 그 가운데 각종 과목을 심었다"(전 2:5) 고 할 때도 이 말을 썼다. 그러므로 파라다이스란 비길 데 없이 아름다운 정원이란 뜻이다.[65] 또 이 말은 신약성경에서는 음부(陰府)와 반대되는 개념의 말로 의인이 죽은 후에 그 영혼이 가는 곳으로 이해된다. 즉 이곳은 장차 예수 재림 시 생명의 부활을 하게 되기까지 죽은 성도가 가서 일시적으로 머무는 중간기 처소이다. 그런데 본래는 이러한 의미를 가지고 있는 낙원이 본문에서는 그러한 의미로 쓰여지지 않고 '하나님의 나라'와 동의어로 사용되고 있다. 즉 본문이 말하는 낙원은 영생의 생명나무가 있는 하나님의 나라를 지칭한다(22:2).[66]

③ "생명나무의 열매를 먹게 하리라."

영생을 상징하는 나무인 '생명나무'는 아담이 범죄하기 전에 거주

65) 위의 책, pp.321-323.
66) 제자원, 『그랜드 종합주석 제16권』(서울: 제자원 성서교재간행사, 1994), pp.700-701.

하던 에덴동산에 있던 나무로(창 2:9, 3:22) 아담은 범죄한 후 에덴동산에서 쫓겨남으로써 더 이상 생명나무에 접근하지 못하게 되었다. 그런데 이 나무는 새 하늘과 새 땅과 관련하여 다시 언급된다(22:2, 14, 19). 그러므로 그리스도 안에서 이 나무의 열매를 먹게 된다는 것은 곧 영생을 누리게 된다는 의미이다. 즉 죄는 아담과 함께 인류를 생명나무로부터 격리시켰으나 영원한 생명이신 예수 그리스도로 말미암아(요일 1:2) 죄에서 자유하게 된 자들은 하나님의 나라에 들어가 그 나무 열매를 획득하게 된다는 의미이다.[67]

에베소 교회의 공동체가 하나님의 경고의 말씀을 잘 받아들여 그것을 충실하게 순종해 나간다면, 그들의 삶 속에서 생명나무의 축복은 얼마든지 누리며 살 수 있다. 그러므로 이 약속은 하나님의 약속에 대한 종말론적인 성취의 완성을 의미한다.

2. 서머나 교회(2:8–11) : 고난받는 교회

서머나(현재의 이즈미르) : 서머나[68]는 에베소에서 정북방으로 64km쯤 떨어진 지점에 있는 에베소와 마찬가지로, 에게 연안의 중요한 항구 도시로서 동방에서 출발하는 대륙횡단 무역로의 마지막 지점이 되었다. 시인 호메로스의 고향이기도 한 서머나는 뒤에는 파고스 산을, 앞에는 훤히 트인 만으로 된 바다를 끼고 있어 고대 세계에서 아름답기로 유명해서, '해 아래 있는 모든 도시 중에서 가장 아름다운 도시'로 불리기도 했다.[69] 구전에 의하면 서머나는 알렉산더

67) 위의 책.

68) 서머나(Σμύρνα)란 '씀', '몰약(myrth)' 등의 뜻을 가진 용어로서 신약성경에 모두 4회에 걸쳐 나타나고 있다(마 2:11; 요 19:39; 계 1:11, 2:8). 계시록 두 군데에서는 서머나가 지명으로 쓰고 있지만, 마태복음 2장 11절에서는 '몰약'을 뜻하는 보통명사로 쓰이고 있다. 서머나의 어원적 의미가 '쓰다'라는 뜻이 포함되어 있는 것처럼 서머나 교회는 박해와 고난이 많은 교회였다.

69) 백금산, 『요한계시록 1』(서울: 부흥과 개혁사, 2010), p.132.

대왕에 의해 재건되었다고 하지만, 안티고누스(Antigonus)와 리시마쿠스(Lysimachus)가 약 주전 290년경에 현재의 위치인 파구스 산(Mount Pagus)의 경사지에 재건했다는 전통이 더 그럴듯한 것 같다. 주전 193년에 서머나는 소아시아에서 로마의 신들을 공경하는 신전이 세워진 최초의 도시가 되었다. 주후 23년에 로마 황제 티베리우스(Tiberius)는 과거 황제 아우구스투스와 그의 어머니 리비아, 그리고 원로원을 기념하는 성전 건축을 허락했고, 주후 26년에 티베리우스는 11개의 지원 장소들 중 하나인 서머나를 티베리우스와 리시(Licy)와 원로 숭배를 위한 '신전 감독(νεωκόρς)'으로 선택했다.

로마 시대 동안 서머나는 과학과 의술의 중심지였고, 뛰어난 포도주, 아름다운 건물들, 그리고 부유함으로 유명했다. 서머나는 아스클레피우스(Asclepius)의 신전을 포함한 수많은 신전들이 있었고, 이 신전들은 주후 177년 또는 178년의 참화를 가져온 대지진과 주후 180년의 또 다른 대지진을 겪었으나 황제 마르쿠스 아우렐리우스의 후원하에 재건되었다.[70)]

더 나아가서 서머나는 주변 전 지역의 황제숭배를 위한 신전을 총괄하는 기능을 가지고 있는 도시이기도 했다. 이러한 도시의 특성으로 인하여 도시의 모든 부분이 황제숭배와 관련되어 있다. 그리고 황제숭배 제도의 활성화에 힘입어 서머나는 경제에 있어서 상당한 부흥이 있었을 뿐만 아니라, 이곳에서 황제숭배를 주관하는 제사장들은 특별히 많은 부를 축적할 수 있었다. 황제숭배에 대한 압력은 도미티아누스 황제(AD 81-96) 시대에 급격하게 증가하였다.[71)]

서머나 교회의 기원에 대해서는 알 수 없다. 『폴리캅(Polycarp) 전기』에 의하면, 바울이 에베소에 있을 때(행 19:10-26) 그가 이곳까지 와서 교회를 세웠을 것이라고 한다. 서머나 시는 에베소에서 멀리 떨

70) 데이비드 E. 아우내, 김철 역, 『요한계시록 상』(서울: 솔로몬, 2005), p.565.
71) 이필찬, 『내가 속히 오리라』(서울: 이레서원, 1990), pp.131-132.

어지지 않은 매우 근접한 곳이었기 때문에 바울이 직접 서머나를 방문했거나, 혹은 다른 많은 제자들이 서머나로부터 에베소에 와서 바울의 강론을 들을 수 있다. 그런데 예루살렘 함락 시(AD 70) 대다수의 유대인들이 이 도시로 이주했는데, 처음에는 교회 안에도 유대인들이 많이 있었으나 교회 밖의 유대인들이 로마 정부와 결탁해서 탄압하기 시작했다.[72] 이 도시의 유대인 중에 그리스도인들이 된 자들로 인해 위기의식을 가지던 유대인들은 로마 관리들에게, 그리스도인들이 유대교를 따르는 자들과는 다른 부류이고 로마가 추구하는 세계 평화를 파괴하고 있으며 황제숭배를 거부하는 자들이라고 고소하기 시작했기 때문이다. 로마의 관리들이 그리스도인들에 대한 유대인들의 고소를 받아들였다는 것은 곧바로 기독교인들에 대한 핍박으로 연결된다는 것을 의미한다. 오직 예수 그리스도만을 만왕의 왕이요, 만주의 주로 예배하는 그리스도인들은 황제숭배를 거부하는 이교도요 반역자이기 때문이다. 그 결과로 로마제국은 유대인들에게 허락했던 하나님을 예배하는 생활과 자유를 기독교인들에게는 허락하지 않게 되었다.[73]

따라서 서머나 교회는 황제숭배를 강요하는 로마의 세력과 유대주의적 율법주의 기치 아래 기독교를 배척하는 유대주의라는 커다란 두 세력으로부터 정치적·종교적·경제적으로 심한 박해를 받고 있었다. 그러나 그러한 극심한 어려움과 박해 속에서 서머나 교회의 교인들은 비록 몸은 가난하고 고통스러울지라도 신앙만은 변질시키지 않아 영적 부요함을 유지하는 참된 신앙을 지켜 주님으로부터 칭찬을 받는 영광스러운 교회가 되었다.[74] 결국 서머나 교회는 말씀을 끝까지 간직하여 신앙의 정절을 지키는 폴리캅 같은 유명한 순교자를 배

72) 박홍무, 『소아시아 일곱교회(상)』(서울: 쿰란, 2009) p.354.
73) 이필찬, 『내가 속히 오리라』(서울: 이레서원, 1990), p.132.
74) 제자원, 『그랜드 종합주석 제16권』(서울: 제자원 성서교재간행사, 1994), p.701.

출하는 교회로 역사에 남게 된 것이다.

(1) 이름(8절)

"처음이며 마지막이요 죽었다가 살아나신 이"

8절에서 예수님은 "처음이며 마지막이요 죽었다가 살아나신 이"로 자신을 소개하는데, 이것은 1장 17-18절에서 "나는 처음이요 마지막이니 곧 살아 있는 자라 내가 전에 죽었었노라"는 문구와 병행되는 표현이다. 여기서 이러한 예수님에 대한 환상의 내용 중 이러한 문구를 사용한 것은 서머나 교회가 처한 상황과 무관하지 않다. 앞에서 언급한 바와 같이 서머나는 그 어느 도시보다도 황제숭배가 성행했던 곳이다. 이러한 정황 가운데서 서머나 교회 성도들은 상당한 신앙적 도전을 받았던 것이 분명하다. 그들에게 죽으셨다가 사흘 만에 부활하신 예수 그리스도를 소개하는 것은 서머나 교회 공동체에게 열악한 환경 속에서 신앙의 순수성을 잘 지켜 나갈 것을 새롭게 다짐하는 동기를 부여하려는 것이다.[75] 이뿐 아니라 서머나는 주전 600년에 리디아인들에 의해 파괴되었다가 주전 290년에서야 비로소 재건되었기 때문에 '죽었다가 다시 살아난' 예수의 칭호와 잘 부합된다.

(2) 칭찬(9절)

"내가 네 환난과 궁핍을 알거니와 실상은 네가 부요한 자니라."

예수님은 서머나 교회의 환난과 궁핍을 알고 계셨다. 환난과 궁핍은 서로 밀접한 관계가 있다. 궁핍은 그들에게 고통과 환난을 가져다 줄 수밖에 없고, 반대로 환난은 그들에게 궁핍을 가져다준다. 서머나 교회 공동체의 현실을 잘 반영하고 있는 내용이다. 그러면 왜 서머나 교인들은 환난과 궁핍에 처할 수밖에 없었는가? 서머나라는 도시는

75) 이필찬, 『내가 속히 오리라』(서울: 이레서원, 1990), p.133.

황제숭배라는 정치적·종교적 이데올로기에 의해 치밀하게 짜여 있다는 것이 중요한 이유가 된다. 곧 경제적 구조가 황제숭배를 중심으로 이루어졌다. 그렇다면 그러한 황제숭배에 관련될 수 없는 부류들은 가난해질 수밖에 없다. 즉 황제숭배를 거부하는 그리스도인들에게는 직업을 잃게 될 것이고 이로 인해 그리스도인들은 가난해질 수밖에 없다. 이러한 가난은 그들에게 환난이 아닐 수 없다.

① '환난'에 해당하는 원어 '들립시스(θλίψις)'는 '압박을 받는다'는 뜻의 '들리보(θλίβω)'에서 온 말로, 예수 믿는 신앙 때문에 사람들로부터 '핍박받는 것'을 뜻한다.

② '궁핍'에 해당되는 헬라어 '프토케이아(πτωχεία)'는 가난을 뜻하는 말로 신앙 때문에 직장을 잃거나 재산을 압류당하는 등 경제적 제재로 인해 생활에 어려움을 당하는 것을 의미한다(히 10:34).

그러므로 여기서 '환난과 궁핍'이란 신앙을 지키기 위해 당하는 정치적·종교적·사회적·경제적 불이익을 지칭하는 말이다.

③ 실상은 네가 부요한 자니라 : 이 말은 하나님의 자녀들에게만 적용되는 역설적인 진리이다. 성도는 비록 이 세상에서 육신적으로는 고난과 고통, 환난과 핍박을 당하며 죽임을 당하는 말할 수 없는 물질적인 궁핍 속에 처할 수 있으나 영적인 차원에 있어서는 부요한 자이다. 성도들은 이미 만유의 주가 되시는 하나님의 자녀가 되었기 때문에 만유를 소유한 자(고전 3:21)가 되었고, 썩어질 재물로 이 땅에 쌓아두지 않고, 썩지 아니할 것으로 하늘에 쌓아 두고 있음으로 진정으로 부요한 자이다(마 6:20).

④ 자칭 유대인이라 하는 자들의 훼방도 안다. : '자칭 유대인'이라는 말은 유대교의 참뜻을 올바로 실천하지 않는 유대인들을 비꼬아 말한 것이다. 이들로 인하여 서머나 교인들이 환난과 궁핍뿐 아니라

훼방을 받았다. 여기서 훼방의 행위와 유대인이라는 민족적 정체성은 이 문맥에서 매우 절묘한 관계를 만들어 낸다. 훼방이란 계시록에서 하나님을 모독하는 발언이나 행동을 의미하는 것으로 사용된다(13:1, 5, 6, 17:3). 결국 이 둘은 하나님의 백성을 모독하는 것이 곧 하나님을 모독하는 것으로 서로 밀접하게 관련되어 있다.

그렇다면 하나님을 절대적인 유일신으로 여기는 유대인이라 하는 자들이 어떻게 하나님과 하나님의 백성을 모독할 수 있겠는가? 그들은 유대인이 아니요 단지 '사탄의 회당'[76]이라고 할 수 있다. 왜냐하면 그들은 하나님 자신을 모독하는 자들이기 때문이다. 여기서 사탄에 해당하는 히브리어 단어는 '적대자(διαβολος)'라는 의미를 가진다. 이러한 의미를 이 문맥에 적용한다면 결국 유대인들은 하나님의 백성을 대적하므로 하나님을 대적하는 위치에 속한다는 것이다. 여기서 '회당(συναγωγή)'이라는 단어가 사용된 것은 일종의 언어유희(word play)라고 할 수 있다. 왜냐하면 '회당'은 본래 유대인들이 모이는 장소를 가리킨다. 그러한 유대인들은 사탄의 회당이라고 칭하므로 유대인들의 본질적 성격을 역설적으로 잘 규명한다.[77]

그리스도인의 모임이라고 해서 다 하나님이 기뻐하시는 모임이라고 생각해서는 안 된다. 그 모인 이유와 목적이 하나님의 뜻과 반대되는 모임은 사탄의 회당이 될 수 있다.

(3) 책망 : 없음

(4) 권면(10절)

"너는 장차 받을 고난을 두려워하지 말라."

---

76) '사탄의 회당'(The Synagogue of Satan)이란 하나님과 그의 백성을 대적하는 무리를 말한다. 유대인들은 사탄의 도구 노릇을 했다. 이것은 예수님 당시에도 그러했고, 사도행전 역사도 그러했다. 폴리캅이 순교할 때도 그들은 이방 폭도들과 합작하여 그를 화형시켰다.

77) 이필찬, 『내가 속히 오리라』p.135.

① 두려워하지 말라

그리스도께서는 박해를 받고 있는 서머나 교회를 향해서 장차 받을 고난을 두려워하지 말라고 하신다. 비록 박해를 실행하는 것은 유대인들과 로마 당국일지라도 그들을 대적하는 모든 행위의 배후에는 사탄이 있다. 사탄은 신자들 일부를 옥에 던져 넣고 죽임을 당하도록 할 것이다. 다시 말하면 그들의 믿음을 시험할 것이다. 그러나 이런 고난을 두려워 말아야 하는 이유는 그들의 생명과 종착지점이 이미 박해를 받아 죽으시고 부활로 극복하신 역사의 영원한 주관자의 손에 있기 때문이다. 그러므로 참된 신자들은 사탄이 그들을 타협하도록 하는 시도에 고난을 두려워할 것이 없다. 왜냐하면 이러한 일들은 교회 안에서 거짓 신자들로부터 참된 신자들을 구별하기 위한 '하나님의 테스트'이기 때문이다.[78] 그들은 단지 그들의 몸은 죽일 수 있어도 그들의 영혼은 손대지 못할 것이다(마 10:28).

② 십 일[79] 동안 환난을 받으리라

'열흘' 동안 환난을 받을 것이라고 했는데, 이것은 실제로 투옥된 날수를 의미할 수도 있고, 열이라는 숫자가 가진 상징적 의미로 인해 '정해진 완전한 기간'을 의미할 수도 있을 것이다.[80] 그러나 '십 일 동안'이란 짧은 기간(창 24:55)과 시험의 기간(단 1:12-14)을 의미한다. 즉 '십 일 동안'은 어느 정도의 기간인지 분명하지 않지만 소위 말세에 있을 고난을 견딜 수 있는 적정 기간을 의미하는 것으로 본

78) 박윤성, 『요한계시록 어떻게 가르칠까』(서울: 기독신문사, 2002), p.116.

79) '십 일'이란 여러 설이 있다. ① 10년간의 햇수의 상징이다. 날짜는 연수의 상징이라 하여 로마의 디오클레티아누스 황제 치세 시 기독교인들에게 가해진 혹독한 10년간의 핍박이라고 해석하는 설이 있다. ② 제한된 기간, 즉 길지 않은 한정된 기간이다. ③ 전천년주의자들은 10일은 장차 있을 3년 반 동안의 환난을 의미한다고 한다. ④ 연단의 기간이다(단 1:12). ⑤ 로마의 10대 핍박자들, 주후 37-312년까지 로마를 통치했던 10대 왕들을 의미한고 한다.

80) 이달, 『요한계시록』(서울: 한국장로교출판사, 2008), p.85.

다. 사실 하나님의 나라에서 누리게 될 영원한 상급과 축복에 비교할 때, 이 세상의 환난과 핍박은 잠시 잠깐의 것에 지나지 않는다(롬 8:18).

(5) 당부(10절)

"네가 죽도록 충성하라 그리하면 내가 생명의 면류관을 네게 주리라."

① 죽도록 충성하라

이 말은 서머나 교회 공동체에게 주어진 감옥에 갇히는 고난이 죽음까지 갈 수 있는 치명적인 고난일 수 있음을 암시하며, 그러한 순간일지라도 신실할 것을 요구한다. 충성을 하되 어느 만큼 하느냐의 문제인데, 죽도록 해야 한다는 것이다.

충성이란 영어로 'faithfulness'로 '충실, 성실, 믿을 수 있는'이라는 뜻이다. 헬라어로는 'πιστός(피스토스)'[81]로서 '진실 · 신실 · 진리 · 불변'이라는 뜻이다. 이 단어는 능동적으로는 '믿음이 꽉 찬(full of faith)'의 의미가 있고, 수동적으로는 '믿을 만한', '신뢰할 만한'이라는 의미가 있다. 전자는 주님에 대한 믿음이 가득한 것을 의미하고, 후자는 남들이 믿을 만하고 신뢰를 받을 만한 것을 의미한다. 본문에서의 충성은 주님에 대한 믿음이 꽉 찬 것을 전제로 하되, 문맥상 믿을 만하다는 것에 그 의미의 초점이 있다. 본문의 충성은 이런 면에서 신의[82] · 신실이라고 할 수 있다. 주님에 대한 신앙의 절개를 고난 앞에서도 굽히지 않고 지키는 것이 충성이다.

② 그리하면 내가 생명의 관을 네게 주리라

---

81) 여기서 충성하라(πιστός)는 말은 '신실하다'라는 번역이 좀 온전한 의미를 전달할 수 있다. 전자의 경우는 일을 연상시켜 주고 있으나 이 문맥에서는 어떤 일을 의미하기 보다는 고난 앞에서 마음 자세가 어떠해야 함을 보여 주려고 한다. 즉 '죽기까지 신실하라'는 의미로 이해해야 한다.

82) 권성수, 『요한계시록』(서울: 선교횃불, 1999), p.63.

‘생명의 관’에서 문법적으로 생명과 면류관은 어떤 소유 관계를 나타내는 것이 아니라 동격 관계에 있다. 따라서 생명은 면류관이고 면류관은 생명이다.[83] 다시 말해서 ‘면류관과 같은 영원한 생명’이라고 풀이해야 한다. 그렇다면 ‘면류관’이란 일종의 은유법(metaphor)으로 당시 서머나에서 개최된 운동 경기에서 경기자에게 주어지는 상을 연상하게 한다. 이 본문에서 ‘죽기까지 신실한 자’에게 주어지는 면류관은 바로 ‘영원한 생명’이 된다. 여기서 생명은 10절에서의 ‘죽기까지’의 ‘죽음’과 대조적인 관계를 갖는다. 죽기까지 신실할 때 죽음으로 끝나지 않고 그 죽음은 영원한 생명으로 대체된다. 이러한 좋은 예는 서머나 교회의 감독이었던 폴리캅의 죽음에서 찾아볼 수 있다.[84]

따라서 이런 면에서 볼 때, 서머나 교회의 특징이라는 것은 크게 네 가지 면에서 고난을 받았다 할 수 있다.

첫째는 가난이다. 서머나 교회는 궁핍했다. 서머나는 무역도시로 부요했지만 교인들은 신앙을 지킨다는 이유로 가난했다. 둘째로 비방이다. 서머나 교회는 자칭 유대인이라 하는 자들로부터 비방과 훼방을 받았다. 초대 교회를 최초에 박해했던 사람들은 다름 아닌 유대인들이었다. 셋째로, 감옥에 갇히는 일이다. “너희 가운데 몇 사람을 감옥에 던져 시험을 받게 되리라”는 말씀은 서머나 교인 가운데 옥에 갇히게 될 사람이 있을 것이라는 말씀이다. 넷째, 순교다. 순교는 성도들이 지상에서 당하는 고난의 최고봉이다. 실제로 서머나 교회의 감독이었던 폴리캅 감독이 순교를 당했다. 이처럼 서머나 교회가 고난을 당하게 된 것은 세상이 주는 핍박과 유혹에 타협하지 않았기 때문이다. 무엇보다도 황제숭배를 거부함으로 갖은 핍박과 고난을 당하게 된 것이다. 그것은 기독교 신자들은 오직 예수님만을 주님으로 고백했기 때문이다.

---

83) 임마누엘, 『레마 종합자료씨리즈 제7권』(광명: 임마누엘, 1990), p.116.
84) 이필찬, 『내가 속히 오리라』(서울: 이레서원, 1990), p.139.

(6) 약속(11절)

"이기는 자는 둘째 사망의 해를 받지 아니하리라."

이기는 자에게 주어지는 약속은 둘째 사망[85]의 해를 받지 않는 것으로 영원한 생명을 얻는 것을 말한다. 첫째 사망은 육신의 죽음을 말하며, 둘째 사망은 예수 그리스도를 믿지 않음으로 악한 자들이 영원히 거하게 될 '불못에 들어가는 저주'를 의미한다(20:14). 따라서 둘째 사망의 해를 받지 아니하리라는 말은 지옥의 형벌을 받는 최후 심판을 받지 않는다는 말이다. 그렇다면 11절에서 말하는 '이긴다'는 것은 '죽기까지 신실함을 지키는 것'을 말한다. 이것은 예수께서 죽으심을 통해 부활의 영광스런 승리를 이루어내신 역설적인 승리의 형식을 말한다. 다시 말하면, 그것은 첫째 부활에 참여하는 자들은 복 있는 자들로 둘째 사망이 그들을 다스리는 권세가 없다(20:6)고 말하고 있기 때문이다.

3. 버가모 교회(2:12-17) : 세상과 타협한 혼합주의 교회

버가모[86](현재의 베르가모)는 서머나에서 북쪽으로 100km 정도의 거리에 위치한 도시이다. 이 도시는 로마가 점령하기까지는 무시아 주라고 불렀던 곳의 수도였다. 이곳은 BC 130년경 로마의 식민지가 되었는데 의학교와 20만 권이 넘는 책을 소장한 도서관이 있었던 곳으로 유명하다. 이곳에는 제우스(Zeus), 아스클레피오스(Asklepios),

85) 둘째 사망 : 사람에게는 세 가지 형태의 죽음이 있다. 첫째는 영과 육이 분리되는 신체적 죽음으로, 이 세상에서의 마지막을 말하는 것이요, 둘째는 하나님과 분리되는 영적인 죽음이 있고, 셋째는 백보좌 심판에서 있어질 영원한 죽음인데 이것이 둘째 사망으로 육체적인 죽음 이후에 오는 최종적인 죽음(영혼의 죽음), 즉 저 세상에서의 마지막을 의미한다.

86) 버가모의 뜻은 '결혼(marriage)'이란 뜻을 지닌 말로서, 세상과 짝하여 혼합된 상태, 즉 세속화된 교회의 모습이며, 세상문화와 연합된 교회의 모형이다.

아테네(Athene), 디오니소스(Dionysus)를 모신 신전이 있었고, 그 외에도 수많은 신전을 섬기는 전이 있어 우상숭배의 본거지가 되었고, 에베소나 서머나보다 먼저 황제숭배를 위한 신전이 건립될 정도로 가히 우상숭배의 중심지였다. 그래서 주님은 이곳을 '사탄의 권좌가 있는 곳'이라고 하셨던 것이다[87](13절).

(1) 이름(12절)

'좌우에 날선 검을 가지신 이': 버가모에 나타나신 예수를 "좌우에 날선 검을 가지신 이"로 소개하고 있다. 이미 1장 16절에 "그의 입에서 좌우에 날선 검이 나오고"라고 말씀하셨다. 이러한 말씀은 하나님의 입에서 나오는 하나님의 살아 운동력이 있는 말씀을 상징하는 것으로 한 치도 어긋남이 없는 하나님의 말씀의 정확성과 뭇사람의 심령과 골수를 찔러 쪼개는 예리함을 나타내는 표현이다(히 4:12). 또한 말씀의 잣대로 재어 심판하시는 하나님의 엄청난 심판의 칼날을 의미하기도 하다. 발람과 니골라당의 사악한 교훈을 좇아 부끄러운 악행을 서슴지 않는 버가모 교회에 바르고 예리한 심판의 칼날을 가진 모습으로 그리스도가 나타나신 것은 지극히 자연스럽다고 할 수 있다.

(2) 칭찬(13절)

① 내 이름을 굳게 잡았다

버가모에는 제우스, 아스클레피오스, 아테네, 디오니소스 등의 신을 섬겼는데 그중에 특히 뱀으로 상징되는 의료의 신인 아스클레피오스를 섬겼기에 예수께서는 뱀으로 상징되는 사탄과 연관시켜서(20:2) 버가모를 '사탄의 권좌(위)'가 있는 곳이라고 하셨다. 또 크기가 웅장한 제우스 신전이 다른 건물들에 비해 높이 서 있어서 고대 7

---

87) 제자원, 『그랜드 종합주석 제16권』(서울: 제자원 성서교재간행사, 1994) p.700.

대 명물 중의 하나로 불려져, 이 두 개의 신전이 버가모를 상징하는 신전이 되었다.

그리고 버가모는 아우구스투스(BC 30-AD 40) 신전을 지음으로써 로마 황제를 위해 신전을 지은 최초의 도시가 되었다. 이외에도 드라얀(AD 98-117) 황제 신전, 세베투스(AD 193-211) 황제 신전 등 총 3개의 신전이 건립되어 로마 황제숭배의 중심지가 되었다. 우상들과 로마 황제를 신으로 숭배하는 환경 속에서 버가모 교회는 그리스도의 이름을 굳게 잡고 그들의 신앙을 포기하지 않았다.

② 믿음을 저버리지 않았다

13절에 충성된 증인 '안디바'라는 인물이 나온다. 그가 어떤 인물인지 알 수 없지만 전승에 의하면 그는 버가모 감독이었으며, 도미티아누스 황제 통치 때에 황제숭배를 거부하다가 체포당해 불에 달구어진 놋쇠 황소 위에 얹혀 타죽었다고 한다. 사실 버가모는 우상숭배의 중심지였으므로 그곳 성도들은 황제숭배를 거부하고 예수 그리스도를 믿는다는 이유로 죽임을 당했을 가능성이 충분하다. 안디바는 주께서 인정하시는 '충성된 증인'으로 박해의 어려움 속에서도 주의 이름을 굳게 잡았을 뿐 아니라 순교할 때도 주님을 믿는 믿음을 저버리지 않았다. 이것은 그의 타협하지 않는 신앙의 정조를 보여 주는 충성된 증인의 믿음이다.

(3) 책망(14-15절)

버가모 교회는 외부의 박해 속에서도 예수 그리스도에 대한 믿음을 저버리지 않았다(13절). 그러나 외부로부터 오는 박해와 시련은 이겼어도 내부로부터 오는 거짓 가르침에 그들은 미혹되었다.

① 발람의 교훈을 지키는 자(14절)

발람(Balaam)은 민수기 22-25장, 31장 8, 16절에 등장하는 인물로 십볼의 아들인 모압 왕 발락(Balak)의 물질에 미혹되어 발락에게 이스라엘을 유혹하여 모압 여인들과 음행케 한 꾀를 가르쳐 준 자이다. 그리하여 당시 이스라엘 백성은 모압 여인들과 음행하고 모압인들이 섬기는 우상을 숭배하며 범죄케 함으로 하나님의 징벌을 받아 2만 4천 명이 염병으로 죽었다(민 25:9). 때문에 '발람의 교훈'이라는 말은 '악한 교훈', 또는 '거짓 가르침'의 대명사가 되었다(벧후 2:15; 유 1:11). 다시 말하면 '발람의 교훈을 지키는 자들'은 하나님의 백성들 앞에 걸림돌을 놓아 우상의 제물을 먹게 하고 음행하게 하는 것이었다(14절). 이러한 우상숭배와 음행은 그 시대의 문화와 타협하는 것이다.

② 니골라당의 교훈을 지키는 자들

니골라[88]당에 대한 말씀은 2장 6절에서도 나타나 있다. 어떤 사람은 니골라당(the Nicolaitans)에 대해 사도행전 6장 5절에 나오는 일곱 집사 중의 한 사람인 안디옥의 니골라(Nicolaus)가 타락하여 만든 이단이라고 한다. 그러나 일곱 집사 중의 한 사람인 니골라와 본문의 니골라는 이름만의 공통점을 가지고 있을 뿐 동일한 인물이라고 간주할 만한 근거가 없다.

AD 2세기경 시리아 지역에서 활동했던 영지주의 이단 종파 중의 한 그룹이 니골라당이었는데 본문의 니골라당이 그 원조일 것이라고 본다. 그리고 본서에서 에베소, 버가모 교회뿐만 아니라 두아디라 교회 안에도 니골라당이 있었던 것으로 암시하고 있는 것(20-25절)으

---

88) 니골라(Νιχόλαος)는 '백성을 이김'이라는 뜻이며, 14절의 '발람'에 해당되는 히브리어 '빌암(בלצם)' 역시 '백성을 삼킴'이란 뜻을 가진 말로 양자의 동의어이다. 그리고 발람은 한 개인을 지칭하는 것이 아니라 하나님의 백성을 미혹시켜 삼키는 무리를 지칭하는데, 니골라당의 가르침이 발람의 가르침과 유사하므로 그 당파에 발람에 해당되는 헬라식 이름인 니골라가 붙여졌다 하겠다. 이러한 설은 이름이 가지는 공통적인 뜻과 양자가 가르친 내용이 논리적인 유사성을 가지고 있다는 점에서 많은 학자들의 지지를 받고 있다.

로 보아, 당시 니골라당은 소아시아 전역에서 매우 활발하게 활동했을 것으로 추측한다. 기독교 역사가였던 유세비우스(Eusebius)에 의하면 니골라당은 잠시 존재하다가 2세기 말경에 사라졌다고 한다. 이처럼 니골라당은 '발람의 교훈을 지키는 자들'과 같이 우상숭배까지 허용했고, 심지어 이방제사 절차 중에 행해지는 성행위까지도 허용하였다. 그들은 영지주의 이단 중에서도 어차피 물질에 속한 육체는 악하며, 또한 무의미한 것으로 육체와 관련된 도덕은 아무 가치가 없다고 보았던 도덕폐기론자 및 쾌락주의자들이었을 것이다.

니골라당은 하나님을 섬기면서도 이러한 이방문화를 수용해도 괜찮다는 혼합주의에 빠진 자들이다. 이런 타협은 그들의 믿음을 약화시킬 뿐이다. 그리스도께 대한 충성과 우상숭배나 음행의 죄악 된 쾌락 사이에는 타협이 있을 수 없다.

(4) 회개하라.

에베소 교회에 대해서는 니골라당의 행위가 이야기되었고(2:6), 버가모 교회에 대해서는 그들의 가르침(교훈)이 이야기되었다. 이 니골라당의 흔적은 두아디라 교회에서도 나타난다. "자칭 선지자라 하는 여자 이세벨을 네가 용납함이니 그가 내 종들을 가르쳐 꾀어 행음하게 하고 우상의 제물을 먹게 하는도다"(2:20). 에베소에서 그들은 교회 밖의 존재로 그들의 행위가 알려졌을 뿐이다. 그리고 버가모 교회에서는 아직 은밀한 한 당으로 소수의 무리만이 그 교훈을 따르고 있었다. 그런데 두아디라에서는 공공연하게 교회 앞에 나타나 사람들을 꾀는 지경에 이르게 되었다.

교회의 이런 도덕적이고 신앙적 타락에 대해서 주님은 파멸을 경고하고 그들의 잘못을 꾸짖고 계신다. 그리고 그의 영적 권위로 그 거짓 교훈과 친히 싸우실 것과 저들을 교회에서 척결하실 것을 말씀하셨다. "회개하라 그리하지 아니하면 내가 네게 속히 가서 내 입의 검으로 그들과 싸우리라"고 하셨다. 하나님의 거룩한 공동체 안에 악한 일이 일어나고 있는데도 성도가 이에 맞서 싸우지 않는다면, 주께서 친히 그 모든 악을 심판하시겠다는 말이다(19:15). 오늘 우리도 교회와 삶 속에서 예수님이 미워하시는 혼합주의적인 모습이 없는지 살펴보고 회개해야 한다.

(5) 약속(17절)

① 이기는 그에게는 내가 감추었던 만나를 주고

감추었던 만나를 먹을 수 있다는 것은 충성스러운 신자들이 순전하게 말씀을 지켰기 때문에 받게 될 양식을 말한다. 이것은 메시아의 도래와 함께 임할 약속과 축복을 상징한다. 예수님은 '하늘로서 내려온 생명의 떡이라'고 말씀하셨다(요 6:48-51). '감추었던 만나'는 영적인 양식으로 니골라당에서 주장하는 우상의 제물에 직접적으로 반대되는 개념이다.

② 흰 돌을 줄 터인데 그 돌 위에 새 이름을 기록한 것이 있나니

'흰'과 '새'라는 수식어는 성경에서 일반적으로 천국에 관련되어 사용되는 용어이다. 따라서 '흰 돌'과 '새 이름'은 장차 하나님의 나라에서 성도가 받을 그 무엇이다. 그렇다면 '그 무엇'은 과연 무엇을 지칭하는가? '흰 돌'은 당시 재판정에서 무리를 증명해 주었던 상징물, 또는 연회석에서 초대되는 초대장, 아니면 대제사장이 흉패에 넣고 다니던 우림과 둠밈에 대한 상징으로 보나, 이것은 고대 운동장에서 우승자의 이름을 새겨 주던 흰 돌로 보는 것이 가장 타당하다.

따라서 환난과 핍박을 이겨내고 죽임을 당하는 위협 앞에서도 끝까지 신앙을 지키며, 거짓 가르침과 싸워 이긴 자에게 주님은 만나로 상징하는 영생과 아울러 일종의 상급으로서 승리를 상징하는 흰 돌을 주신다는 것이 본 절의 요지이다. 한편 이 흰 돌 위에 새겨진 '새

이름'이 무엇을 가리키는지 확실하지 않다. 혹자는 그리스도의 이름을 지칭한다고 주장하나 근거가 분명하지 않다. 다만 앞에서 언급한 대로 흰 돌을 고대 경기장에서 우승자의 이름을 새겨 주던 것을 반영하는 것으로 본다면 '새 이름'은 당연히 구원을 받는 자의 이름을 말하는 것으로 보는 것이 타당하다.

4. 두아디라 교회(2:18–29) : 신앙 정절을 지키지 못한 교회

두아디라는 버가모와 사데 사이에 위치한 조그마한 공업도시로 요한계시록에 소개된 일곱 도시 중에서 가장 작고 보잘것없는 도시이다. 이 도시에는 온갖 제조와 염색, 가죽과 청동, 도자기 제조를 위한 수많은 상인 조합들이 있었다. 그러한 길드 조직 중에서 두드러진 것은 바로 구리 세공인들과 염색 세공업자들이었다. 염색 세공업자 중에는 사도행전 16장 14절의 루디아와 같은 여인이 있었다. 이 길드 조직은 이방종교와 상당히 밀착되어 있었다. 그리스도인들에게 우상숭배와 관련된 압력은 이러한 길드 조직과 관련해서 주어졌다고 볼 수 있다. 왜냐하면 길드를 중심으로 벌어지는 축제는 우상숭배를 핵심으로 하고 있으며, 이를 거부하는 것은 신용과 사업의 상실을 의미하기 때문이다.

두아디라는 특정한 신들의 신전이 있는 중심지로서의 중요성은 띠고 있지 않았지만 아폴로를 도시의 수호신으로 숭배하고 있었다. 이 아폴로 숭배는 황제숭배의 의무와 결합되어 황제를 아폴로 현신(現身), 즉 제우스의 아들로 여겼다. 각 지역에서의 신들에 대한 숭배는 황제숭배와 혼합되어 시행되었고, 특별히 아폴로는 로마제국의 동전뿐만 아니라 두아디라 전역에서 통용되었던 동전에 새겨져 있었다. 이것은 두아디라 지역에 아폴로를 로마제국의 황제와 함께 생각하고 있었다는 사실의 단면을 보여 주고 있다.

(1) 이름(18절)

"그 눈이 불꽃같고 그 발이 빛난 주석과 같은 하나님의 아들": 이 두아디라 교회를 향한 그리스도 자신의 표현은 그분이 '하나님의 아들'이시라는 것이다. 이는 그리스 주신인 제우스의 아들로 일컬어졌던 아폴로 및 황제와 그리스도를 대조시키는 것이다. 이 호칭이 계시록의 다른 곳에서는 전혀 사용되지 않는다. 이 하나님의 아들은 불꽃같은 눈과 주석과 같은 발을 갖고 계신다(1:14-15). 불꽃같은 눈은 통찰력 있는 그분의 안목을 나타내며, 주석 같은 발은 심판을 실행하시는 힘을 나타낸다.

(2) 칭찬(19절)

"내가 내 사업과 사랑과 믿음과 섬김과 인내를 아노니 네 나중 행위가 처음보다 많도다." 주는 두아디라 신자들의 선한 행위를 칭찬하셨다. 네 종류의 행위들, 사랑·믿음·섬김, 그리고 인내이다. 이러한 목록은 에베소 교회에게 주신 메시지에서 "네 행위와 수고와 네 인내"(2:2)라고 한 것과 유사하다. 사랑과 믿음, 그리고 섬김과 인내는 교회 공동체의 매우 중요한 덕목들이다. "네 나중 행위가 처음 것보다 많도다"라고 한 말씀은 두아디라 성도들이 처음 믿을 때보다 시간이 갈수록 더 온전한 성도들의 자세를 보였다는 것이다. 이는 처음에는 잘하다가 시간이 갈수록 신앙의 실천에 있어 점점 퇴보한 에베소 교회의 상황과 좋은 대조가 된다. 다시 말하면 두아디라 성도들은 나날이 진보하고 성장해 나가 많은 열매를 맺은 것이다. 이런 점을 주님은 기뻐하시고 칭찬하신 것이다.

(3) 책망(20-21절)

두아디라 교회는 에베소 교회와 정반대의 문제를 가지고 있었다. 에베소 교회가 거짓 교사들을 잘 처리했지만 사랑이 결핍되어 있었던 반면, 두아디라 교회는 사랑이 많았지만 거짓 교사를 용납했다.

그리고 버가모 교회의 경우처럼 이교 사회와의 타협을 시도하는 거짓 교훈을 용납하고 있었다.

두아디라 교회의 문제점은 자칭 선지자라 하는 이세벨을 용납한 것이다. 니골라당의 가르침과 이세벨의 가르침은 둘 다 우상숭배와 행음의 죄를 짓게 했다는 점에서 공통점이 있다. 그런데 두아디라 교회를 오염시켰던 이세벨의 가르침은 니골라당과의 차이점이 있다. 두아디라 교회의 교주를 이세벨로 부르는 것은 니골라가 남자인 데 반해 이세벨은 여자였으며, 또한 구약의 이세벨처럼 상당한 리더십을 가진 인물이라 할 수 있다. 이세벨과 니골라의 차이점은 이세벨은 스스로 자신을 '선지자'라고 부르고 있다는 점이다. 이세벨은 하나님의 계시를 받았다고 주장하며 거짓을 예언하면서 두아디라 교인을 미혹했다. 발람과 마찬가지로 그녀는 사람들을 음행과 우상숭배에 빠지게 하고 음행이 심각한 문제가 아니라고 가르쳤을 것이다. 어쩌면 그녀가 너무나 교묘하고도 설득력 있는 방식을 사용하여 많은 사람들이 인식하지 못했거나 그녀로 인하여 교회 전체가 얼마나 심각한 위험에 처하게 되었는지를 아무도 깨닫지 못했을 것이다. 이세벨은 니골라당 및 발람의 추종자들과 많은 공통점이 있었던 것으로 보이는 교훈으로 어떻게 하든 신자들을 오도하고 미혹했다(2:6, 14-15). 그 교훈은 행음과 우상의 제물을 먹는 것에 대해 오도하고 있었다. 두아디라 대부분 시민들은 상인이었기에 여러 조합에 소속되어 있었다. 이들 조합들은 도시 내에 구역 및 조합회관을 소유하고 있었고, 이는 그 조합의 종교와 시민 활동의 중심지 역할을 했다. 보통 조합들은 회관에서 일주일에 한 차례 연회를 열었으며 이런 연회들은 우상숭배에 초점이 있었다. 즉 우상에게 고기를 제물로 바치는 일, 필시 술잔치 중에 벌어지는 성적 방종이 그 특징이었다. 이세벨은 아마 대부분이 상인이었던 신자들에게 시민의 의무로서 그들이 속한 조합의 활동에 계속 참여하라고 격려했을 것이다. 조합에 가입하는 일과 그 활동에 참여하는 일을 거부하는 것은 어느 정도 경제적 어려움을 겪게 된다는 것을 의미했을 것이다. 이세벨은 타협의 길을 제시한 것이다. 그러나 이러한 행위는 그리스도인으로서 신앙의 정절을 지키지 못하는 영적 음행이요 하나님 외에 다른 신을 섬기는 우상숭배 행위인 것이다.

주님께서는 그녀에게 회개할 기회를 주었지만 음행을 회개하고자 하지 않았다(21절). 회개의 기회를 거절함으로 파멸을 선택한 것이다.

(4) 심판 경고(22-23절)

두아디라 교회에는 여러 부류의 삶들이 있었다.

① 자칭 여선지자인 이세벨이다(20절).

이세벨에 대한 심판으로서 '그녀를 침상에 던질 것'이라고 했다(22절). 소아시아에서 발견된 비문들을 보면 음행으로 인해 신의 벌을 받아 질병에 걸린 사례들이 기록되어 있다. 그러므로 이 기록에 비추어 본다면 여기서 '침상'은 사망을 상징해 주는 잠자리가 아닌 몸져눕는 병상을 의미한다(출 21:18). 따라서 두아디라 교회가 우상숭배와 음행 등의 죄악을 회개하고 돌이키지 아니하면, 주께서 질병의 재앙을 내리사 병상에 눕게 만들 것이라는 말씀이다.

② 이세벨의 가르침을 철저하게 따른 사람이다(23절).

이들에게는 사망으로 죽이겠다고 하셨다. 혹자는 이것을 이세벨과 음행한 결과로 태어난 육체적 자녀로 이해하기도 하나, 영적으로 이세벨에 사로잡힌 자들을 가리킨다. 죄를 짓는 자는 마귀에게 속한 자이며 마귀의 자녀일 수 있다(요일 3:8, 10). 이처럼 이세벨의 교훈을 좇는 자도 이세벨의 자녀인 것이다.

③ 이세벨과 더불어 간음하는 자이다.

이들을 환난 가운데 던지겠다(23절)고 하신다. 이들은 이세벨과 같은 죄를 범하는 모든 자들을 가리킨다. 즉 하나님은 불변하시고 일관된 분이시기에 두아디라 음행자들을 벌하신 그 방법으로 모든 음행자들을 심판하실 것이다. 그 심판은 큰 환난 가운데 던졌다가 결국에는 영원히 죽임을 당하는 사망에 이르게 하는 것이다. 하나님은 거짓선지자들의 행위를 용납하지 않으신다. 하나님께서는 결코 그들과 혼합되는 것을 원치 않으신다. 회개할 기회를 주었으되 회개하지 않는 이세벨에게 내리신 심판은 죽음뿐이다. 하나님은 불꽃같은 눈으로 우리를 살피시는 분이시다. 또 사람의 뜻과 마음을 감찰하시는 분으로 각 사람의 행위대로 갚아주신다(23절).

④ 이세벨의 가르침을 따르지 않은 남아 있는 사람들이다(24절).

이 남아 있는 자들은 19절의 요소들을 다 소유한 것 외에도 이세벨의 유혹을 물리쳐 그녀의 교훈을 받지 않은 순결한 자들을 지칭한다. 그런데 이들은 아마도 많은 숫자가 아니었을 것이다. 왜냐하면 두아디라 교회가 이세벨을 용납했다(20절)는 점으로 보아 많은 수의 교인들이 그 교훈에 참여했다고 볼 수 있기 때문이다. 하나님은 어떤 위기 상황 가운데서도 신앙의 정절을 굽히지 않은 자들을 남겨두시는데 소위 이를 '남은 자(remnant)'라고 한다.

(5) 권고(24-25절)

두아디라 교회의 많은 사람들은 이세벨을 교훈을 좇지 않은 '남은 자들'이 있었다(24절). 그리스도께서는 이들에게 예수님 자신이 재림하실 때까지 단지 그들이 가지고 있는 바를 굳게 잡으라는 것 외에 다른 의무를 부과하고 싶지 않으셨다. 그들에게 필요한 것은 이세벨이 가르쳤던 사탄의 깊은 것이 아니라 순전하고 순결한 믿음이었다. 그러면서 '다만 너희에게 있는 것을 내가 올 때까지 굳게 잡으라'(25

절)고 권고하셨다.

① 시험을 이기라는 말씀이다.

두아디라 교회의 가장 큰 문제는 자칭 선지자라 하는 이세벨의 거짓 교훈에 성도들이 미혹되는 것이다. 이세벨은 하나님의 백성들을 꾀어 음행했는가 하면 온갖 죄를 범하게 했다. 그런즉 이 여자는 두아디라 교회의 큰 시험거리였다. 바로 이런 상황에서 그리스도는 참 교훈과 믿음을 굳게 잡고 그 시험을 물리쳐 이기라고 권고하신다.

② 말씀을 지켜 행하라.

'시험을 이기라'는 권고가 그리스도께 하신 말씀의 소극적인 측면이라면, '말씀을 지켜 행하라'는 권고는 적극적인 측면이라 하겠다. 두아디라 교회가 이세벨의 교훈을 끌어들인 것은 성도들이 말씀에 따라 생활하지 않은 데 있다. 교회는 말씀에 바로 설 때 건강하고 아름다운 교회가 될 수 있고 정결을 지킬 수 있다.

(6) 약속(26-29절)

그리스도께서는 이기는 자와 끝까지 내 일을 지키는 자가 대적을 다스리며, 그분이 악을 심판하실 때 함께 통치할 것이라고 말씀하셨다.

① 만국을 다스릴 권세를 주신다.

하나님은 자기의 독생자 예수 그리스도에게 만국을 치리할 권세를 주셨다(마 28:18). 주님은 이제 그 권세를, 주의 일을 끝까지 지키는 자들, 곧 어떤 상황 가운데서도 믿음의 도리를 저버리지 않는 자들에게 주셨다고 약속하신다. 이것은 주님의 주권행사에 함께 참여한다는 사실이다(롬 8:17).

② 철장권세를 주신다.

'철장권세를 주신다'(27절)는 이 말씀은 시편 2장 9절을 인용한 말씀이다. 여기서 '철장으로 질그릇을 깬다'는 것은 아무도 대적할 수 없는 절대적 통치권과 심판의 기능을 행하는 것을 의미한다. 끝까지 신앙의 정절과 그리스도의 사랑을 지키고 행하는 자는 만국을 다스리는 일에 참여할 뿐 아니라, 악을 행하고 그리스도인들을 핍박하는 무리를 마치 철장으로 질그릇 깨듯이 쳐서 굴종시키게 될 것을 약속해 주신 것이다.

③ 새벽별을 주신다.

여기서 새벽별이 무엇인지 정확하게 알 수 없지만 몇 가지 의미로 생각해 볼 수 있다. 첫째는 사탄에 대한 승리이다. 이사야 14장 12절에 나오는 계명성(새벽별)을 성도의 손에 맡기겠다는 의미로 볼 수 있다. 다시 말해서 죄와 사탄에 대한 승리의 약속이라 하겠다. 둘째는, 성도의 영광이다. 다니엘 12장 3절에 보면, "많은 사람을 옳은 데로 돌아오게 하는 자는 별과 같이 영원토록 빛나리라"고 했는데, 그런즉 새벽별은 많은 사람을 의롭게 한 자에게 돌아가는 영광이라 할 수 있다. 이 같은 것을 종합해 보면, 위에서 약속한 만국통치권의 결과로 주어지는 새벽별같이 빛나는 영광을 상징하는 것이다.

두아디라 교회는 신앙적으로 성실한 면을 가지고 있으면서도 세상과의 관계 속에서는 타협주의적이고 신앙의 정절을 지키지 못한 교회의 전형이고, 교리는 지키되 행위는 잃어버린 에베소 교회와 반대되는 유형의 교회라 할 수 있다.

5. 사데 교회(3:1–6) : 살았다 하나 죽은 교회

사데는 두아디라에서 남동남으로 약 48km 되는 지점에 있으며, '트몰러스(Tmolus)'산 북쪽 끝에 세워진 도시이다. 과거에는 비옥한 '헤르무스(Hermus)' 계곡을 지배하는 도시였으며, 옛 '리디아(Lydia)'

왕국의 수도였다. 한때 전성기를 이루기도 했지만 바사의 고레스에게 정복된 이후 300년을 무명 도시로 버려졌었다. 그 후 알렉산더 대왕의 정복으로 로마 속령이 되면서 다소 재건되었으나 과거의 영화를 되찾지는 못했다.[89)]

BC 17년, 사데가 대지진으로 큰 피해를 입었을 때 로마의 황제 티베리우스(Tiberius)가 거액을 희사해서 도시 재건을 도왔다. 사데는 티베리우스 황제의 영예를 위해 황제상과 '가이사 사데'라는 글자가 새겨진 특수화폐를 제작하였다. 사데는 또한 황제와 황제의 부인 리비아를 위한 신전을 건립했고, 리비아는 이후 사데의 모신이 되었다.[90)]

또 이 도시는 무역과 군사적인 면에서뿐만 아니라 일찍부터 양털 가공업과 염색업이 시작되어 공업적으로 크게 번성했다. 그러나 AD 2세기경 이 도시는 도덕적 퇴폐와 함께 몰락하여 오늘날까지 폐허로 남았다. 한편 이곳 사데에 세워진 교회의 기원은 분명치 않다. 다만 AD 2세기경 이곳 교회 감독이었던 멜리토(Melito)가 뛰어난 주경가이자 기독교 변증가였다는 사실만이 역사적으로 증거되고 있을 뿐이다.[91)]

(1) 이름(1절)

"하나님의 일곱 영과 일곱 별을 가지신 이"

'일곱 영'은 성령을 의미하며(1:4), '일곱 별'은 1장 20절의 말씀대로 일곱 교회 사자를 일컫는다. 그리고 '가졌다'는 말은 '붙잡고 있다', 또는 '쥐고 있다'는 의미로 그리스도가 성령과 교회의 사역자를 통해 교회를 지키는 분임을 나타낸다.

---

89) 임마누엘, 『레마 종합자료씨리즈 제15권』(광명: 임마누엘, 1990) p.133.
90) 박윤성, 『요한계시록 어떻게 가르칠까』(서울: 기독신문사, 2002). p.175.
91) 제자원, 『그랜드 종합주석 제16권』(서울: 제자원 성서교재간행사, 1994). p.721.

(2) 책망(2절)

① 살았다 하나 죽었다: 다른 교회에서는 먼저 칭찬을 하고 책망을 하셨는데 사데 교회는 책망을 먼저하고 칭찬을 하셨다. 그 책망은 "네가 살았다 하는 이름은 가졌으나 죽은 자"라는 것이다. 이름만 살아 있고 실상 죽었다는 것은 외형적으로는 교회의 형태를 띠고 있었지만 실상은 영적으로 생명력을 상실하고 있었음을 말한다. 이런 상태는 외형적으로는 교회 건물을 세우고 형식상 예배를 드리는 경건의 모양은 있으나 경건의 능력은 없는 상태를 말한다(딤후 3:5). 이처럼 사데 교회가 생명력이 없는 교회가 된 것은 아마도 지리적 안정과 물질적 풍요만을 믿고 안일과 부도덕에 빠졌기 때문이다. 이렇게 죽은 교회가 된 것에 대한 대책에 대해서 말씀하신다.

㉮ '일깨워라(γίνου γρηγορων)'고 하시는데 이것은 '깨어나라'는 말이다. 깬 상태에서 계속 있으라는 의미이다. 사데 교회는 가파른 절벽으로 된 긴 고원 형태로 되어 있다. 때문에 군사적으로 거의 불가침의 자연요새였다. 그런데 사데는 성벽의 경비병들이 절벽을 기어오르는 적군을 보지 못한 이유로 두 차례 침략을 당했다. BC 549년 페르시아 고레스의 침공, BC 195년 안티오쿠스 대제의 침공이었다. 자기들이 산꼭대기에 자리 잡은 난공불락이라는 생각은 치명적인 자기만족을 낳았다. 그런데 이 도시에 일어난 일이 사데 교회에도 일어났는데 그것은 그들이 깨어 있지 못했기 때문이다. 그렇다면 '깨어 있다'는 것은 어떤 상태를 말하는가? '내 하나님 앞에서' 행동하는 것이다. 사데 교회에 나타나신 하나님은 '일곱 영'을 가지신 분이요 '네 행위를 아시는 분'이시다(1절). 이것은 예수님이 완전한 성령의 능력을 통해 모든 교회의 내밀한 속사정까지 감찰하신다는 것을 가르쳐 준다. 하나님 앞에서 행할 때 깨어 있게 된다.

㉯ 남은 바 죽게 된 것을 굳게 하라: 사데 교회는 실상은 죽었으

나 그중 죽지 않은 자, 몇이 남아 있으니 그 남은 자들마저 죽지 않도록 지켜 보존하라는 뜻이다. 이처럼 소망이라고 전혀 없는 것 같은 상황 중에서도 하나님은 '남은 자'를 보존하시어 하나님의 구속사를 이끌어 가신다.

② 네 행위의 온전한 것을 찾지 못했다.

주님이 보실 때 행위는 많이 있는데 하나님 앞에 온전한 행위가 없다는 것이다. 행위가 결핍된 것이 아니라 인간의 행위를 하나님 보시기에 받아들일 수 있도록 하는 충만함(πλήρωμα)이 결핍된 것이다. 그것이 죽었다는 것이다. 사데 교회는 하나님 보시는 표준에 이르지 못했다. 하나님 앞에 온전한 행위가 없었다. 사람 보기에는 '살았다' 하는 교회이지만 하나님 보시기에는 '죽었다' 하는 교회이다.

그러므로 "네가 어떻게 받았으며 어떻게 들었는지 생각하고 지켜 행하라"(3절)고 하신다. '받고 들은 것'은 사도들과 복음 증거자들이 전하고 가르친 복음의 진리를 뜻한다. 그러므로 이 말씀은 사데 교회가 처음 복음전파를 받았을 때, 그 받고 들은 것을 상기하며 즉시 회개하고 잃었던 것을 되찾아 굳게 간직하라는 권고이다.

(3) 칭찬(4절)

"사데에 그 옷을 더럽히지 아니한 자 몇 명이 네게 있어 흰옷을 입고, 나와 함께 다니리니 그들은 합당한 자인 연고라."

사데 교회 대부분 성도들은 죽은 이름을 지니고 있는 자들이었지만 그중에 몇 명만이 이러한 상태에 빠지지 않은 자들이었다. 여기서 '몇 명'은 소수의 무리를 가리키며 더럽히지 않은 '흰옷'을 입고 있다. 이러한 자들은 두아디라 교회에서 이세벨의 교훈을 받지 않고 소위 '사탄의 깊은 것을 알지 못하는 자'들과 동일하다. 이들은 그리스도인으로서의 명예를 더럽히지 아니하고 신앙의 정절을 지킨 충성스러운 자들이다. 비록 소수지만 몇 사람만이 그리스도인이라는 신분에 맞게 신앙의 정절을 지켰고, 윤리적 패륜행위로 더럽히지 않고 사데 교회의 명맥을 유지한 것이다. 우리는 이러한 자를 '남은 자', '거룩한 그루터기'(사 6:13)라고 한다.

(4) 약속(5절)

이기는 자에게 주시는 상급을 약속하셨다.

① 그들은 흰옷을 입을 것이다.

'흰옷'을 입는다는 것은 하나님을 위해 구별됨과 죄에 대해 정결케 됨, 도덕적·영적으로 깨끗해짐을 의미한다. 라오디게아 성도들은 그들의 수치를 가리기 위해 흰옷을 사야 한다는 말을 들었으며(3: 18), 심판을 기다리고 있다는 순교자들이 흰옷을 입고 있다(6:11). 어린양의 피에 자기 옷을 씻어 희게 한 큰 무리도 흰옷을 입고 있으며(7:9, 13), 하늘의 군대 또한 흰옷을 입고 있다(9:14). 이 옷들의 흰색은 그리스도의 피에 씻김 받을 때 이루어지는 정결을 상징한다.

악한 행위는 옷을 더럽히는 것이다. 그러나 그리스도께서 그 죄들을 씻어 버릴 수 있다. 이사야는 이렇게 말했다. "너희의 죄가 주홍 같을지라도 눈과 같이 희어질 것이요 진홍같이 붉을지라도 양털같이 희게 되리라"(사 1:18). 그리스도께서 그들의 죄를 씻어 정결케 됨으로 흰옷 입은 자들만 그분과 함께 다스릴 수 있다(2:21). 그러므로 신전에 들어가려면 자신을 깨끗이 해야 한다.

② 내가 그 이름을 생명책에서 결코 지우지 아니하리라.

'생명책'은 그리스도 안에서 구원받은 자들을 기록한 하늘의 명부(名簿)이다. 이 표현은 성경의 다른 곳에서도 나타난다. '하나님의 책'에 대한 묘사가 처음 나타나는 곳은 출애굽기 32장 32-33절이다. 또 시편 기자는 자기의 대적들에 대해 "그들을 생명책에서 지우사 의인들과 함께 기록되지 말게 하소서"(시 69:28)라고 부르짖는다. 또 다니엘은 "그때에 네 백성 중 책에 기록된 모든 자가 구원을 받을 것이라"(단 12:1)고 예언했다. 이 책은 그분께 속한 자들에 대한 하나님의 지식을 상징한다. 그 당시 도시들은 주민등록부를 갖고 있었으며, 따라서 이름의 말소는 시민권의 상실을 의미한다. 또한 어떤 사람이 죽는 경우에도 도시는 그 이름을 명부에서 지웠을 것이다. 그러나 천국 시민의 경우, 죽음 때문에 이름이 지워지는 경우는 없다. 죽음은 오히려 하늘에 들어가는 관문이다. 어떤 사람들은 그리스도께서 어떤 이름을 "결코 지우지 아니하리라"고 말씀하신 것은 어떤 이름을 지울 수 있다는 가능성을 열어 놓은 것이며, 사람들이 구원을 상실할 수도 있음을 시사한다고 말한다. 다시 말해 생명책에 이름이 기록되었다가 나중에 지워질 수도 있다는 말이 아니겠는가?

③ 그 이름을 내 아버지 앞과 그의 천사들 앞에서 시인하리라.

모든 신자들의 이름이 생명책에 기록되어 있으며 그리스도께서는 하늘의 무리(내 아버지와 천사들)에게 그들의 자기에게 속한 자라고 소개할 것이다. 그리스도께서는 "누구든지 사람 앞에서 나를 시인하면 나도 하늘에 계신 내 아버지 앞에서 그를 시인할 것이요"(마 10:32)라고 하신 말씀은 신자들에게 가장 큰 상급이다.[92] 사데 교회에 나타나신 주님의 모습은 일곱 영과 일곱 별을 가지신 분으로 나타나셨기에 모든 교회의 실상을 감찰하신다. 따라서 교회의 외적인 모습과 상황, 드러나는 행사들만을 가지고 주님께 의로움을 인정받을 수 없다. 사데 교회는 전반적인 타락상에도 불구하고 세상에 물들지 않은 몇 명의 '남은 자' 같은 신앙의 정절을 지키는 살아 있는 자들이 있었다. 이들은 비록 소수였지만 그 신앙의 순전함은 타락한 다수의 성도들이 미혹시키지 못할 만큼 지고했다. 주님은 이들에게 거룩한

92) 그랜트 오스본, 전광규 역 『요한계시록』(서울: 성서유니온교회, 2008), pp.86-87.

모습으로 당신과 함께 거하는 영광된 미래를 약속해 주셨다. 예수는 세상 파도에 밀려오는 악의 세력에 싸워 이기는 모든 자들에게도 이러한 축복을 주시기로 약속하셨다. 예수 그리스도의 재림의 심판과 경고가 울려 퍼지는 오늘날 모든 교회와 성도들은 모든 실상을 감찰하시는 주님 앞에 죽은 것 같으나 살아 있는 교회로 바로 서기 위해 노력해야 한다.

6. 빌라델비아 교회(3:7–13) : 말씀을 지킨 신실한 교회

빌라델비아는 사데 동남쪽 약 50km 코가미스 계곡에 접한 소도시였다. 이 도시는 BC 2세기경 버가모 왕국의 아탈루스 2세(Attalus Ⅱ)가 건립하여 형에 대한 사랑의 표시로 빌라델비아(형을 사랑하는 자)로 명명하였다. 이 도시는 무시아, 루디아, 부르기아로 이어지는 무역로의 교차점에 위치한 '동방의 관문'으로 상업의 요충지였다.

BC 481년 페르시아 크세르크세스 1세가 그리스 원정을 위해 사데로 갈 때 이곳을 지나갔다. 아탈루스 2세의 조카 아탈루스 3세가 BC 133년에 버가모 왕국을 로마에 기증한 뒤로 빌라델비아도 로마에 귀속되었으며, 결국 비잔틴 제국의 일부가 되었다.

빌라델비아 지방은 옛날부터 포도가 많이 생산되는 지역이었으며 그리스와 로마 시대부터 술의 신(Dionysus, Bacchus)을 섬겼다. 오늘날도 빌라델비아 지역은 터키에서 포도 · 목화 · 감초 등이 생산된다. 로마 시대는 '작은 아카데미'라고 부를 정도로 번창하는 지역이었다. AD 17년 지진으로 피해를 입었으나 티베리우스가 재건하고 '새 가이사랴(Neo-Caesarea)'라고 불렀다. 터키의 침략을 막기 위해서 도시 주변으로 성벽을 쌓았지만 1391년 터키에게 함락되고 말았다.[93]

93) 박용우, 『요한과 아시아 일곱교회』(서울: 바울서원, 2004), pp.121–122.

(1) 이름(7절)

"거룩하고 진실하사 다윗의 열쇠를 가지신 이"

이 말씀은 히스기야의 신하 엘리아김에게 주어졌던 약속의 말씀을 거의 그대로 인용한 것이다(사 22:22). 이사야 22장 15-25절에 보면, 유다의 세관이라는 공식 직함이 셉나에게서 엘리아김에게로 넘어간 일이 기록되어 있다. 하나님께서는 이사야를 통하여 엘리아김에게 말씀하시기를 "내가 또 다윗의 집의 열쇠를 그의 어깨에 두리니 그가 열면 닫을 자가 없겠고, 닫으면 열 자가 없으리라"고 하셨다. 즉 하나님은 엘리아김에게 다윗의 집의 열쇠를 그의 어깨에 두어 그 집을 관장하게 하시겠다고 하셨다.

그리스도께서는 그분의 미래 왕국에 들어가는 일에 절대적인 능력과 권세를 갖고 계신다. 그 문이 열린 다음에는 아무도 그것을 닫을 수 없다. 즉 구원이 보장되어 있다. 그러나 일단 그 문이 닫히면 아무도 그것을 열 수 없다. 즉 심판이 확정되어 있는 것이다. 이처럼 예수는 '다윗의 열쇠를 가지신 이'로서 절대적인 구원과 심판의 권위와 주권을 가지고 계신 분이다. 우리가 천국에 들어갈 수 있는지의 여부는 그리스도께서 관장하시는 것이다.

(2) 칭찬(8절)

열면 닫을 사람이 없고 닫으면 열 사람이 없는 다윗의 열쇠를 가지신 주께서 빌라델비아 교인들을 향해서 네 행위를 아신다고 하시며 칭찬하신다. "네가 작은 능력을 가지고서도 내 말을 지키며 내 이름을 배반하지 아니하였도다"고 칭찬하셨다.

① 네 작은 능력을 가지고서도

작은 능력을 가지고도 예수의 말씀에 순종했다는 말이다. 여기서 '작은 능력'이란 빌라델비아 교회의 규모와 영향력이 크지 않다는 것을 의미한다. 그럼에도 그들은 예수의 말씀을 신실하게 지켰으며 그 이름을 배반하지 않았다. 이것이 빌라델비아 교회가 칭찬받을 만한 행위이다.

이러한 내용은 자연스럽게 9절로 넘어간다. 9절의 말씀은 빌라델비아 성도들을 괴롭힌 악한 자들에 대한 심판을 언급하는데, 바로 이러한 악한 자들에 대한 심판은 역으로 빌라델비아 성도들에 대한 보상의 의미를 가진다. "보라, 사탄의 회당, 곧 자칭 유대인이라 하나 그렇지 아니하고 거짓말하는 자들 중에서 몇을 네게 주어 그들로 와서 네 발 앞에 절하게 하고 내가 너로 사랑하게 하는 줄을 알게 하리라"(9절).

빌라델비아 성도들을 괴롭힌 유대인들의 그룹을 '사탄의 회당'이라고 하고, 그들을 자칭 유대인이라 하나 그렇지 아니한 자들이며, 그들은 '거짓말하는 자'들이라고 표현한다. 이러한 사탄의 회당이라고 불리는 자칭 유대인들이라 하는 자들은 2장 9절의 서머나 교회에서도 등장한다. 이러한 호칭들은 자신을 참다운 하나님의 백성이라고 하며 빌라델비아 교회 공동체를 괴롭혔던 그들이야말로 하나님의 백성들에게는 열려져 있는 구원의 문에 절대로 들어올 수 없는 자들이다. 그리고 사탄의 회당에 속한 자칭 유대인들이라 하는 자들을 빌라델비아 성도들의 발 앞으로 오게 해서 그들 앞에 절하게 하고 예수께서 그들을 사랑하시는 것을 알게 하신다는 것이다.

이러한 표현들은 빌라델비아 성도들에게 고난을 안겨 주었던 유대인들 앞에 빌라델비아 성도들을 높임으로 그들을 부끄럽게 하시려는 예수의 의도를 엿볼 수 있다. 이것은 시편 23장 5절의 '원수의 목전에서 내게 상을 차려 주시고'라는 문구를 연상하게 한다. 이것이 바로 '작은 능력'을 가지고도 예수의 말씀을 지키며 배반하지 않았던 빌라델비아 성도들에게 주시는 예수의 은혜이다.[94)]

---

94) 이필찬, 『내가 속히 오리라』(서울: 이레서원, 1990), pp.197-198.

② 네가 나의 인내의 말씀을 지켰은즉

이 말씀은 성도와 그리스도 간의 상호 인격적 관계를 나타내 주는 말이다. 즉 성도는 주님을 믿는 믿음을 지켜 주님께 영광을 돌리고, 주님은 그러한 성도를 지키심으로 이루어지는 아름다운 관계를 말해 준다. 여기서 '나의 인내의 말씀'이란 십자가에 못 박히시기까지 인내하신 그리스도 자신을 본받아 세상 환난 중에 참고 인내하라는 말씀이다. 이렇게 하면 '시험의 때를 면하게 해주시겠다'고 약속하신다. 이런 '시험의 때'는 사탄에게 속한 자들을 향한 심판의 때, 즉 세상 종말 직전을 가리킨다고 볼 수 있다. 이런 심판의 때는 믿지 않는 자들에게는 심판의 때이고, 믿는 자들에게는 구속의 때이다. 그렇다면 빌라델비아 성도들에게 시험의 때를 면하게 해주시겠다는 말은 온 세상에 임하는 최후의 심판의 때에 시험을 면하게 해주시겠다는 말씀이다.

(3) 권고(11절)

"내가 속히 오리니 네가 가진 것을 굳게 잡아 아무도 네 면류관을 빼앗지 못하게 하라." 이 말씀은 경고의 측면에서 주어지기도 하며, 위로의 측면에서 주어지기도 하는데 본 절은 위로의 측면에서 주어진 경우이다. 즉 이 말씀은 주님께서 재림하시므로 흔들리지 말고 굳게 서서 마귀를 대적하라는 의미가 내포되어 있다.

그리고 성도는 '면류관을 빼앗지 못하도록' 해야 한다. 빌라델비아 성도들은 작은 능력을 가지고도 주의 말씀을 지키고 주님의 이름을 배반하지 않음으로 이미 예수께로부터 칭찬을 받았다(8절). 그러므로 이제 성도들은 더 받기 위한 투쟁도 중요하지만 이미 받은 것을 끝까지 지키기 위한 투쟁이 필요하다. 마귀와 세상 나라는 하나님의 자녀 된 자들을 미혹하고 핍박하여 넘어지게 하려 한다(벧전 5:8). 그렇기 때문에 성도들은 구원의 확신을 가진 가운데서도 전사(戰士)처럼 항상 깨어 최후의 승리가 주어지기까지 구원의 투구를 쓰고 성령의 검을 들고(엡 6:17), 신앙의 대적들과 싸워 주께로부터 받은 것을 굳게 지켜야 한다.

(4) 약속(12-13절)

"이기는 자들에게 주어지는 약속과 상급을 말씀하셨다. 그것은 하나님의 성전에 기둥이 되게 하리라는 약속이다. 과거에 솔로몬이 건축한 예루살렘 성전의 현관에는 두 기둥이 서 있었는데 하나는 '야긴', 다른 하나는 '보아스'라고 하였다(왕상 7:21-22; 대하 3:15-17). 이 두 기둥은 모두 굳건함과 안전성 · 영구성을 의미하는 것으로 본절은 이러한 내용을 배경으로 하였다. 빌라델비아는 끊임없이 지진의 위협을 받았다. 진동을 경험할 때마다 사람들은 도시를 빠져나가 멀리 떨어진 지역에 있는 임시거처에 머물렀을 것이다. 때로는 건물 중에서 지진 후에도 서 있는 유일한 부분이 기둥이었을 것이다. 이 영구성은 이어지는 문구인 "그가 다시 나가지 아니하리라"에 의해 더 강조되고 있다. 그리스도께서는 승리한 자에게 세 가지를 추가로 약속하신다.

① 하나님의 이름을 그 위에 기록하리라.

이 말씀은 예수 그리스도께서 신앙의 승리자들은 모름지기 하나님의 소유이며, 동시에 하나님 왕국의 시민임을 천명하는 말씀이다. 즉 하나님의 이름이 성도들에게 새겨지는 것은 분명히 그가 하나님의 소유임을 뜻하는 상징적 표현이다(7:3-4, 9:4).

② 새 예루살렘의 이름이 새겨진다.

새 예루살렘의 이름이 새겨지는 것은 그 이름이 새겨지는 성도가 하나님의 왕국의 시민이라는 사실을 공식화하는 것의 상징이다. 왜냐하면 여기서 '새 예루살렘'이란 이 땅의 예루살렘과 대조되는 개념으로서 하나님의 나라의 백성과 그 공동체의 새로운 처소를 의미하기 때문이다(21:1-2, 18-27).

③ 그리스도의 이름을 그 위에 기록하리라.

'예수 그리스도의 이름'은 독특한 표현으로, 새 하늘과 새 땅의 절대적 주권자 되시는 주님을 나타내시는 상징적 표현이다. 이것은 하나님 나라의 주권자 되시는 예수 그리스도에게 속하여 그와 함께 왕 노릇할 것을 나타내주는 상징적 표현이다. 성도들이 하나님께 속해 있다는 것과 하늘 시민권을 소유하고 있다는 것, 그리고 그리스도와의 특별한 관계를 맺고 장차 그의 나라에서 함께 왕 노릇 할 것이라는 약속은 성도들에게 큰 위로와 힘·축복이 아닐 수 없다.

빌라델비아 교회는 작은 능력으로도 주의 말을 지키며 그의 이름을 배반하지 않았고 인내의 말씀을 지켰다. 세상 나라가 진동하고 혼란한 시대 속에서 끝까지 믿음을 지키며, 가진 것을 굳게 잡아 우리에게 주어진 구원과 상급을 빼앗기지 말아야 한다. 이기는 자들에게 주시는 상급은 성전의 기둥이 되게 하는 것으로 각 자의 주어진 위치에서 기둥 같은 자들이 되어 예수께서 오실 때에 하나님의 소유가 되고, 새 예루살렘의 시민으로서 그의 다스림에 함께 동참하는 자들이 된다는 것은 크나큰 영광이요 축복일 것이다.

7. 라오디게아 교회(3:14-22) : 미지근한 교회

라오디게아(Laodicea)는 빌라델비아에서 동남쪽으로 약 70km 떨어진 곳에 위치한 도시다. 리쿠스(Lycus) 계곡에 자리잡고 있었는데 같은 계곡 위에 우리가 낯설지 않은 골로새(Golossae)와 히에라볼리(Hieropoli)가 자리잡고 있었다. 이 도시는 BC 3세기 중엽에 안티오쿠스 2세에 의해 건설되었고 왕비 라오디케(Laodice)의 이름을 따라

명명되었다. 또한 이 도시는 에베소로부터 동방으로 통하여 수리아에 이르는 중요한 무역로의 요충지였다. 빌라델비아와 사데를 파괴했던 주후 17년의 대지진은 라오디게아도 무너뜨렸다. 그러나 다른 도시들이 로마에서 재건비용을 지원받은 반면, 라오디게아는 자기 힘으로 재건할 만큼 재화가 넉넉했다. 그러나 불행히도 이 도시는 급수가 원활하지 못했다. 그래서 10km 길이의 수도관을 통해 남쪽으로부터 물을 끌어와 도시에 공급했다. 이곳에서 생산되는 양모(羊毛)는 질이 좋아서 라오디게아는 큰 부를 축적했고, 게다가 금융업이 발달하여 이 도시의 부는 다른 여타의 도시들을 훨씬 능가하였다. 그러나 이러한 경제적인 발달에도 불구하고 이 도시 전체는 큰 특색이 없었고, 특색이라면 유명한 의학교가 있었는데 그곳에서는 안질에 잘 듣는 약을 조제해낸 것으로 알려져 있다. 종교적으로 제우스와 치료의 신 '멘카루(Men Karou)'를 섬겼다.

물질적으로 부요한 만큼 영적 빈곤을 자각하지 못했고, 물질적인 면에서 자족하였다. 따라서 라오디게아 교회의 성격도 그 도시의 성격과 거의 비슷했다. 즉 라오디게아 교회는 유대인들에게 박해받은 흔적이 없다. 그렇다고 안으로 거짓 교사와 거짓 선지자의 교란이 있었던 것도 아니다. 다만 교회의 전반적인 자세가 너무 안일하고 평범해서 신앙의 맛을 제대로 나타내지 못했다. 따라서 라오디게아를 향한 예수의 말씀의 내용은 사뭇 달랐다. 예수께서는 그들의 무기력하고 미지근한 신앙을 경고하셨다. 라오디게아 교회는 에바브라가 세운 것으로 보이는데(골 4:12-13) 골로새 교회와 히에라볼리 교회와 함께 바울이 지도하고 감독했던 것으로 추정된다.

(1) 이름(14절)

"아멘이시요 충성되고 참된 증인이시요 하나님의 창조의 근본이신 이"

① 아멘이시요

이 말은 '진실한', '견고한', '확실한'이란 뜻으로 대개 문장 끝에서 '그대로 될지어다'라는 말로 쓰인다. 그러나 본문에서는 이 용어가 예수 그리스도의 속성을 나타내주는 낱말로 사용되었다. 이는 그리스도가 하나님의 아들로서 하나님께 완전히 충성된 분이심을 말해 주는 것이다.

② 충성되고 참된 증인이시요

이 말은 1장 5절의 내용과 같은 단어이다.

③ 창조의 근본이신 이

요한복음 1장 1절에는 그리스도가 태초 이전에 계셨고, 만물이 그로 말미암아 지은 바 되었다고 함으로써(요 1:2) 그리스도는 피조물이 아니라 창조주임을 보여 준다. 따라서 주님이 배금주의적이고 진실하지 못한 라오디게아 교회에 만유의 창조주시요 진실한 모습으로 나타난 것은 적절하다 하겠다.

(2) 책망(15-17절)

'차가움'과 '더움'은 '나에게 반대하는 것'과 '나를 지지하는 것', 또는 '나에게 대적하는 것'과 '나에게 우호적인 것'을 의미하는 비유적 표현이다. 구약 지혜문학에서 '더운, 뜨거운'(부정적) 사람과 '차가운, 냉정한'(긍정적) 사람은 자기 억제와 관계가 있다. 왜냐하면 '뜨거운'은 자제력의 결핍을 나타내는 명시적인 은유인 반면(잠 15:18), '차가운, 냉정한'은 신중함과 자제력을 나타내는 긍정적 은유이기 때문이다(잠 17:27). 그러나 라오디게아에서 '미지근하다'는 표현은 상수도 급수에서 나온 은유이다. 당시 남쪽으로 5마일 떨어져 있는 데니즐리(Denizli)의 광천에서 끌어온 뜨거운 광천수가 라오디게아에 도착했을 때 미지근하게 된 것에서 착안한 것으로 본다. 차거나 뜨거운 물은 여러 가지 목적을 위해 바람직하다. 그러나 윤리적인 시각에 있어 미지근한 물은 바람직하지 못하다. '차지도 아니고 덥지도 아니하고'라는 말은 우유부단·동요, 또는 양쪽으로 끌리는 것을 나타낸다. 여기서는 신앙을 확고하게 지키지 못하고 우유부단하게 우왕좌왕하는 것을 가리킨다. 라오디게아 교인들의 이러한 행위는 마시기 기분 나쁜 미지근한 물과 같아서 하나님이 원하시지 않는다. 이것은 차가운 물과 뜨거운 물 중에서 어느 것이 더 좋다고 하는 의미가 아니라 입장을 분명히 해야 한다는 것을 말한다. 두 주인을 섬기겠다 하는 기회주의 신앙을 하나님은 기뻐하지 아니하시며 신앙에는 중간지대는 없다는 것을 말하는데, 라오디게아 교인들은 미지근한 신앙생활 때문에 책망을 받는 것이다.

주님은 '토하여 버리라'고 격한 표현도 하신다. 주님을 믿고 참된 복음의 증인이 되어야 신앙인들이 전혀 신앙인 같지 아니한 애매모호한 태도와 행위는 기뻐하지 않는다. 이러한 태도로서는 음부의 권세를 이기며 이 세상 풍조를 거슬러 영적 투쟁을 할 수 없다. 때문에 차든지 뜨겁든지 하라고 하신다.

② 나는 부자라 부요하여 부족한 것이 없다 하나(17절)

라오디게아는 매우 부유한 도시였다. 때문에 부족함이 없었다. 라오디게아 도시는 은행업과 금융업·직물업으로 유명하다. 그리고 안과학교가 유명한 곳이었다. 이처럼 은행 · 직물공장 · 안과병원이 있었던 아주 부요한 도시였다. '부요하여 부족한 것이 없다'고 한 것은 교회가 물질적인 부와 영적인 부를 구분하지 못한 것이다. 물질적으로 부요한 것이 영적으로 부요한 것으로 착각하여 자기기만의 상태에 빠진 것이다. 그러나 불행하게도 이런 태도는 그들로 하여금 자기들의 진정한 상태, 즉 곤고한 것, 가련한 것, 가난한 것, 눈먼 것, 벌거벗은 것을 알지 못했다. 이런 처지에 있는 라오디게아 교회를 향해서 예수는 함께 해결할 처방과 대책을 말씀하신다.

(3) 권고(18절)

① 내게서 불로 연단한 금을 사서 부요하게 하고

'연단한 금'은 성경적 용어로 죄를 씻음으로 자신의 삶을 정결하게 하는 것을 은유적으로 표현한 말이다(욥 23:10; 잠 27:21; 말 3:2-3). 더 나아가서 이 표현은 환난을 통해 하나님의 백성을 정결하게 하는 것에 대한 은유로 사용되기도 한다(슥 13:9; 벧전 1:6-9). 따라서 라오디게아 성도들에게 '연단한 금'을 사도록 권면한 것은 자신들을 정결하게 하여 영적 부요를 얻도록 촉구하는 것이다.[95]

② 흰옷을 사서 입어 벌거벗은 수치를 보이지 않게 하고

라오디게아는 모직물의 명산지였음을 배경으로 한 교훈이다. 본서에서 '흰옷'은 대개 의와 정결과 승리를 상징한다. 본문에서는 그리스도의 보혈로 깨끗하게 속죄받고 의롭다 하심을 받은 것을 상징한다. 그러나 라오디게아 성도들은 아직 자신들의 죄조차 해결하지 못하고 있었으며, 그래서 몸은 좋은 양모로 가리고 다녔으나 영적으로 벌거벗은 수치, 곧 죄의 더러움을 그대로 드러내 놓고 다녔다. 이에 그리스도께서는 칭의 옷과 선하고 의로운 행사의 옷을 입어 수치를 가리라고 권면하신다(롬 5:8-11).

③ 안약을 사서 눈에 발라 보게 하라.

이것은 라오디게아 성도들이 영적 분별력이 결여되어 있음을 보여준다. 라오디게아는 의학이 발달하였으며 그중에 특히 안약과 고약으로 유명하다. 이런 이유로 라오디게아 교인들은 육신의 눈을 밝게 했을지 모르지만 영적인 것, 신령한 것은 보지 못했다. 왜냐하면 그들은 보이는 것, 육신적인 것에만 관심을 가졌을 뿐 영적인 것에는 무

95) 이필찬, 『내가 속히 오리라』(서울: 이레서원, 1990), p.214.

관심했기 때문이다. 그래서 주님은 육신의 눈만 위하지 말고 성령의 신령한 은사를 받아 영적인 일들을 분별하라고 권고하신다.

(4) 회개(19절)

"무릇 내가 사랑하는 자를 책망하여 징계(훈련)하노니 그러므로 네가 열심을 내라 회개하라."

주께서는 라오디게아 성도들을 사랑하기 때문에 책망하여 징계하신다(신 8:5; 히 11:6). 이 말씀은 현재 라오디게아 교회를 향하여 책망하시는 정황에 매우 적절하게 적용된다. 사랑하는 자에 대한 책망과 훈련을 통해 성도들이 영적 무감각에서 각성하여 회복될 것을 촉구한다.

또 '열심내라'는 것은 '어떤 일에 대해 진지하게 임하는 것'을 의미한다. 이것은 단순히 교회의 일을 열심히 하라는 의미가 아니다. 차지도 덥지도 않은 우유부단하고 나태한 영적 무감각한 상태에서 진지하고 분명한 태도를 취하여, 성도들로서 합당한 삶을 회복할 것을 말씀하신다. 여기서 '회개하라'는 말과 '열심을 내라'는 말은 짝을 이루어 사용된다. 회개하는 것은 단순한 생각만 바꾸는 것이 아니라 바로 그들의 문제인 차지도 덥지도 않은 상태에서 벗어나 열심을 내어 하나님에 대한 분명한 태도를 취하도록 하는 구체적인 행동을 요구한다. 라오디게아 성도들에게 있어서 회개하는 것은 열심을 내는 것이요 열심을 내는 것은 곧 회개하는 자세의 모습이다. 이처럼 회개하고 열심을 내라고 하시는 주님은 라오디게아 성도들과의 교제를 회복하기 원하신다.

"볼지어다 문 밖에 서서 두드리노니 누구든지 내 음성을 듣고 문을 열면 내가 그에게로 들어가 그와 더불어 먹고 그는 나와 더불어 먹으리라"(20절).

이 말씀은 영적 무감각한 가운데 있는 라오디게아 성도들에게 회개와 갱신을 촉구하는 맥락에서 주어졌다. 예수께서 문밖에 서서 문을 두드리는 모습은 아가 5장 2절의 신부의 방을 두드리는 신랑의 모습을 연상케 한다. "문을 두드려 이르기를 나의 누이, 나의 사랑, 나의 비둘기, 나의 완전한 자야, 문을 열어다오. 내 머리에는 이슬이, 내 머리털에는 밤이슬이 가득하였다 하는구나."

이 말씀이 20절의 배경으로 사용된다면 아가서 본문을 통해 계시록 3장 20절에서 라오디게아 교회를 향한 예수의 애정이 얼마나 진하게 묻어 있는가를 보여 준다. 비록 토해 내버리고 싶은 심정의 라오디게아 교회이지만 예수께서 애정 어린 마음으로 그들을 품고 교제하기를 원하시는 것이다. 이것은 진정으로 회개하며 열심을 품어 주를 섬기며 마음의 문을 열고 주님과 교제할 때만이 가능하다.

(5) 약속(21-22절)

이기는 자에게 주시는 약속으로는 "내 보좌에 함께 앉게 하여 주리라"는 것이다. 예수 그리스도는 인류를 구원하시기 위하여 십자가에서 죽으시고 부활하셔서 죄와 사망을 이기셨으며 이기신 뒤에 승천하사 하나님 우편에 앉으셨다(막 16:19). 이것은 구속 사역을 성취하신 후 본래의 영광을 회복하사 다시금 성부와 함께 보좌에 앉으신 것이다. 그런데 이와 같이 하나님은 죄와 죽음으로부터 믿음의 승리자들을 자신의 보좌와 함께 앉히시겠다고 약속해 주신다. 여기서 보좌는 통치권의 상징으로서 성도가 그리스도의 보좌와 함께 앉는다는 것은 주님과 함께 만국을 다스린다는 의미이다. 라오디게아 성도들이 비록 미지근한 신앙 상태에 머물러 있다 하더라도 진실로 회개하고 돌아서면, 이처럼 주께서 환영하시고 함께 왕 노릇 할 수 있다는 것이다.

2-3장의 소아시아 일곱 교회에 주어진 메시지는 각 교회의 처한 형편과 모습에 따라 칭찬과 책망 및 격려·경고·약속의 메시지가 주

어졌다. 이러한 것들은 오고 오는 모든 세대의 지상 교회의 성도들이 어떤 모습으로 존재해야 할지를 보여 주고 있다.

이 편지들이 비록 교회의 지도자들에게 보내졌다 하나 그것은 그렇기 때문에 더욱 교회의 회중들, 곧 우리 각 성도들을 위한 편지도 되는 것이다. '이기는 너희에게'가 아니라 '이기는 각인에게' 보상과 상급이 있다. 교회가 하나의 몸으로 죄를 범할 수도 있다. 그러나 회개는 각 교인들이 해야 한다. 라오디게아 교회를 향한 주님의 간절한 소원은 '누구든지 내 음성을 듣고 문을 열면 내가 그에게로 들어가 먹으리라'(3:20)는 말씀이었다. 그분은 회개하는 각 심령에 의해 열려지는 문이다. 교회가 주님과의 교제를 회복하고 능력을 되찾는 일은 소수, 또는 단 한 사람이라도 진정한 행함이 있을 때 가능하다. 각 교회들에게 나타난 그리스도의 모습은 각 교회의 형편과 필요를 아시는 분으로, 그리고 이기는 자들에게 궁극적 승리를 약속하는 분으로 나타나셨다.

오늘 우리는 어느 상황에 이르렀던지 그리스도로 말미암아 이기는 삶으로, 그날에 온 영과 혼과 몸이 흠 없이 보존되어 그리스도의 영광에 참여하는 자들이 되어야 할 것이다.

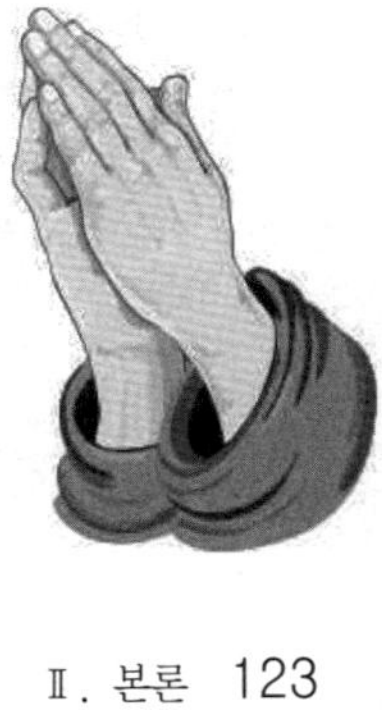

제4장
하늘 보좌에 앉으신 창조주 하나님

제4장의 내용은 하늘 보좌에 앉아 계신 창조주 하나님에 대한 예배의 모습을 그리고 있다. 요한은 '성령에 감동되어'(1:10) 천상[96]의 모습을 바라본 것과 같이, 4장에서도 성령의 감동함을 힘입어 하늘에 올라가 하늘의 신비한 광경을 보게 된다.

요한이 본 하늘의 광경은 이 세상에서의 인간이 경험하고, 가지고 있는 지식과 이성으로 다 표현할 수 없었다. 즉 한계를 지닌 인간의

96) 계시록은 '예수 그리스도의 책'(1:1)으로서 철저하게 하나님 중심적인 책이라고 할 수 있다. 4-5장은 2-3장과 긴밀한 연관을 가지고 있다. 2-3장이 지상교회를 묘사하고 있다면, 4-5장은 천상교회를 말하고 있다. 요한은 의도적으로 지상의 실재와 천상의 실재를 대조해서 보여 주고 있다. 세상의 관점에서 볼 때는 이 세상의 모든 것들이 악의 권세가 주관하고 득세하는 것처럼 보인다. 그래서 선하게 사는 사람들과 하나님의 자녀들이 현세의 고통과 고난의 풀무불에 둘러싸여 고단한 삶을 사는 것처럼 보인다. 그러나 천상의 관점에서 본다면, 하나님이 하늘 보좌에 앉아 계셔서 만유를 통치하시고 계시다는 점에서 주의 성도들과 고단하고 핍박받는 지상교회들은 큰 힘과 위로가 아닐 수 없다. 이런 점에서 4-5장의 하늘 보좌에 앉아 계시고 계시의 근원 되시는 하나님께 대한 묘사는 계시록의 중심이라 할 수 있다. 4-5장의 신학적 가치와 의의는 세 가지 정도로 생각할 수 있다. 첫째, 신관이다. 특히 4장은 보좌에 앉아 계신 하나님을 생생하게 묘사하고 있는데, 신약에서 하나님의 장엄하고 생생하게 묘사하는 책이나 장을 발견하기 쉽지 않다. 따라서 4-5장은 하나님이 누구신가에 대한 중요한 장면을 나타내주고 있다. 둘째, 기독론이다. 물론 다른 곳에서도 얼마든지 기독론에 대해서 살펴볼 수 있지만 그러나 4-5장은 종말론적이며 천상의 배경에서 기독론을 제시하고 있다. 더욱이 하나님 예배와 더불어 그리스도 예배를 분명하게 제시하고 있다는 점에서 그 시사하는 바가 크다 하겠다. 셋째, 하나님과 그리스도에 대한 핵심적인 가르침을 제시한다. 그 시대의 황제숭배가 성행하고 강요되었던 사실을 감안한다면, 예배라는 주제는 가장 핵심적 주제로서 거대한 동심원을 그리며 하나님과 어린양 예수 그리스도를 예배, 칭송하고 찬미하는 광경은 장관이 아닐 수 없다.

눈으로 본 천상의 실제적인 광경을 지극히 제한적인 시각과 언어로 모든 것을 다 묘사한다는 것은 불가능한 일이었다.

본문에는 앞으로 이 지상에서 전개될 종말에 대한 모든 일들을 총지휘할 핵심부이며 근원지인 하나님의 보좌에 대한 광경을 성령의 감동하심을 받아 하나님의 명령에 따라 묘사하고 있다(1-2절). 요한이 본 하늘 핵심부의 광경은 다음과 같다.

① 찬란한 하나님의 보좌가 있고 그 위에 심판자가 앉으셨으며(3절)
② 보좌를 중심하여 24장로들이 둘러앉아 있고(4절)
③ 보좌로부터 성령(일곱 영)이 나오사 보좌 앞에 계시며(5절)
④ 보좌 앞에는 정결하고 넓은 투명 광장이 있고(6절)
⑤ 보좌 가운데와 주위에는 에스겔 1장에서 볼 수 있는 네 생물이 포진해 있으며(6-8절)
⑥ 그 네 생물이 항상 하나님을 찬양하고(8-9절)
⑦ 24장로들은 하나님께 경배하며 찬양하는 모습으로[97](10-11절) 구성되어 있다.

사도 요한은 성령의 감동으로 하늘의 열린 문을 통하여 하늘 보좌와 그 주변 모습을 보게 된다.

① 하늘[98]에 보좌[99]를 베풀었고 그 보좌 위에 앉으신 이가 있었

97) 제자원, 『그랜드 종합주석 제16권』(서울: 제자원 성서교재간행사, 1994), p.738.

98) 하늘 : 신구약 성경에서 '하늘'은 하나님이 계신 곳(시 80:4; 사 66:1; 마 18:10)이고, 그의 천사들이 있는 곳이며(마 24:36), 종말에 구원받은 성도들이 가는 곳으로 묘사되어 있다(19:1). 그런데 히브리인들은 하늘을 삼층천(三層天)으로 이해하였다. 먼저, 우리 머리 위의 구름이 떠 있는 곳을 첫째 하늘로 보았고, 그 위에는 금속판이 땅 이쪽에서 저쪽 끝까지 반원형으로 둘러 있는데 그 금속판을 둘째 하늘로 생각했으며, 이 둘째 하늘에는 창문이 있는 곳으로 생각했다. 나머지 셋째 하늘은 둘째 하늘 위의 창문으로 그곳에는 천사들이 하나님과 함께 거하는 곳으로 생각했다.

99) 보좌 : 보좌에 앉아 계신 분은 성부 하나님이시다. 보좌는 왕이 앉는 의자이다. 이 보좌는 하나님이 앉아서 통치를 하며 심판을 행하는 의자이다. 그러므로 성부 하나님이 보

다. 보좌에 앉으신 이의 모양은 벽옥과 홍보석 같고 또 무지개가 있어 보좌에 둘렀는데 그 모양이 홍보석 같았다(3절). 보좌에 앉으신 이의 모습은 벽옥(jasper)과 같다고 했다. 벽옥은 석영의 변종이나 푸른빛이 나는 고운 옥을 말한다. 벽옥은 하나님의 모습에 대한 직유로 사용되지만, 후에 요한계시록에서 하나님의 영광을 나타내는 새 예루살렘의 전체적인 모습을 보여 주는 표현으로 사용되었다(21:11). 또한 벽옥은 새 예루살렘 성곽이 축조된 재료(21:18)일 뿐만 아니라 새 예루살렘의 열두 기초석 중 첫 번째 기초석이다(21:19). 여기서 벽옥은 하나님의 거룩함과 정결함을 나타낸다. 그리고 홍보석(carnelian)은 홍옥(紅玉)이라고도 하는 루비를 가리킨다. 이것은 하나님의 공의로움과 심판을 상징한다. 녹보석은 에메랄드(emerald)를 말하는데 이 보석 역시 대제사장의 흉패에 부착된 보석 중의 하나였으며(출 28:20), 새 예루살렘 성의 네 번째 기초석으로(21:19) 언급되어 있다. 이것은 하나님의 은혜와 자비를 상징하는 것으로 본다. 따라서 이 보석들은 하늘 보좌에 앉아 계신 하나님의 성품과 사역을 나타내는 것으로 하나님의 영광과 아름다움을 말해 주고 있다.

② 보좌에 둘러 24장로들이 있고, 그 장로들은 흰옷을 입고 머리에 금관을 쓰고 있었다(4절). 24장로들에 대한 해석은 다양하다. 그것은 이들에 대한 어떤 설명도 교리적인 확실성을 가지고 설명하는 구절이 많지 않기 때문이다.

구약에 보면, 하나님 주위에는 일종의 의회를 구성하는 것같이 어떤 존재들이 하나님을 보필하고 있음을 알 수 있다. 선지자들은 하나님께서 보좌에 앉아 계시고 하늘의 모든 천군들이 하나님의 좌우에 둘러서 있는 모습을 보았다(왕상 22:19). 욥기서에 보면 하나님의 아

좌에 앉아 계시다는 것은 하나님이 왕으로 우주와 역사의 통치자이자 심판자라는 것을 의미한다. 보좌에 앉으신 하나님에 대한 배경은 사 6장, 겔 1장, 단 7장 등에서 나온다.

들들이 하나님 앞에 서 있다(욥 1:6, 2:1). 이사야 선지자는 하나님께서 그의 장로들 가운데서 영광 중에 통치하시는 사실을 진술했다(사 24:23). 이처럼 구약에 보면 하나님은 그 주변에 의회 같은 것을 가지고 계시는데 장로의 개념이 이것과 관련된 것이 아닐까 생각된다. 둘째로, 구약 당시 이스라엘에는 제사장들이 너무 많아 그들이 모두 한꺼번에 봉사할 수 없어서 그들을 24반차로 나누었다(대상 24:7-18). 그리고 매 반차마다 장(長)이 있고 이들을 제사장의 장로라고 했다. 그들은 충성된 자들의 기도를 하나님께 바친다(대상 25:9-31). 이 일이 곧 제사장의 일이다. 레위 족속들도 이와 비슷하게 성전 안의 일을 24반차로 나누었다. 그리고 그들은 제금과 비파와 거문고를 들고 있다(계 5:8). 그러므로 24장로가 예루살렘 성전에서 제사장이나 레위인들과 함께 지상 예배를 드리는 것은 하늘에서 드리는 예배의 이상형이라고 생각할 수 있다. 그것이 종말에는 하늘의 이상적인 예배로 대치되는 모습의 계시록의 묘사이다.[100] 따라서 제사장의 반열이 24반열이었듯이 24는 대표의 숫자로 여기서 24장로는 그리스도로 말미암아 구원받은 전 시대(全時代)의 모든 성도들의 대표를 가리키는 표현으로 볼 수 있다. 또 24는 12+12에 해당하는 숫자로서 앞에 12는 이스라엘의 12지파로 대표되는 구약 교회를, 뒤의 12는 예수의 12사도로 대표되는 신약 교회를 가리키는 것으로 볼 수 있다. 그러므로 24장로는 신구약 모든 교회를 대표하는 자들을 의미하는 것으로 보는 것이 타당하다 할 것이다.[101] 24장로들은 성전에서 섬겼던 제사장의 24반열에 대응하는 천상의 존재들이요, 그들의 끊임없는 찬양과 그들이 네 생물과 함께 하나님을 섬기고 있는 천상에서의 예배하는 존재들이다.

100) 임마누엘, 『레마 종합자료씨리즈 제15권』(광명: 신앙도서출판사 임마누엘, 1990), p.150
101) 제자원, 『그랜드종합주석 제16권』(서울: 제자원성서교재간행사, 1994), p.739

③ 보좌로부터 번개와 음성과 우렛소리가 나고 보좌 앞에 켠 등불 일곱이 있으니 이는 하나님의 일곱 영이라(5절). 번개와 우렛소리는 하늘에서 일어나는 중요한 사건들과 관련이 있다. 하나님께서 그분의 백성들에게 율법을 주셨을 때, 시내 산의 하늘은 번개와 우렛소리로 가득 찼었다(출 19:16). 구약은 하나님의 권능과 위엄을 나타내기 위해 종종 이러한 이미지를 사용하신다(시 77:18). 하나님의 보좌는 최후의 시내 산이다. '등불 일곱'은 일곱 성령을 상징한다(1:4; 겔 1:13; 슥 4:2-6). '하나님의 일곱 영'은 성령의 또 다른 이름이다.

④ 보좌 앞에 수정과 같은 유리 바다가 있고, 보좌 가운데와 보좌 주위에 네 생물이 있는데 앞뒤에 눈들이 가득했다. 그 첫째 생물은 사자 같고, 그 둘째 생물은 송아지 같고, 그 셋째 생물은 얼굴이 사람 같고, 그 넷째 생물은 독수리 같았다(6-8절). 이 네 생물은 각각 여섯 날개를 가졌고 그 안과 주위에는 눈들이 가득했다. 그리고 그들은 밤낮 쉬지 않고 찬미와 경배를 드렸다(9-11절).

㉮ '수정 같은 유리 바다'는 에스겔 1장 22절을 배경으로 한다. "그 생물의 머리 위에는 수정 같은 궁창의 형상이 있어 보기에 두려운데." '수정 같은 궁창'을 계시록에서는 '수정 같은 유리 바다'로 변경해서 기록하고 있다. '궁창'을 '유리 바다'라고 한 것이다. 수정으로 된 순수하고 깨끗한 넓은 바다 같은 넓은 공간을 말한다. 그리고 바다는 구약시대에 솔로몬 성전 안에 놓여 있었던 '놋 바다'를 연상시켜 준다(왕상 7:23-26). 그것은 제사장이 하나님 앞에 나아가 제사를 지내기 전에 몸을 성결케 하는 데 사용되는 물을 담아 두던 용기이다. 따라서 '수정 같은 유리 바다'는 이러한 구약적 개념을 바탕으로 언급된 표현으로 하나님을 모든 피조물과 구분하는 보좌의 영광과 위엄을 상징한다 하겠다. 다시 말해서 수정은 하나님의 절대적 순수성을, 바다는 창조물과 피조물의 구분(출 24:10; 욥 37:18; 겔 1:22)

을 상징한다.

㉯ '네 생둘'에 대한 구약성경의 배경으로는 에스겔 1장 4-28절을 들 수 있다. 에스겔 10장에서는 이 네 생물의 이름을 '그룹'이라고 불렀다. 여기서 그룹은 보좌에 계신 하나님을 모시고 있는 천사를 말한다. 이사야 6장 1-3절에 보면 이사야 선지자는 성전에서 높이 들린 보좌에 앉으신 하나님을 보게 된다. 이때 여섯 날개를 가지고 있으면서 보좌에 앉으신 분을 향해 '거룩하다, 거룩하다, 거룩하다' 하며 삼중 찬양을 드리고 있다. 이들의 이름은 '스랍'이었다. '스랍'도 보좌에 계신 하나님을 모시고 있는 천사라는 것을 알 수 있다. 그리고 사도 요한이 보았던 네 생물이, 에스겔이 보았던 '그룹'과 이사야가 보았던 '스랍'이 결합된 상태의 모습이라는 것을 알 수 있다. 때로는 이들을 '그룹'이라 불리기도 하고, 때로는 '스랍', 때로는 '네 생물'로 불리기도 하는 것이다. 이들 천사들에 대한 묘사는 성막(성전)에서도 볼 수 있다. 성막(성전)의 지성소에 있는 언약궤 뚜껑은 하나님의 보좌를 상징하는데 이 언약궤의 뚜껑은 '은혜의 보좌', 혹은 '속죄소'로 부른다. 이 은혜의 보좌 양옆에는 두 개의 '그룹'이 날개를 펴서 언약궤를 덮는 형식으로 함께 붙어 있다. 이것이 바로 '그룹'·'스랍'·'네 생물'이라 부르는 천사의 모형이라는 것을 알 수 있다. 물론 이 생물이 실제로 이렇게 생긴 것이 아니라 상징적인 묘사일 뿐이다.

그리고 이 그룹 천사들이 네 생물의 모양을 하고 있는 것은 이 그룹 천사들의 신분과 사역에 대한 어떤 의미가 담겨져 있다는 것을 알 수 있다. 네 생물의 모습은 사자·소·사람·독수리의 모양을 하고 있다. 그렇다면 네 생물의 모습이 갖는 의미는 무엇일까? 사자는 동물의 왕이고, 소는 가축의 왕이며, 사람은 만물의 영장이며, 그리고 독수리는 조류의 왕이다. 뿐만 아니라 사자는 가장 점잖으며, 일하는 소는 가축 중 가장 힘이 세고, 인간은 모든 피조물 중 가장 영특하며, 독수리는 조류 중에 가장 빠르다. 그러므로 네 생물들은 자연의 위대함과 아름다움을 나타낸다. 모든 피조물들을 대표하는 존재들이다. 즉 네 생물은 자연계에서 가장 고상하고, 강하고, 현명하며, 빠른 것을 상징한다. 그런데 이 네 생물들이 하나님을 찬양한다고 하였다. 따라서 이 환상을 통하여 요한이 의도하는 바는 자연계의 최고 최상의 것들이 하나님을 찬양한다는 점을 보여 주고 있다.[102]

이 네 생물은 각각 여섯 날개를 가지고 있었는데 이것은 힘과 신속함을 나타낸다(사 6:2). 그리고 '그 안과 주위에는 눈이 가득했다'는 것은 세상에서 일어나는 일을 꿰뚫어 보는 지식을 의미한다. 즉 네 생물의 특징은 하나님의 뜻을 분별하는 '지식'과 하나님의 뜻을 순종하는 '신속함'을 가지고 있음을 보여 준다. 이들이 하나님께 밤낮 쉬지 않고 찬양하는 것은 이 생물들이 끊임없이 예배한다는 것을 의미한다. 네 생물은 하나님의 거룩함에 대해 노래한다. '거룩하다'를 세 번 반복하는 것은 최고의 거룩을 의미한다[103](사 6:3). '주 하나님 전능하신 이'는 최고의 신적 전사(戰士)를 나타낸다. 박해를 당하는 모든 세대 교회들은 땅에서 어떤 일이 발생한다 하더라도 하나님이 전능하시다는 것을 아는 데서 커다란 위로를 받는다. 이기는 자는 언젠가는 이 천사들의 찬양에 동참하게 될 것이다.

본 장에 기록된 하나님의 모습은 초월적 창조자가 되시며 오직 그 분만을 찬양하고 경배드릴 것을 요구하는 유대 유일신론과도 일맥상통하고, 하나님 보좌 역시 유대적 유일신론에서 매우 핵심적인 상징이라는 것을 감안할 때, 본 장에서 보좌 환상의 중심성 역시 동일한 행보를 따르고 있다[104]고 하겠다.

---

102) 임마누엘, 『레마 종합자료씨리즈 제15권』(광명: 임마누엘, 1990), p.151.
103) 그랜트 오스본, 전광규 역, 『요한계시록』(서울: 성서유니온교회, 2008), p.111.
104) 김추성, 『요한계시록 4-5장 연구』(서울: 예영커뮤니케이션, 2008), p.118.

제5장
보좌에 앉으신 어린양 예수

제4장은 보좌에 앉으신 성부 하나님을, 5장은 보좌에 앉으신 어린양 예수에 대한 기록이다. 그런데 4장의 하나님과 5장의 어린양 예수를 연결하는 중간 연결고리는 바로 '두루마리' 책이다. 본 장에서 오직 어린양 되시는 예수 그리스도만이 미래 역사의 사건들을 계시하는 두루마리를 펴기에 합당하시다는 것을 보여 준다.

본 장은 신약성경에서 가장 중요한 기독론 중의 하나를 보여 주고 있다. 이 장에서는 유일신 하나님께만 사용되었던 언어들이 그리스도께 적용되고 있다. 그리스도는 하나님의 보좌를 나누고 있는 분으로 제시되어 있고, 또한 통치자 하나님과 그의 주권도 나누고 있다. 그리스도의 신분은 모든 피조물인 인간들과 천사들보다 탁월하신 분으로 구별되어 있다. 그리고 그리스도에 대한 예배를 생생하게 묘사하고 있다.

먼저, 본 장에서는 그리스도의 대속적 죽음에 기초한 어린양 그리스도의 높아지심에 대해서 기록하고 있고, 둘째, 그리스도께서 가지고 계신 최상의 권위에 대해서, 셋째, 그리스도의 주권적 왕 되심에 대해서, 넷째, 그리스도께서 예배의 대상이 되심에 대해서 기록하고 있다.

① 보좌에 앉으신 하나님의 오른손에 계시의 완전성과 비밀성을

상징하는 일곱 인으로 봉해진 책이 들려 있었다(1절).

② 이 세상 피조물 중에는 이 인을 떼기에 합당한 자가 없었기에 환상을 보는 사도 요한 자신도 매우 슬퍼했다(2-4절).

③ 이때 하늘 보좌 주위에 있던 24장로 중에 하나가 요한을 위로하며 인을 떼기에 합당한 자가 있음을 밝히는데, 그가 바로 일찍이 인간의 죄를 대속하기 위해 육신을 입고 이 땅에 오셔서 하나님의 어린양이 되시사 십자가에 죽임을 당하시고 부활하신 분으로, 그는 하나님 보좌 우편에 앉아 계신 예수 그리스도셨으니(5-6절) 그는 하나님 앞에 담대히 나아가 보좌에 앉으신 하나님의 오른손에서 인으로 봉한 책을 취하셨다(7절).

1. 두루마리 책을 개봉하실 분

이처럼 5장은 어린양 되시는 예수 그리스도께서 보좌에 앉으신 하나님의 오른손에 있던 일곱 인[105]으로 봉하여진 두루마리 책을 받으시는 장면이 기록되어 있다.

'일곱 인으로 봉해진 책'을 개봉할 수 있는 분은 오직 예수 그리스도밖에 없다. 그 예수 그리스도를 '유다 지파의 사자', '다윗의 뿌리'라고 말한다.

① 유다 지파의 사자

예수를 '유다 지파의 사자'로 묘사한 것은 야곱이 아들 유다에 대해 예언한 창세기 49장 9절을 배경으로 한다.

"유다는 사자 새끼로다 내 아들아 너는 움킨 것을 찢고 올라갔도다 그가 엎

105) 인(印) : 인장은 신구약 시대를 막론하고 법적인 보호와 보증의 역할을 했다. 인장은 사유 재산이나 유언서 등에 찍혀서 사용되었고, 이런 뜻에서 인장의 법적 의의는 보호와 보증이라는 역할 이외에도 권한과 힘을 나타내는 것이라 할 수 있다.

드리고 웅크림이 수사자 같고 암사자 같으니 누가 그를 범할 수 있으랴."

이 말은 일차적으로 이스라엘 왕이 유다 지파에서 나올 것이라는 예언이지만, 그러나 이 예언은 궁극적으로 왕 중의 왕이신 메시아가 유다 지파에서 나올 것이라는 예언이다.

② 다윗의 뿌리

예수를 다윗의 뿌리라고 부른 것은 이사야 11장 1, 10절을 배경으로 한다. "이새의 줄기에서 한 싹이 나며 그 뿌리에서 한 가지가 나서 결실할 것이다." 이새는 다윗 왕의 아버지로 이사야의 예언은 이새의 뿌리에서 메시아이신 왕이 유다 지파의 사자와 이새의 뿌리로 오실 메시아를 대망했다. 그리고 메시아는 바로 다윗 왕과 같이 이방 나라를 정복하고 하나님 나라를 이루실 분으로 기대했다.

그리고 인봉을 떼실 분을 '어린양'이라고 했다(6절). 요한은 예수를 유다 지파의 사자로 지칭한 후에, 일찍 죽임을 당한 어린양이라고 불렀다. "일찍 죽임을 당한 어린양이 책의 인봉을 떼고 펴기에 합당한 분이시다"라고 말한다.

계시록에서 어린양의 이미지는 그리스도를 나타내는 가장 대표적인 상징이다. 출애굽기 12장에 나오는 유월절 양이야말로 계시록의 어린양을 이해하는 데 있어서 결정적인 역할을 한다고 할 수 있다. 예수 그리스도를 유월절 양으로 이해하는 것은 초대교회 그리스도인들에게 매우 깊이 뿌리내려 있는 사상이다(고전 5:7; 벧전 1:18-19). 출애굽기 유월절 양은 계시록에 나오는 죽임 당하신 어린양에 대한 예표적인 성격을 띠고 있다. 다시 말해서 유월절 어린양의 피는 희생적이며 구속적인 성격을 지니고 있다. 이사야서 53장에 나오는 '여호와의 종' 또는 계시록에 나오는 죽임 당하신 어린양의 중요한 배경을 제공하고 있다. 여호와의 종은 도살장으로 끌려가는 어린양의 모습으로 나온다. 죽임 당하신 어린양(사 53:7; 계 5:6), 속죄하심(사 53:10

-12; 계 5:9), 전리품을 나누는 것(사 53:12, 19:17-18), 그리고 다윗 언약의 강조(사 53:3; 계 5:5) 등이 이사야서와 계시록에 공통적으로 나타나는 주제이다.

이처럼 계시록에서 어린양의 기능들을 여러 가지로 나타내고 있다. 어린양을 구속자(7:14), 최상의 예배 대상(5:8, 7:9-10), 통치자로서의 하나님과 함께 보좌에 앉아 계심(5:6, 17:14), 심판자의 역할을 담당하심(계 6:16, 14:10), 그의 백성을 돌보시는 목자로 나타내고 있다. 즉 구속자, 예배의 대상, 통치자, 심판자, 목자, 교회의 신부로서의 그리스도의 폭넓은 사역을 포함하고 있다.

사도 요한은 사자의 이미지와 어린양의 이미지를 두드러지게 대조하고 있다. 요한은 '유다 지파의 사자, 다윗의 뿌리가 이기었으니'라는 장로의 말을 들은 후, 그가 본 것을 사자가 아니라 죽임당한 어린양이었다고 말한다. 이것은 사자와 어린양이라는 상호 대비되는 상징을 통해서 메시아의 승리가 군대의 힘이나 정복에 의해서가 아니라 죽임 당하신 어린양의 대속적 죽음을 통해서 성취되었음을 선포하고 있는 것이다.[106]

그렇다면 이 두루마리 책은 그리스도와 관련하여 어떤 특징을 가지고 있는가?

㉮ 그리스도께서 이 책을 취하시는 순간, 네 생물과 24장로들이 어린양 앞에 엎드렸다(8절). 다시 말하면 그리스도께 경배가 시작된 것이다.

㉯ 피조물은 그 책을 펴거나 뗄 자격이 없다. 그리스도 한 분만이 이 책을 펼 수 있다는 사실은 바로 그리스도는 모든 피조물과는 전적으로 다른 분이시며, 피조물과는 비교가 되지 않는 탁월한 분이심을 의미한다.

---

106) 김추성, 『요한계시록 4-5장 연구』(서울: 예영커뮤니케이션, 2008), pp.122-129.

㉰ 두루마리 책은 전적으로 하나님께 속한 책이다. 이 책은 하나님의 오른손으로부터 취해져 그리스도께 부여되고 있다. 이것은 전적으로 신성한 영역에 속한다는 의미이다.

㉱ 두루마리 책은 심판과 매우 긴밀하게 연결되어 있다. 그리스도께서는 이 세상 마지막 때에 심판자의 역할을 담당하실 것이다. 따라서 구속과 심판 양면에 있어서 그리스도의 역할은 결정적이라 할 수 있다. 그러므로 일곱 인으로 봉인된 책은 그리스도의 권위와 연결되어 해석되어야 한다.

2. 그리스도에 대한 찬양과 예배

먼저 찬양의 주체는 네 생물과 24장로들(8절) 및 천사들(11절)과 모든 피조물들이다(13절). 또 찬양을 위한 악기는 거문고이며, 찬양의 재료는 성도들의 기도이다(8절). 그리고 찬양의 내용은 각기 조금씩 다른데 먼저 네 생물과 24장로들은 예수 그리스도께서 하나님의 택한 자들을 위하여 죽으심으로 그들을 사서 하나님 앞에서 나라와 제사장으로 삼으심을 찬양한다(9-10절). 이어 천사들은 죽임 당하신 어린양 되신 예수 그리스도께서 능력과 부와 지혜와 힘과 존귀와 영광과 찬송을 받으시기에 합당하신 분임을 찬양한다(12절). 끝으로 모든 피조물들은 하나님과 예수 그리스도께 찬송과 영광과 능력을 세세토록 돌릴지라고 찬양한다(13절). 한편 모든 피조물들의 찬양이 끝나자 네 생물은 아멘으로 화답하고 24장로는 엎드려 경배하게 된다[107](14절).

계시록 4-5장에는 다섯 번의 찬양이 나온다. 4장에서 성부 하나님께 두 번, 5장에서 성자 예수께 두 번, 그리고 마지막 다섯 번째는 보좌에 앉으신 분과 어린양에게 동일하게 찬양과 예배가 드려진다.

---

107) 제자원, 『그랜드 종합주석 제16권』(서울: 제자원 성서교재간행사, 1994), p.751.

끝으로 계시록 4-5장에서 나타난 하나님과 그리스도의 관계를 규정할 필요가 있다. 4장은 하나님을 주권적 왕과 창조자로 제시하고 있다. 이것은 성경의 유일신 사상과 맥을 같이하고 있다. 그럼에도 4-5장은 그리스도와 하나님과의 하나 됨을 제시하고 있다.

① 그리스도와 하나님의 동일하심

계시록 4-5장에는 그리스도가 하나님과 동일하심을 보여 준다.

첫째, 그리스도는 하나님의 보좌를 공유하고 있다. 계시록 4장에서 하나님이 주권적 왕으로 묘사되고 있듯이 5장에서 그리스도 역시 주권적 왕으로 제시되고 있다.

둘째, 그리스도는 하나님과 함께 예배의 대상이 되신다. 5장에서 그리스도는 하나님과 동등하게 예배를 받으신다.

셋째, 그리스도는 최상의 권위를 지니고 계신다. 하나님께서 모든 피조물과 구별되듯이 그리스도는 모든 피조물보다 탁월하신 분이다.

넷째, 그리스도는 능력에 있어서 하나님과 동등하시다. 하나님께서 전능하시듯 그리스도께서도 전능하시다. 그리스도는 일곱 뿔과 일곱 눈을 가지고 계시다.

다섯째, 하나님께 돌려지던 찬미들이 그리스도께 돌려지고 있다. 4장 11절에서 영광과 존귀와 능력이 하나님께 돌려지고 있고, 5장 12절에서 능력과 부와 지혜와 힘과 존귀와 영광과 찬송이 그리스도께 돌려지고 있다. 5장 13절에서는 찬송과 존귀와 영광과 능력을 하나님과 그리스도께 똑같이 돌려지고 있다.

여섯째, 그리스도는 하나님과 가장 가까운 친밀함을 가지고 있다. 덧붙여 말하면 그리스도는 하나님의 이름, 즉 알파와 오메가, 왕의 왕, 그리고 만주의 주를 공유하고 있다. 하나님과 그리스도는 구원과 심판에 있어서 하나 되심을 보여 주고 있다.

② 하나님과 어린양의 구별되심

그렇다면 계시록에서 하나님과 그리스도의 차이점들을 살펴보자.

첫째는, 요한은 기능적으로 하나님의 우선성을 나타내고 있다. 하나님은 두루마리를 주시는 분이시지만 그리스도는 그것을 받는 자로 기록되어 있다. 1장 1절에서도 계시는 하나님으로부터 그리스도에게로 주어지고 있다. 하나님의 보좌를 묘사할 때도 그렇다. 그리스도는 하나님의 보좌를 공유하고 있는 것으로 기록하고 있으며, 여기서 보좌는 먼저 하나님의 보좌로 기록되고 있다(1:4, 6:16, 7:9, 10, 11, 15). 따라서 그리스도께 대한 하나님의 우선성이 나타나고 있다.

둘째, 하나님과 그리스도는 계시록에서 주권적 왕으로 나타나지만 그리스도의 왕권은 하나님의 왕권과 다른 면이 있다. 그리스도는 제사장적 왕으로 제시하고 있다. 그리스도는 사자이시며 어린양으로 나타나 있다. 그리스도는 그의 피로 왕국을 세우셨다. 그리스도의 왕권은 그리스도의 제사장적 사역과 긴밀하게 연결되고 있다.

셋째, 사역에 있어서 그리스도의 역할이 하나님의 역할과 다르게 나타나고 있다. 예를 들면 창조 사역이 하나님의 사역을 대표하듯이 구속 사역이 그리스도의 사역을 대표하고 있다.

계시록이 하나님과 그리스도의 하나 되심과 구별되심을 강조하고 있음을 인식할 필요가 있다. 그렇다고 구별되심을 희생하고 하나 되심만 강조한다든지, 혹은 하나 되심을 무시하고 구별되심만 강조하는 것 모두가 계시록을 정확하게 이해하는 것이 아니다.[108)]

108) 김추성, 『요한계시록 4-5장 연구』(서울: 예영커뮤니케이션, 2008), pp.152-153.

제6장
일곱 인

하나님의 어린양이 가진 인봉한 책에는 아직 인간들에게 공개되지 않은 비밀들이 담겨 있었다. 나중에 그것이 밝혀지게 되지만 그 가운데는 하나님의 구원과 심판, 그리고 성도들이 세상에서 당하게 될 환난과 핍박, 고난의 내용들이 포함되어 있다[109].

6장의 내용은 일곱 부분으로 이루어진 심판들의 세 세트 중 첫 번째 것이다. 계시록 6-16장은 계시록 핵심부를 형성한다. 1-5장은 도입부, 17-22장은 결론부라 할 수 있다. 6-16장은 심판(6장), 나팔(8-9장), 대접 심판(15-16장)과 그 심판들 사이에서 일어난 일들을 기술하고 있다. 5장에서는 일곱 인으로 봉해진 두루마리가 그리스도께 넘겨졌다. 그리스도는 인들을 떼심으로 세상 종말의 사건들을 실행할 자격을 갖춘 유일한 분이시기 때문이다. 6장에서는 각 인이 떼어지면서 두루마리가 펴진다.

각 심판들(인 · 나팔 · 대접)은 일곱 부분으로 이루어져 있다. 그중 처음 네 심판은 땅에 대한 재앙을 포함하며, 마지막 셋은 우주 재앙들이다. 인과 나팔과 대접 심판이라는 이 일련의 심판들을 이해하는 데 여러 견해가 있다.

(1) 반복설

이 견해에 따르면 세 심판들은 서로 반복되며 주기적이다. 동일한

---

109) 이광호, 『요한계시록』(고양: 깔뱅, 2009), p.118.

심판을 바라보는 세 가지 방식을 나타낸다. 나팔과 대접 심판이 동일한 순서로 되어 있기에 많은 사람들이 이 세트의 심판이 반복된다고 말한다. 더욱이 세 세트 모두 일곱 가지 심판들 중 처음 넷은 서로 유사하며, 각 세트 중 마지막 셋도 마찬가지이다. 그러나 정확한 반복은 나팔과 대접 심판에서만 나타난다.

(2) 연속설

이 견해는 계시록에 기술되어 있는 순서대로 처음에는 인, 그다음은 나팔, 그리고 대접 심판이 일어날 것이라고 주장한다. 다시 말해 계시록은 스물한 가지의 구분된 사건들을 기술하고 있는 것이다. 그러므로 계시록은 6-16장은 연대순으로 되어 있다는 것이다.

(3) 점진적인 강화설

이 견해의 열쇠는 심판들의 결과를 이해하는 것이다. 인들은 땅의 4분의 1을 파괴하고, 나팔은 3분의 1을 파괴한다. 그런데 대접은 모든 것에 영향을 미친다. 이 심판들의 세 세트는 각각 동일한 지점, 즉 역사의 종말에서 끝나고 있으며, 점진적으로 강화되고[110] 있다고 주장한다. 그리고 이 세 개의 심판 재앙의 구조와 내용을 살펴보면 다음과 같은 공통점과 차이점이 있다.

① 공통점

일곱 인, 일곱 나팔, 일곱 대접 심판의 마지막이 번개와 음성과 우레와 지진으로 끝난다는 것이다(8:5, 11, 19, 16:17-18). 이런 번개·음성·우레·지진은 하늘에 있는 하나님의 보좌로부터 나왔다(4:5). 이

---

110) 그리스도께서 최후 종말 직전에 이 세상에 내리시는 재앙은 전체 일곱 인 재앙으로 구성되어 있으며, 일곱 인 재앙 중 일곱 번째 재앙 안에는 다시 일곱 번째 나팔 재앙이 들어 있고, 또 일곱 나팔 재앙 중 일곱 번째 나팔 재앙 안에는 또다시 일곱 대접 재앙이 들어 있다. 따라서 최후 종말 직전에 있을 재앙은 세 개의 주된 재앙 시리즈로 구성되었고, 또 이들은 상호 점층적 관계로 연속되었다. 그래서 최후 종말 직전의 재앙들을 '삼대 칠중 재앙'이라고도 부른다.

와 동시에 이 세 개의 일곱 심판 시리즈는 서로 연결되어 있다. 구조로 보면 일곱 개 중에서 처음 네 개와 나머지 세 개가 분리되어 있다. 처음 네 개는 서로 긴밀한 연관을 가진 한 묶음으로 되어 있고 나머지 세 개는 각각 독립적으로 되어 있다.

② 차이점

일곱 인과 일곱 나팔 심판은 각각 여섯째와 일곱째 사이에 막간 장면이 삽입되어 있다. 일곱 대접 사이에서는 이러한 삽입이 없이 바로 마지막 일곱째까지 연속적으로 심판이 진행된다. 일곱 인과 일곱 나팔 심판에는 마지막 심판이 일어나기 이전에 심판을 받을 기회가 아직 있다는 것을 암시한다. 그러나 일곱 대접 심판에 삽입 장면이 없다는 것은 더 이상 심판이 미루어지지 않는다는 것을 말한다. 하나님은 오래 참으시는 분이시지만 오래 참으심이 영원히 계속되는 것은 아니라는 것을 기억해야 한다. 또 세 개의 심판과 시리즈는 심판의 강도와 범위가 점차 확대된다. 인 심판 때는 땅의 4분의 1이 죽임을 당한다. 그리고 나팔 심판 때는 땅의 3분의 1이 심판을 받고, 대접 심판 때는 땅의 모든 생물이 심판을 받는다. 이러한 것은 하나님의 심판의 강도가 점점 더 세지고 있다는 것을 말한다. 따라서 일곱 인과 일곱 나팔, 일곱 대접 재앙을 순서적으로 일어나는 것이 아니라 '인'은 서론(일반적인 사건)이요, '나팔'은 본론(역사적인 사건)에 해당되며, '대접'은 결론이라고 보는 것이 바른 견해이다[111].

이런 견해들은 계시록을 고찰하고 연구하는 데 도움이 된다. 그러나 이런 심판의 진행 과정과 진실은 하나님만이 알고 계신다. 계시록에는 많은 부분에서 명백하게 밝히지 않은 채 내버려두셨다. 그것은 우리가 주의하고 도덕적으로 깨어 있게 하시려는 듯하다.

본 장에는 첫 번째 인이 떼어질 때 말을 탄 네 사람이 등장한다.

---

111) 박계형 편저, 『이후에 마땅히 될 일』(서울: 보이스사, 2001), p.81.

요한은 이 네 기수(騎手)가 하나님의 심판을 세상에 가져오는 것으로 묘사하고 있다. 각 기수들은 어린양이 처음 네 가지 심판의 인을 떼는 것과 연관된 임무를 지니고 있다. 이 일련의 심판들은 땅의 4분의 1에 영향을 미친다. 다시 말해 이것들은 온 땅에 대한 심판이지만 부분적인 심판이다. 말들은 사람들의 죄와 반역에 대한 하나님의 심판을 나타낸다.

그리스도께서 두루마리의 인들을 떼심으로 재앙 심판을 내리시는 이유는 무엇일까? 그리스도께서 인들을 떼심으로 재난을 일으키신다고 하기보다는 그분의 주권을 나타내 보이시는 것이라 하는 것이 더 타당할 것이다. 즉 역사 가운데 발생하는 악조차도 그분의 통제 아래 있음을 보여 주는 것이다. 박해를 당하고 있는 신자들에게 그리스도께서 그들의 고통을 아시며, 인류의 사건을 주관하고 계신다[112]는 것을 보여 줌으로 고난받는 성도들을 위로하고, 그분이 이 세상의 모든 것을 다스리시는 통치자이심을 나타내심으로 신앙을 끝까지 지켜 나가게 하시려는 의도이시다.

어린양 되시는 예수 그리스도께서 일곱 인 중의 하나를 떼심으로 첫째 말(馬)이 등장한다.

(1) 흰 말

이 말은 재앙을 가져오지 않는다. 이 말은 정복에 몰두한다. "이기고 또 이기려고 하더라"(2절)고 하기 때문이다. 그런데 이 흰 말을 탄 기수가 활을 가졌고, 면류관을 받았다고 말한다. 이 말과 말을 탄 자들은 온 세상을 두루 다니며 하나님의 심판을 대행하는 자들이다.[113]

먼저 '흰 것'은 승리를 상징한다. 로마 황제들이 전쟁에서 승리하고 개선식을 할 때는 언제나 흰 말을 탔다. 그래서 흰 말의 의미를 더

112) 그랜트 오스본, 전광규 역, 『요한계시록』(서울: 성서유니온교회, 2008), pp.130-132.
113) 이러한 말 탄 자들을 통한 심판은 슥 1:8-15, 6:1-8을 배경으로 한다.

부각시켜 주는 것을 '이기고 또 이기려고 한다'는 것이다. 그러므로 흰 말 탄 자는 승리자와 정복자를 가리킴이 분명하다. 여기서 '흰 말 탄 자'가 누구냐에 대한 여러 가지 견해가 있다. 극명하게 어떤 사람은 '그리스도'라 말하고, 어떤 사람은 '적그리스도'라고 말하기도 한다. 여기에 대한 몇 가지 소견을 말하려고 한다. 먼저 '흰 말을 탄 자'가 그리스도가 아니라는 것이다.

① 그리스도라고 말할 수 없는 것은 예수는 전 심판의 중심인물이며 지금 인을 떼고 있기 때문이다(1절). 그리고 첫째 인부터 넷째 인까지를 떼기까지 말이 등장하는 데 둘째, 셋째, 넷째 말이 흉한 재앙을 가져다주는 말이기 때문에 첫째 말 또한 그러한 동일한 개념에 속한다고 보는 것이 더 자연스럽다고 하겠다. 그렇다고 '흰 말'은 선한 것을 상징하기 때문에 흰 말 탄 자를 일방적으로 악한 세력의 존재라고 보기에도 무리이다. 그러므로 흰 말 탄 자가 누구인지를 밝히는 것은 매우 난해한 문제이다. 단지 본문의 흰 말 탄 자가 하나님의 섭리의 일부로 이 땅에 등장하여 끊임없는 정복 전쟁을 시도하므로, 이 땅의 평화를 깨뜨린 한 특이한 정복자라는 추측을 할 수 있을 뿐이다. 그러면 '흰 말 탄 자'는 누구인가?

먼저, '그리스도'라는 견해부터 살펴보자. 대개 흰 말 탄 자를 그리스도라고 말하는 사람들의 견해를 보면 19장 11절을 근거로 하여 '그리스도'라고 말한다. 그러나 19장 11절에 나오는 그리스도와 본문에 나오는 흰 말을 탄 자는 같은 인물이 아니다. 6장 2절과 19장 11-12절의 용어는 유사성에도 불구하고 두 기사는 공통점이 없다[114]. 이 두 기사 모두 흰 말을 타고 있지만 6장 2절의 기사는 활을 들고 있

114) 본문에 나오는 '흰 말 탄 자'가 받은 면류관은 스테파노스(στέφανος)가 쓰였는데, 이것은 경기의 승리자에게 주는 관이지 지배자의 관이 아니다. 그의 승리는 일시적일 뿐이다. 그러나 19:12에 나오는 관은 디아데마타(διαδήματα)로서 왕관을 의미하는 것으로 왕권을 의미하는 관이다. 때문에 그분은 예수 그리스도이시다.

고, 승리의 면류관(στέφανος)을 쓰고 있는 반면에 19장 11-16절의 기사는 그의 입에 예리한 검을 갖고 있고 주권의 상징인 많은 왕의 머리띠, 또는 왕관(διαδήματα)을 쓰고 있다. 따라서 서로 동일한 것이 아니다. 왜냐하면 인을 떼는 이가 바로 어린양이기 때문이다. 따라서 이 두 흰 말 탄 자를 비교해 보면 ① 19장 11절에 흰 말은 하늘에서 내려오지만 6장 2절에서는 알지 못한다. ② 19장 14절에서 하나님의 군대들이 흰 말 탄 자를 따른다. 6장 2절에서는 흰 말 탄 자의 뒤에는 사망과 지진과 기근이 따른다. 여기에 나타난 네 기사는 한 그룹의 동료들로서 네 생물 중의 하나의 호령에 의하여 출동하는 것이므로 그리스도가 그 네 기사와 동류일 수가 없다. ③ 그뿐 아니라 6장 2절에 흰 말 탄 자를 그리스도로 생각하는 것은 시간적 순서에도 맞지 않는다. 왜냐하면 그리스도는 처음 인을 떼실 때, 흰 말을 타고 오시는 것이 아니라 환난 시대의 끝에 오시기 때문이다.

계시록은 '이 후에 마땅히 일어날 일들'(4:1)을 기록하고 있다. 이미 예수께서도 감람산의 대화에서 장차 일어날 징조들에 대해서 말씀하셨다. 감람산의 대화인 마태복음 24장, 마가복음 13장, 누가복음 21장은 '소계시록'이라고 말한다. 사도 요한이 감람산에서 예수님과 대화를 나누고 또 계시록을 받은 기자로서 주님께서 주신 종말에 대한 교훈을 주실 때도 그는 거기에 있었다. 그래서 주께서 감람산에서 주신 말씀이나 밧모 섬에서 받은 계시의 말씀이나 동일하다. 그런 면에서 계시록 6장과 감람산의 대화는 짝을 이룬다 할 수 있다. 감람산의 대화인 '소계시록'에서 예수께서는 ① '너희가 사람의 미혹을 받지 않도록 주의하라고 하셨다. ② 난리와 난리의 소문을 들을 것이고 민족이 민족을 나라가 나라를 대적하여 일어나겠다. ③ 지진이 있으며 ④ 기근이 있으리라고 하셨다. 따라서 '흰 말 탄 자'는 '미혹'[115]이라

115) 미혹 : 미혹하다(πλανάω)란 '잘못 인도하다', '방황케 하다', '속이다'란 뜻으로 적극적으로 남을 속이며 파멸에 빠뜨리기 위해 노력하는 것을 의미한다. 이것은 종말에 미혹하

고 해석하는 것도 무방하리라고 본다. 김형태 박사는 이렇게 비교하여 해석한다.

계시록과 감람산의 대화 비교

계시록 6장		감람산의 대화		
인	내 용	마 24장	막 13장	눅 21장
첫째 인(1-2)	흰 말-미혹	미혹(4-5)	미혹(5-6)	미혹(8)
둘째 인(3-4)	검은 말-기근	전쟁(6-7)	전쟁(7-8)	전쟁(9-10)
셋째 인(5-6)	검은 말-기근	기근(7)	지진(8)	지진(11)
넷째 인(7-8)	청황색 말-지진	지진(7)	기근(8)	기근/온역(11)

(2) 붉은 말

둘째 인을 뗄 때에 붉은 말이 등장한다. '붉다'는 것은 '피'를 상징하고, '붉은 말'은 '전쟁'을 의미한다. 붉은 말이 등장했다는 것은 종말에 세계 도처에서 일어나는 모든 전쟁을 지칭하는 것이라 할 것이다. 이러한 전쟁은 '허락을 받아'(4절) 수행한다는 점이다. 인간들이 벌이는 싸우고 죽이는 전쟁도 표면적으로는 인간들의 이해관계에 의해서 일어나는 행위로 보이지만, 실상은 근본적으로 하나님의 작정과 섭리에 의해서 일어나는 것을 말씀한다.

이 붉은 말을 타는 자가 "땅에서 화평을 제하여 버리고 서로 죽이게 하고 또 큰 칼을 받았더라"(4절)고 했다.

① 여기서 '땅'은 어떤 제한된 지역이 아니라 세계 도처를 말한다.

는 자들은 사람으로 하여금 그릇된 일에 관심을 갖게 함으로써 바른 신앙을 버리게 하는 악한 자로서(요일 2:18, 22, 4:3 ; 요삼 1:7) 사탄과 깊은 관계를 맺어 사악한 활동으로 택한 자라도 미혹하여 정복하려는 자를 말한다.

즉 하나님의 허락을 받은 심판의 집행자는 세계 도처에 분쟁을 일으킨다. 이러한 말씀은 예수님의 감람산의 대화에서 세상 끝에는 "난리와 난리 소문을 듣겠고, 민족이 민족을 나라가 나라를 대적하여 일어나겠다"(마 24:6-7; 막 13:7-8)는 말씀과도 관련이 있다.

② 큰 칼을 받았다

여기서 말하는 칼은 '좌우에 날선 검'(1:6)과는 다른 것이다. 기사가 칼을 받았다는 것은 그에게 일시적으로 맡겨진 권위와 권능을 나타내는 것이다. 칼은 고대 기병대가 사용한 전형적인 무기이다. 그러므로 여기서 '큰 칼'은 대량살육을 의미한다. 전쟁은 언제나 다수의 희생을 동반하고 서로 죽이게 되는 것을 볼 때, 이것은 내전을 말하는 것이라고 할 수 있다.

(3) 검은 말

'검은색'은 어둠과 관련성이 있는 것으로, 죽음·슬픔·애곡·황폐 등의 상징으로 사용되었기 때문에 고대에 강한 부정적인 뜻을 내포하고 있었다. 셋째 인을 뗄 때에 검은 말이 나왔다는 것은 역시 황폐와 기근을 뜻한다.

① 이 기사는 손에 저울을 가졌다. 저울은 양식의 무게를 달기 위한 것이다. 이것은 큰 흉년과 기근이 닥쳤을 때, 곡식이 절대적으로 부족하여 곡식을 배급해 주기 위해 무게를 다는 것을 연상시킨다.

② 한 데나리온에 밀 한 되와 보리 석 되로다

로마의 화폐 단위인 데나리온은 일반 노동자 하루 품삯에 해당되는 것이다. 그런데 한 데나리온에 밀 한 되와 보리 석 되라는 것은 가뭄이나 기근·전쟁으로 기본 물품들의 터무니없는 가격을 암시한다. 여기서 '한 되(χοινιξ)'라는 양은 한 사람을 위한 곡식의 하루 식량과 대충 동등한 양이다. 혹자는 본문에 나오는 밀과 보리 값은 신약시대 당시 평균 물가의 12배나 되는 가격으로, 이것은 기근과 전쟁으로 인한 엄청난 인플레이션을 암시해 주고 있다고 말한다.

③ 감람유와 포도주는 해치지 말라

감람유와 포도주는 웬만한 가뭄에도 견뎌내는 식물이다. 그래서 심각한 가뭄이 발생하여 밀과 보리 같은 주된 양식이 떨어졌을 때에는 올리브기름과 포도주가 생산되는 지역 사람들은 그것들을 대신 주식으로 삼기도 했다. 이러한 면에서 셋째 재앙은 최후 한계상황에 달한 기근은 아닌 듯하다. 왜냐하면 비록 저울질을 하지만 저울에 달아 먹을 곡식이 아직 있었고, 또한 이처럼 부족한 곡식에 대한 대용물을 하나님께서 남겨 놓으셨기 때문이다. 그러나 하나님의 자비가 언제까지나 지속되지는 않는다. 이 재앙들은 보다 더 고통스러운 재앙들의 서막이기 때문이다.

(4) 청황색 말

넷째 인을 떼실 때에 청황색 말이 나온다. 이 청황색(χλωρός)은 녹색·연녹색을 의미하며 종종 잔디나 다른 초목의 색깔을 묘사하기도 한다(창 1:30; 겔 17:14; 막 6:39). 그뿐 아니라 청황색은 병자의 얼굴이나 창백한 시체들과 관련된 색깔인 녹회색(greenish gray)을 나타내기도 한다. 또 공포를 표현하는 데 사용되는 전통적 용어로 공포와 죽은 시체의 색으로 인식되었다. 따라서 병·공포·죽음과 관련된 색이다.

① 이 청황색 말은 탄 자의 이름을 '사망(Death)'이라고 말하면서 사망을 의인화하고 있다. 이 의인화된 '사망'은 항상 '음부'와 결부되어 나타난다(1:18). 항상 '음부' 앞에 '사망'이 나오기 때문에 '음부'가 '사망'의 지배를 받는다. 즉 '사망'은 인물이고, '음부'는 그의 왕국이다. 사망과 음부는 같은 짝을 이루어 나타난다.

② 이 청황색 말을 탄 자는 땅의 4분의 1의 권세를 받는다.

여기서 땅은 지구 가운데 어느 특정 지역 일부분에만 해당되는 것이 아니라, 땅 위에 전면적인 환난이 일어나되 그중 4분의 1이 피해를 보게 된다는 뜻이다. 따라서 온 세상에 환난이 있으되 아직은 제한적인 것임을 보여 준다.

③ 검과 흉년과 사망과 땅의 짐승

이 같은 용어들은 에스겔 14장 21절에 열거된 네 가지 재앙을 배경으로 한다. 또한 이들 재앙은 예수께서 예언하신 '지진과 기근과 온역'과도 유사하다(눅 21:10). 전쟁 · 기근 · 온역, 그리고 질병은 떼려야 뗄 수 없는 밀접한 관계가 있다. 검은 분명히 전쟁을 의미하며 흉년은 전쟁으로 말미암은 기근을 말한다. 그리고 '땅의 짐승'은 전쟁과 기근 · 염병이 휩쓸고 지나간 황량한 들판에 굶주린 맹수가 살아남은 자들을 찾아다니는 살벌한 장면을 연상시킨다. 이처럼 하나의 고리로 연결된 네 재앙의 성격을 통해 심판의 철저함을 깨닫게 된다.

앞으로 정복욕을 가지고 세상을 미혹하는 자(흰 말)는 전쟁과 유혈사태(붉은 말)을 낳고, 그로 인해 기근과 전염병(검은 말)이 일어나며, 그 결과는 죽음과 무덤(청황색 말)이다. 네 기수들은 이런 권세를 부여받고 하나님의 일을 대행케 될 것이다.

(5) 순교자들의 탄원(9-11절)

다섯째 인을 떼실 때 광경이 지상에서 천상으로 바뀌게 된다. 즉 일곱 인 중에 처음 넷과 다음 셋은 그 장면과 모습을 달리하는데 지상에서 천상으로 옮겨지게 된다. 사도 요한은 다섯째 인에서 하늘의 제단과 그 제단 아래서 탄원하는 순교자들의 모습을 보게 된다. 그러면 하늘 제단 아래서 탄원하는 자들은 누구인가?

① 이들은 그의 영혼이 하늘 제단 아래 있다고 말한다. 제단은 속

죄를 위해 그곳에서 짐승을 제물로 바쳤던 제단을 말한다. 이것은 순교자들의 피가 하나님께 제물로 부어졌다는 것을 시사한다. 계시록에는 하늘 제단이 여러 번 언급되고 또 당시 땅의 제단은 하늘 제단을 나타내는 그림자에 불과하다는 것을 나타냄으로 본문에서 말하는 제단은 하늘에 있는 제단으로 보는 것이 좋을 듯하다.[116]

② 하늘 제단 아래 있는 죽임을 당한 영혼

이것은 정확하게 표현하면 '하나님의 말씀과 저희의 가진 증거를 인하여 죽임을 당한 영혼'이다. 도덕적 · 종교적 진리를 위해 생명을 바친 기독교 이전과 이후의 모든 순교자들이 포함된다(마 23:31-35; 히 11:4, 12:24).

③ 탄원

이들의 탄원은 '땅에 거하는 자들을 심판하여 우리 피를 갚아주지 아니하시기를 어느 때까지 하시려나이까'(10절)라고 절규한다. 이런 기도는 의인들을 괴롭히고 살해한 자들에 대한 보응 탄원은 시편 여러 곳에서 발견된다. 여호와 하나님은 '피의 신원자'(시 9:13, 72:14)이시다. 자기 백성을 살해하는 자들에게 공의가 행해지는 것을 살피시는 분이시다(신 32:43; 왕하 9:7; 시 9:12, 79:10). 본문 10절의 내용도 평민을 보호하는 귀족에게 피보호자들이 공의 또는 보응을 탄원하는 전형적인 장면에 근거를 두고 있다. 그런 의미에서 신원기도는 저주를 바라는 기도가 아니라 하나님께서 공의로 행하시기를 기도하는 것이다.

④ 어느 때까지 하시려 하나이까?

그 대답은 그 수가 차기까지이다. 하나님께서는 특정한 수의 사람들이 죽임을 당할 때까지 기다리고 계시는 것은 아니다. 그보다는 정

---

116) 계시록에서만 '제단'이라는 뒤시아스테리온(θυσιαστήριον)은 하늘의 제단을 나타낸다.

한 때가 이르기까지 기다리고 계시는 것이다. 하나님은 결코 믿음 때문에 고난당하고 죽임당한 자들을 잊지 않고 계신다. 그러나 인내해야 한다. 하나님은 자신의 시간표에 따라 일하시기 때문이다. 하나님께서는 말씀을 지키며 복음 증거로 인하여 죽임을 당한 영혼들의 원한을 반드시 풀어 주신다. 그러나 우리의 시간이 아니라 하나님의 시간에 그 일을 행하실 것이다. 하나님의 정해진 순교자의 수가 다 차기까지 인내하며 잠시 동안 쉬라고 말씀하신다.

(6) 하나님의 진노의 날(12-17절)

여섯째 인을 떼실 때의 모습은 최후 심판에 대한 묘사이다. 여섯 번째 인 재앙은 앞의 다섯 인 심판의 내용과는 전혀 다르다. 여섯 번째 인에 의한 재앙은 그 규모나 강도(强度), 범위에 있어서 상당히 강력하고 대대적이다. 여섯 번째 인에 의한 재앙은 전체적이지는 아닐지라도 이제까지 볼 수 없었던 매우 강력한 재앙의 영향력이 천체(天體)까지 미치며, 직접적인 수단에 의해 극심한 재앙의 고통이 가해지는 것이다.

12-14절은 심판의 현상을, 15-17절은 재앙 심판에 대한 사람들의 반응을 소개하고 있다.

① 12-14절은 여섯 번째 인을 떼실 때에 일어나는 현상을 소개한다.

㉮ 큰 지진이 나며: 지진은 성경에서 대체적으로 하나님의 징벌이나 징계, 또는 심판을 경고하는 것 등으로 나타난다. 땅에서 살고 있는 인간에게 있어서 땅이 갈라지고 움직이며 인간을 삼키는 것은 인간에게 커다란 충격이 아닐 수 없다. 그러므로 지진은 인간에게 땅은 의지할 것이 못 된다는 사실을 알려주고, 그럼으로써 하늘의 소망을 갖도록 하는 하나님의 수단이다.

㉯ 해가 검은 털로 짠 상복같이 검어지고: 해의 색깔은 '염소 털

로 짠 굵은 삼베처럼 검다'고 묘사한다. 이 거친 천은 흑염소의 털로 만들어졌다. 그리고 삼베옷은 애도할 때 입는다. 어슴푸레하거나 피로 뒤덮인 해, 보기에 끔찍한 해는 모든 사람에게 불길하고 나쁜 징조이다. 하나님이 세상을 심판하실 때 해가 어두워지고 소실되는 주제는 자주 나온다(사 13:10, 24:23; 암 8:9; 욜 2:31). 여호와의 날은 캄캄하고 어두운 날이다(습 1:15).

㉰ 달은 온통 피같이 되며: 달이 핏빛으로 변한다는 것은 정상적인 것이 아니며 어떤 특이한 변화와 결정적인 징조를 나타내는 것이다. 지진과 하늘의 해가 상복같이 검어지고 짙은 연기들이 땅에서 하늘로 올라 태양이 뿌옇게 검어지면 달 역시 심한 연기와 습기로 인해 빛의 반사가 굴절되어 온통 피같이 보이게 될 것이다. 마태복음 24장 29절에 보면 "그날 환난 후에 즉시 해가 어두워지며 달이 빛을 내지 아니하며 별들이 하늘에서 떨어지며 하늘의 권능들이 흔들리라"고 했다.

㉱ 하늘의 별들이 땅에 떨어지며: 별들이 떨어지는 모습은 계시록에서 여러 번 언급되어 있다(8:10, 9:1, 12:4). 떨어지는 별, 또는 유성이 반드시 하늘의 파괴를 수반하는 것은 아니지만 해석을 필요로 하는 조짐이나 전조로 생각할 수 있고, 또 하나님의 심판을 예고하는 사전의 사건일 수도 있다(겔 32:7; 욜 2:10).

㉲ 하늘은 두루마리가 말리는 것같이 떠나가고: 두루마리 책은 둘둘 말려져 보관되는 것으로 만일 읽다가 부주의로 찢어져 둘로 나누이면, 종이가 말려져 있는 탄력으로 갑작스럽게 양쪽으로 오그라지게 된다. 이러한 현상에 빗대어 천체의 변동을 언급한 것은 장차 우주에 상상할 수 없는 대혼란이 일어날 것을 언급한 것이다.

㉳ 각 산과 섬이 제자리에서 옮겨지며: 산이라고 하는 것은 영구히 움직이지 않는 것으로 인식되어 있다. 이러한 산도 말세의 대환난

때에 아이들의 장난감처럼 옮겨지고 바다의 섬들도 없어진다는 것은 엄청난 재난이 아닐 수 없다. 본 절의 내용을 상징적인 것으로 본다 할지라도 엄청난 재난을 예고하는 것이 분명하다.

② 15-17절에는 심판에 대한 사람들의 반응이 나온다.

15절에 등장하는 사람들은 일곱 종류로 분류되어 있다. 처음 일곱 부류의 사람들을 열거한 것은 땅에 사는 모든 사람들이 다 포함되어 있음을 의미한다. 하나님의 최후 심판 때에는 신분적으로 높고 낮은 자를 막론하고 그리스도를 믿지 않는 모든 사람들에게 임하게 될 것이다.

① 땅의 임금들 ② 왕족들 ③ 장군들 ④ 부자들 ⑤ 강한 자들 ⑥ 모든 종 ⑦ 자유인이다. 위에 있는 임금으로부터 시작해서 맨 밑에 있는 종에 이르기까지 하나님의 진노는 피하지 못하고 숨으려 하지만 숨을 수 없다. 이처럼 여섯째 인 심판이 일어날 때, 모든 계층의 사람들이 얼마나 두렵고 무서운지 그 두려움에 떨고 있는 모습을 두 가지로 묘사한다.

첫째는 모든 사람들이 굴과 산들의 바위틈에 숨었다. 15절의 내용은 이사야 2장 12, 19절을 배경으로 한다고 볼 수 있다. 이 구절들은 유다의 하나님에 대한 범죄로 인해(1장) 하나님이 유다에 내리는 심판을 묘사하는 문맥(2-4장)에 나오는 내용이다. 따라서 굴과 산들의 바위틈에 숨는다는 것은 하나님의 진노를 피하고자 하는 자연적인 반응으로 소개되고 있다.

둘째로, 이들은 너무나 두려워서 자신들이 숨어 있는 산과 바위를 향해 자신들 위에 떨어지라고 외친다. 이와 유사한 내용이 호세아 10장 8절, 누가복음 23장 30절에도 나온다. 세상 사람들은 하나님의 권능을 보고 무서워 굴과 산의 바위틈에 숨지만 도저히 숨을 수 없음을 깨닫게 된다. 그래서 그들은 하나님의 진노의 손길을 피하는 것보다

차라리 죽는 것이 낫다고 생각하며 산과 바위에 깔려 죽는 것이 하나님의 진노를 받는 것보다 더 나을 것이라고 생각한 것이다. 그러나 자신들이 하나님의 진노를 피하여 숨는다고 해서 숨을 수 있는 것도 아니요, 죽고 싶다고 죽을 수 있는 것도 아니다. 죽음조차도 하나님의 심판으로부터 벗어나게 해줄 수는 없다. 보좌에 앉으신 어린양의 진노의 큰 날이 이르렀기 때문이다.

어린양 되시는 예수께서 진노하신다는 것은 맞지 않는 것 같다. 어린양은 온순한 동물이기 때문이다. 그런 면에서 '어린양의 진노'란 표현은 매우 역설적이다. 그러나 본서가 말하는 어린양은 죄와 사망을 이기시고 심판의 권세를 부여받으신(요 2:22) 사자와 같은 분이시기 때문에(5:5) 결코 상치된 표현이 아니다. 어린양 되시는 예수 그리스도는 하나님의 마지막 심판 때(17절) 하나님으로부터 심판의 권세를 받은 심판의 집행자이시기 때문에 종말에 그가 악인들에게 진노하는 것은 지극히 당연한 일이다.

그리고 성경에서 '진노의 큰 날'은 구약이나 신약에서 '여호와의 날', '주의 날'이라고 부른다. '여호와의 날', '주의 날'은 바로 예수께서 재림하셔서 최후 심판을 하는 날이며 역사의 종말이다.

이러한 날이기 때문에 누가 감히 그분의 진노 앞에 설 수 있겠는가? 그 누구도 하나님의 진노의 날을 능히 견디어 설 자가 아무도 없기에, 우리의 온 영과 혼과 몸이 우리 주 예수 그리스도께서 강림하실 때에 흠 없이 보전되기 위해서(살전 5:23) 힘써야 한다.

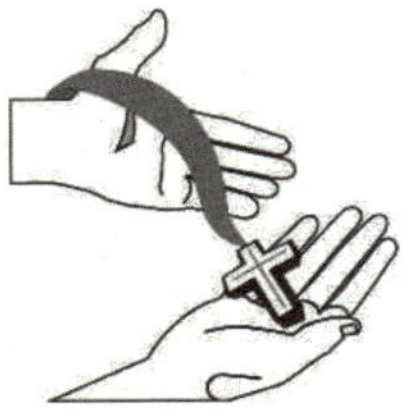

제7장
인침 받은 144,000

제7장은 6장 17절의 "진노의 큰 날이 이르렀으니 누가 능히 서리요"에 대한 답변이다. 6장 15-16절의 하나님을 믿지 않는 자들의 두려움과 공포로 심히 고통받는 자들과는 대조적으로 하나님을 믿어 구원받는 자들의 복된 삶에 대한 위로와 소망과 용기를 주고자 하는 의도에서 기록된 격려의 말씀이다. 그리고 7장은 여섯째 인 심판과 일곱째 인 심판의 '막간 장면', 즉 첫 번째 '삽경'(揷景)[117]이다.

7장은 두 가지 주요 장면으로 이루어졌다. ① 1-8절까지는 "이 후에 내가 보니"(1절)라고 시작하므로 땅에서 이루어지는 장면을 보여주고 있다. ② 9-17절에서도 "이 일 후에 내가 보니"로 시작하면서 하늘 보좌의 장면과 하늘의 성전을 보여주고 있다. 다시 말하면 전반부(1-8절)는 지상에서의 하나님 인을 맞은 144,000명에 대한 소개를, 후반부(9-17절)는 하늘에서 하나님께 예배하는 아무라도 셀 수 없는 큰 무리에 대해서 기록하고 있다.

(1) 1-8절을 다시 세 부분으로 나눌 수 있다.

① 세상의 바람을 붙잡고 있는 네 천사 환상(1절) : '네 천사', '땅 네 모퉁이', '땅의 사방'에서 '4(四)'라고 하는 숫자는 세상 전체를 상

117) 계시록에는 일곱 삽경이 있다. 7:1-17, 10:1-11, 11:1-13, 12:1-17, 13:1-18, 14:1-20, 17:1-18.

징한다. 또한 '땅의 네 모퉁이'란 말은 지구가 원형이 아니라 정사각형의 평판 모양으로 이루어진 줄로 생각했던 고대인들의 사상을 반영한 표현이다. 그리고 '땅의 바람을 붙잡았다'는 말씀에서 바람은 하나님의 진노 또는 심판을 상징한다(시 83:13). 따라서 네 천사들은 지상의 모든 지역을 관할하도록 명령받은 자들로서 하나님의 진노가 온 땅에 임할 준비가 다 갖추어져 있으나 아직 유보되고 있는 상태에 있음을 보여주고 있다.

② 하나님의 종들에게 인을 칠 때까지 땅과 바다와 나무를 해하지 말라고 말하는 하나님의 인을 가진 다른 천사의 환상(2-3절)

㉮ 하나님의 종들의 이마에 인 치기까지: '인을 친다'는 것은 '도장을 찍는다'는 뜻이다. 인을 치는 경우는 세 가지인데 첫째는 소유권을 표시할 때다. 둘째는 보호권을 위한 것이다. 공적으로 보내는 서류나 편지 봉투에 도장을 찍어 내용의 비밀을 보호하는 것이다. 셋째는 증명하기 위한 것이다. 공적인 문서에 도장을 찍어 이 문서가 사실임을 증명하는 것이다. 따라서 하나님의 종들의 이마에 '인을 친다'는 것은 하나님의 소유를 나타내는 것이다. 하나님께서 자신을 따르는 자들에게 인을 찍으시는데, 이는 그들이 하나님의 소유임을 나타내고 그들의 영혼을 하나님이 보호해 주심을 보증하는 것이다. 이 인을 13장 16절에서는 사탄이 이를 모방하여 사탄의 인(표)이라는 '짐승의 표'를 오른손이나 이마에 받게 한다고 했다. 이 두 표식은 사람들을 하나님의 소유와 사탄의 소유로 분명하게 구분시킬 것이다.

㉯ 땅이나 바다나 나무를 해하지 말라: 하나님은 네 천사를 통해 사방의 네 바람을 붙잡아 불지 못하도록 하셨다. 이것은 하나님의 진노와 심판은 언제나 행사될 수 있도록 준비가 완료된 것이다. 그러나 하나님께서는 그런 맹렬한 심판의 재앙을 유보하신다. 그 유보의 목적은 오직 한 사람이라도 택한 자들을 구원하시기 위한 하나님의 은

혜와 사랑에서 비롯된 것이다(벧후 3:9).

㉰ 인 맞은 지파와 수의 통계: 본문에서 특이한 점은 인 맞은 자의 숫자만 언급되었지 인을 치는 장면이 나타나 있지 않다. 이것은 인 치는 행위는 하나님의 신비에 속한 일로 인간에게 보여질 성질의 것이 아니며 하나님의 영역에 속한 문제라는 것을 나타낸다.

이스라엘의 각 지파에서 인침을 받은 자들은 14만 4천[118] 명이다. 여기서 14만 4천 명의 숫자는 문자적인 의미의 숫자인지, 아니면 상징적인 숫자인지에 대한 논란이 있다. 본문의 이스라엘 자손은 혈통적인 유대인만이 아니라 영적인 이스라엘 모든 성도들을 지칭한다.

그리고 144,000명에 대한 기록은 계시록에서 3번 언급하고 있다(7:4, 14:1, 3). 그렇다면 7장 4-8절과 14장 1-5절이 동일한 무리를 말하는 것인지, 아니면 다른 무리를 말하는 것인지 살펴보는 것도 중요하다. 먼저, 두 곳 모두

㉠ 144,000을 언급한다.

㉡ 144,000명은 구성원은 이마에 표적이 있다. 7장 3절에서는 '인치다(σφραγίζω)'라는 용어가 사용되지만 이 인이 어떤 모양인지는 언급되지 않았다. 14장 1절에서는 '인'이라는 용어가 사용되지 않지만 144,000명이 이마에 어린양의 이름과 그 아버지의 이름을 쓴 것이 있다고 한다.

---

118) 144,000의 숫자를 3과 4를 곱한 수인 12를 다시 자승한 수에 10을 삼승하여 얻은 수인 1,000을 곱하여 얻은 수, 곧 $(3\times4)^2\times10^3=144{,}000$로 본다. 여기서 성경에서 나오는 숫자의 상징적 의미상 3은 하나님의 수이며, 4는 동서남북 4방위에 근거한 땅과 우주의 수이다. 그리고 3과 4를 더한 수 7과, 3과 4를 곱한 수인 12는 완전수 또는 만수(滿數)이다. 따라서 12의 곱수인 144는 만수를 강조한 것으로 최상의 만수를 의미한다. 다음으로 10 또한 충만수인데 이 수를 세제곱한 것이 1,000이다. 그런데 히브리인의 개념에 의하면 세 번 반복하거나 곱한 것은 그것이 최상의 수, 더 이상 올라갈 수 없는 수를 의미한다. 그러므로 10을 세제곱한 수 1,000은 많다는 것의 최고 강조수이다. 그리고 이러한 만수와 만수를 곱한 144×1,000에 의해 얻어진 수가 십사만 사천이다. 그러므로 이 숫자는 더 이상 많을 수 없는 큰 수를 의미한다. 그러므로 십사만 사천은 하나님의 택함을 받은 무수한 많은 모든 백성을 뜻하는 상징적인 숫자가 된다.

ⓒ 7장 1-8절에서 인침을 받은 자들은 이스라엘 지파에서 뽑힌 사람들이고, 14장 1-4절의 144,000명은 인류 중에서 처음 익은 열매로 구속받은 사람들이다.

ⓔ 7장 1-8절에서는 특별히 기독교적인 내용이 아무것도 언급되지 않은 반면, 14장 1-5절에서 144,000은 어린양과 그 아버지 이름을 쓴 것이 이마에 있고(14:1), 어린양을 따르는 자들로 묘사되기 때문에 분명히 이들은 그리스도인들이다.

ⓜ 7장 1-8절과 대조적으로 14장 1-5절에는 이스라엘 지파들에 대한 언급이 없다.

ⓑ 14장 1-5절에서 144,000명은 7장 1-8절에 언급되지 않은 몇 가지 특징이 있다. 그들은 순결한 자들이다. 그들은 어린양이 어디로 가든지 따르는 자들이다. 하나님과 어린양을 위해 처음 익은 열매로 사람 가운데서 구속을 받은 자들이다. 그리고 이들은 도덕적 성격이 강조된다. 즉 거짓말을 하지 않고 흠이 없는 자들이다. 두 구절 간의 차이에도 불구하고 두 곳은 144,000명을 동일시하고 있는 것을 볼 수 있다.

(2) 9-17절은 하늘에서 예배하는 모습을 기록하고 있다.

그러면 하나님을 찬양하는 무리들은 어떤 사람들인가?

① 아무라도 능히 셀 수 없는 큰 무리

이 큰 무리는 구속함을 받은 무수한 사람들이다. 이것은 하나님이 셀 수 없을 만큼 많은 자손을 갖게 될 것이라는 아브라함에게 약속한 말씀이 성취된 것이다(창 15:5, 32:12; 롬 9:6-8, 3:29).

이들은 각 나라와 족속과 백성과 방언에서 나온 무리이다. 인종이나 민족 배경, 성(性)의 구분이 전혀 없이 구속받은 사람들로서 그리스도의 희생을 받아들이고 하나님의 용서를 경험한 자들이다.

② 종려 가지를 들고 어린양을 찬양

종려 가지를 들고 환호하는 모습은 예수께서 나귀를 타시고 예루살렘으로 입성하시는 모습을 연상할 수 있으며, 종려 가지에 대한 개념이 그리스와 로마의 시합에서 승리한 자에게 부여하던 것에서 따온 것이라고 한다면 이것은 승리와 기쁨, 그리고 영광을 상징하는 것이다(요 12:13). 이들은 구원하심이 보좌에 앉으신 우리 하나님과 어린양에게서 나온다(10절)고 하면서 찬양과 경배를 드린다. 그렇다. 구원의 능력은 오직 하나님과 어린양 되시는 예수 그리스도밖에 없으니 그 구원에 대한 찬양과 존귀, 예배를 받으시는 것은 당연하다.

③ 이들은 흰옷 입은 자들로서 누구이며 어디서 나왔는가?

큰 환난에서 나온 자들이며, 종말의 믿음의 싸움에서 승리하고 나오는 자들이다. 다시 말하면 종말에 대환난을 거쳐 나온 자들을 포함할 뿐 아니라 궁극적으로는 모든 시대의 모든 환난을 겪고 승리하여 하나님의 백성이 된 모든 자들을 가리킨다. 이들은 어린양의 피에 그 옷을 씻어 희게 된 자들이다(14절). 어린양의 피는 그리스도의 속죄의 죽음을 나타내는 것으로 이스라엘 제사 전통 중 속죄 제사에서 나왔다. 이스라엘 제사의식은 피의 의의, 그리고 다양한 정화와 속죄의식에서 피의 사용에 큰 강조를 두었다. 구약에서 희생의 제물을 드리는 짐승의 피는 죄를 제거할 뿐 아니라 정화를 위해 물리적으로 적용되는 사람이나 사물만을 정화한다(출 29:12, 16, 20-21).

따라서 흰옷 입은 자들은 어린양의 피로 희게 씻음을 받은 자들로 하나님을 찬양하고 섬기게 된다. 예수 그리스도의 피로 성결케 된 자들이 받을 영광 중 하나는 하나님의 성전에서 밤낮 하나님을 섬기는 것이다. 아담의 죄로 인하여 죄인으로 전락된 인간이 그리스도의 속죄로 죄사함을 받고 하나님을 찬양하고 섬기며 예배한다는 것은 영광이 아닐 수 없다.

④ 이들은 다시는 주리지도 목마르지도 않고, 해나 아무 뜨거운 가운데 상하지도 않는다.

이 구절은 이사야 49장 10절을 이용한 것으로 환난을 이기고 벗어난 흰옷 입은 자들에게 영원한 안식과 풍요로움이 있을 것이라는 보장은 매우 고무적인 일이 아닐 수 없다. '상하지도 않으리라'는 말은 하나님의 말씀을 지키고 그것을 증거함으로 인해 받는 것과 같은 세상의 박해(6:9)가 하늘나라에서는 다시 있지 않을 것이라는 보증이다.

⑤ 어린양이 목자가 되사 생명수 샘으로 인도하시고 하나님께서 그들의 눈에서 모든 눈물을 씻기신다.

어린양 되시는 목자 예수의 역할에 대해서 언급하고 있다. 에스겔 34장 23절의 인용으로 어린양이 시온 산에 섰고(14:1), 환난에서 벗어난 144,000명 되는 성도들이 그리스도께서 어디로 인도하시든지 따라가며, 어린양 예수는 생명수 샘으로 인도하신다. 그리고 '눈물'은 고통과 슬픔을 상징하는 것으로 환난에서 나온 자들은 이 땅에서 하나님의 말씀을 지키고 증거하는 일로 많은 슬픔과 고통을 당했다. 그러나 더 이상 하나님의 나라에서는 그 같은 슬픔이나 고통·눈물은 없다. 주께서 그들의 눈에서 눈물을 씻겨 주실 것이기 때문이다(21:4).

제8장
일곱째 인과 나팔들

제6장 마지막 부분인 12절에서 여섯째 인이 떼어졌다. 그리고 본문 1-5절에서 마지막인 일곱째 일을 뗀다. 일곱째 인을 뗌으로 그리스도의 재림에 이르기까지의 그 후 모든 일들이 전개되고, 일곱 나팔과 이 속에 하나님의 진노의 일곱 개의 대접 재앙 또한 포함하고 있다. 다시 말해서 각각 7중으로 된 재앙을 한 단위로 하는 삼대 7중 재앙인 동시에 각 재앙이 서로 독립된 것이 아니라, 각 재앙 중 마지막 재앙이 곧 다음 일곱 재앙 전체를 내포하게 되어 결국 전체가 하나의 재앙인 특이한 구조를 가지고 있다. 다음 160쪽의 도표를 보면 쉽게 이해할 수 있다.

1. 일곱째 인을 떼실 때 하늘이 반 시간쯤 고요해졌다(1절).

반 시간쯤 고요하다는 것은 어떤 상황을 의미하는가?

① 신적 현현의 전조를 나타낸다.

30분은 보통 긴 시간이 아니지만 이러한 불길한 일이 닥쳐오는 일에 전조(前兆)가 되는 전적인 정적(靜寂) 시간이라면, 이 30분도 무엇인가 놀라운 일이 확실하게 일어나려고 하는 것에 숨죽이고 기다리는 고요한 시간이다.

계시록의 일곱 인, 일곱 나팔, 일곱 대접

구분		내용	본문
일곱 인의 재앙	1	흰 말: 세계 정복욕에 사로잡힌 미혹자	6:1, 2
	2	붉은 말: 전쟁과 내란으로 평화 붕괴	6:3, 4
	3	검은 말: 극심한 기근과 흉년	6:5, 6
	4	청황색 말: 전쟁과 기근으로 인한 죽음	6:7, 8
	5	순교자들의 고난과 탄원 기도	6:9-11
	6	천체의 혼란으로 악한 자들 두려워함	6:12-17
	7	일곱 나팔의 재앙	
일곱 나팔의 재앙	1	피 섞인 우박과 불로 땅과 식물 1/3 불탐	8:1-2, 7
	2	바다의 불붙는 산으로 바다생물, 배 1/3 소멸	8:8, 9
	3	쑥이란 큰 별로 인해 강물, 물샘 1/3 소멸	8:10, 11
	4	전체 밤낮의 1/3이 어두워짐	8:12, 13
	5	황충이 5달 동안 불신자를 괴롭게 함	9:1-11
	6	네 천사와 2억 마병대가 사람의 1/3죽임	9:13-21
	7	일곱 대접의 재앙	
일곱 대접의 재앙	1	우상숭배자들에게 독한 헌데가 생김	11:15-19 16:2
	2	바다가 피같이 되어 그 속의 생물 죽음	16:3
	3	강 · 샘이 피로 변해 불신자들 피 마심	16:4-7
	4	태양이 뜨거워져 불신자들 태움	16:8,9
	5	불신자들 어둠 · 질병으로 고통당함	16:10,11
	6	귀신의 영, 하나님 대적 위해 세력 모음	16:12-16
	7	큰 성, 바벨론이 멸망함	16:17:21

② 반 시간쯤 고요한 시간은 일곱 천사가 나팔을 불기를 예비하는 때이다(2, 6절). 2절에서 보면 하나님 앞에 일곱 천사가 일곱 나팔을 받았다. 이 일곱 천사가 차례로 나팔을 불게 되면 그때에 지상에 무서운 재앙과 화가 시작되는데 이때를 위해 준비하는 시간이다(6절).

③ 반 시간쯤 고요한 때는 기도하는 때이다. 3-4절에는 천사가 금향로를 가지고 번제단에서 숯불을 취한 후, 그 위에 성도의 기도인 향을 담아 보좌 앞에서 하나님께 그것을 올리는 장면을 보게 된다.

그렇다면 이 반 시간쯤 고요한 때는 하나님께 기도하므로 천사가 다시 향로에 번제단의 불을 담아서 땅에 쏟아 세상에 대한 하나님의 진노가 성도들의 기도에 의해 하나님의 응답으로 주신 것이라고 한다면 우리의 기도가 얼마나 중요한가? 또 우리의 기도에 하나님이 함께하셔서 역사 심판의 응답으로 주어진다는 것을 안다면 잠시 고요한 때 하나님께 기도하는 것은 매우 중요하다.

2. 일곱째 천사가 하나님 앞에서 일곱 나팔을 받았다(2절).

① 일곱 천사

이 일곱 천사는 매우 특별한 역할을 맡고 있는 일곱 천사장으로 이해할 수 있다. 일곱 천사장에게 심판을 시행할 수 있는 권세가 주어졌다. 유대 전승에 의하면 일곱 천사는 우리엘, 라파엘, 라구엘, 미가엘, 사리엘, 가브리엘, 레메이엘이다.

② 일곱 나팔을 받았다 : 구약에서 나팔은 다양한 의미와 목적을 가지고 있다.

그러면 일곱 나팔의 용도와 성격에 대해서 살펴보자.

㉮ 나팔의 용도(민 10:1-10)

㉠회중을 소집할 때(민 10:2-3,7)

㉡ 진을 진행시킬 때(민 10:4-6)

㉢ 압박하는 대적을 치러 나갈 때(민 10:9)

㉣ 희락의 날과 정한 절기와 월삭 때(민 10:10)

㉯ 나팔의 성격(수 6:1-21)

하나님의 백성이 압박하는 대적을 치러 나가는 전쟁 때에 나팔을 불면 하나님은 약속을 기억하시고 택하신 백성을 대적의 손에서 건지신다(민 10:9). 그 좋은 실례는 여리고 성의 함락이다.

㉰ 나팔의 궁극적인 목적

구약의 결정적인 사건 때 나팔을 울려 불었던 것처럼 신약의 마지막 때도 일곱 천사로 말미암은 일곱 나팔이 불리게 될 것이다. 이로 말미암아 사탄의 권세는 깨어지고 세상 나라는 심판을 받게 된다. 그러나 성도들은 구원을 받고 하나님의 나라를 유업으로 얻게 될 것이다(8-11장).[119]

3. 천사 하나가 성도의 기도를 올린다(3-5절).

3절에는 천사 하나가 금향로를 가지고 제단 앞에 서서 향과 성도들의 기도를 올리는 장면이 소개되고 있다. 이것은 하늘에서 본 성도의 아름다운 기도의 한 광경이다. 구약의 예배에서는 제사장이 향단에 향을 피워 그 연기가 성전 또는 성막에 채워 하늘로 올라갔다. 향은 예배와 기도를 상징한다. 구약에서 향은 네 종류의 향료로 만들어져 대단히 거룩한 것으로 생각되었고(출 30:34-38), 예배 이외의 목적으로 사용될 수 없었다. 향은 그리스도의 완전성을 가리키고 동시에 중재의 활동과 밀접하게 관련되어 있다. 신자의 기도는 그리스도의 중재와 결합되어 하늘 제단에 바쳐지는 향이다. 이 일은 그리스도의 이름으로 기도할 필요성을 나타낸다. 이는 하루에 두 차례 아침과 저녁 제사 때에 행해졌다. 이 기도는 6장 10절에서 이야기하고 있듯이 공의와 구원을 바라는 기도임에 틀림없다. 하나님께서는 그분의 백성의 기도에 응답하여 심판을 행하신다. 천사가 향로를 가지고 제단의 불을 담아다가 땅에 쏟으매 우레와 음성과 번개와 지진이 났다(5절). 땅에 불을 던지는 이 짧은 장면은 일곱 나팔에 동반되는 심판들을 예기하는 표현이다. 이 하나님의 심판은 4절에서 하나님께 향과

119) 박계형 편저, 『이후에 마땅히 될 일』(서울: 보이스사, 2001), pp.98-100.

함께 드려지는 기도와 연결되는 반면, 기도 자체는 6장 9-10절에서 제단 아래 있는 영혼들이 말하는 신원기도로 말미암은 것이다.

4. 일곱 나팔을 가진 일곱 천사가 나팔 불기를 준비(7-12절)

나팔은 종말의 구원(사 27:13; 슥 14-15장)과 심판(사 58:1; 욜 2:2)을 암시한다.

일곱 인을 통하여 우리는 인간 세상이 하나님의 백성에게 행하는 일들을 보았다. 이제는 일곱 나팔을 통하여 그 핍박자들에게 무슨 일이 일어나는지 엿볼 수 있다. 연속되는 나팔 재앙을 통해 하나님과 그리스도, 그리고 교회와 그리스도 백성에게 대적하는 자들에 대한 것이 어떤 것임을 보여 준다. 그러므로 우리가 알아야 할 것은 여기서 행해지는 모든 일들이 하나님의 손 아래서와 그리스도의 손 아래서 일어나는 사건이라는 사실이다. 그러므로 이 사람들에게 일어나는 일들은 하나님이 정하신 것이다.[120)]

일곱 나팔 심판은 일곱 인 심판보다도 더 특수하고 더 집중적이다. 일곱 인의 심판은 일반적이며 초자연적 심판에 대한 서론 격이었다. 그러나 나팔 재앙은 보다 구체적이며 보다 맹렬하며 보다 결정적이다. 이 심판의 환상을 문자적으로 이해할 것인가, 상징적으로 이해할 것인가 하는 데 문제의 핵심이 있다. 문자적으로 이해하려 할 때는 그렇게 엄청난 심판 가운데 도대체 어느 누가 살아남을 수 있을까 하는 의문을 갖게 된다. 반면 그것을 단지 상징적으로만 취급해 버릴 때는 해석의 기준은 모호해져 버리고 만다.

우리는 먼저 기자의 본래 의도를 깨달아야 한다. 기자 요한은 이 세상에 한 번도 일어나지 않았던 사건들, 따라서 그것들을 진술하기

---

120) 마틴 로이드 존스, 임범진 역, 『영광스러운 교회와 아름다운 종말』 (서울: 기독교문서선교회, 1988), p.290.

에 적절한 용어 선택도 어려웠을 그러한 환상들을 일상적인 직유법을 사용하여 기술한 것이다. 따라서 이 나팔 환상들이 비록 잘 이해가 안 되고 경험해보지 못한 일일지라도 실제적이며 물리적인 심판으로 이해하는 것이 더 정확한 이해일 것이다. 사실 오늘날 우리는 원자력 시대의 도래와 함께 엄청난 파괴의 위험 속에 살고 있다. 적은 양만으로도 엄청난 파괴력을 나타내는 원자력은 나팔 재앙에 묘사된 하나님의 우주적 심판이 그리 불가능하지 않다는 것을 잘 보여준다.

처음 네 가지의 나팔 재앙은 지상적이며 물리적인 성격을 지녔다. 그러나 나중 세 가지는 영적 능력으로 말미암은 성격을 지녔다.[121)]

먼저, 이들 네 나팔 재앙의 내용을 살펴보면 다음과 같다.

① 첫째 나팔 재앙

피 섞인 우박과 불로 땅과 수목과 푸른 풀의 3분의 1이 타 버린다.

② 둘째 나팔 재앙

불붙는 큰 산과 같은 것이 바다에 던져지매 3분의 1이 피가 되고 바다의 생명 가진 피조물들의 3분의 1이 죽고 바다의 3분의 1도 깨어진다(8, 9절).

③ 셋째 나팔 재앙

쑥이라는 이름을 가진 횃불같이 타는 큰 별이 하늘에서 강과 샘물에 떨어져, 물의 3분의 1이 쓰게 되고 그 물을 마신 사람이 죽는다(10, 11절).

④ 넷째 나팔 재앙

해 · 달 · 별의 3분의 1이 타격을 받아 어두워진다(12절).

---

121) 메릴 C. 테니, 김근수 역, 『요한계시록 해석』(서울: 기독교문서선교회, 1988), pp.86-87.

이처럼 8장 6-12절에서 네 개의 나팔 재앙이 하나의 그룹을 형성하고, 8장 13절-9장 12절까지 나머지 세 개 중에 두 개의 나팔 심판이 소개된다. 8장 13절은 마지막 세 개의 나팔 심판에 대한 도입부로 나머지 세 개 나팔 심판을 하나로 묶어주는 역할을 한다. 요한은 공중에 날아가는 독수리가 큰 소리로 땅에 사는 자들에게 화, 화, 화가 있으리라고 외친다. 여기서 '독수리'[122]의 존재는 죽음과 파멸의 징조를 알리는 것이라고 할 수 있다. 이 독수리는 땅에 거하는 자들에게 삼중 '화'를 전하는 역할을 감당한다.

'삼중 화'의 나팔 심판 성격은 자연계에 집중되었던 앞의 네 개의 나팔 심판과는 달리 주로 사람들, 특히 사탄에게 속한 짐승을 경배하며 생명책에 그 이름이 기록되지 않은 자들을 향하여 주어진다는 점에서 하나님의 진노가 매우 크다는 것을 나타낸다.

KING OF KINGS

122) 독수리 : 구약에서 독수리의 존재 의미는 다섯 가지 정도이다. ① 구원을 상징하면서 능력과 비상의 민첩함(출 19:4: 잠 23:5; 사 40:31) ② 죽음과 파멸의 징조(렘 48:40-42) ③ 하나님의 창조적 능력에 대한 상징으로서의 안식처(욥 39:27-30)와 돌보심 ④ 제왕적 모습(겔 1:10, 14) ⑤ 젊음의 열정과 능력(시 103:5; 사 40:31).

제9장
다섯째와 여섯째 나팔

제9장에는 다섯째와 여섯째 나팔 심판, 즉 독수리가 말한 '화들' 중 처음 둘을 기록하고 있다. 처음 네 나팔 심판은 자연에 재해를 일으켰으나 다섯째와 여섯째 나팔은 땅의 사람들을 공격하고 괴롭히는 귀신들을 보낸다. 역설적으로 이 사탄의 세력은 자기를 숭배하는 자들을 괴롭힌다. 그들은 하나님의 인을 받지 않은 자, 즉 사탄을 섬기며 따르던 자들을 대적하도록 보냄을 받았다.

1. 다섯째 나팔(1–11절) : 첫째 화

(1) 땅에 떨어진 별 하나

다섯째 천사가 나팔을 불게 될 때 '첫 번째 화'가 나타난다. 그것은 하늘에서 땅에 떨어진 별 하나를 보게 된 것이다. 여기서 '땅에 떨어진 별'은 무엇을 가리키는 것일까? 무엇보다도 가장 중요한 것은 하늘에서 땅으로 '떨어졌다(πεπτωκότα)'는 표현이다. 사도 요한은 실제로 별이 떨어지는 것을 '보았다'고 말하는 것이 아니라, 이미 떨어진 별을 보았다고 말한다. 이 별은 '초자연적인 존재', 즉 '천사'라는 사실이 분명하다.

초기 유대교 문헌에서 별들은 천사를 나타냈다(삿 5:20; 욥 38:7; 단 8:10). 별은 천사를 말하고 신적 존재로 간주되었다. 그런데 떨어진 별은 종종 '악한 천사들' 또는 '귀신들', 심지어 '사탄'을 나타내기

도 한다(눅 10:18; 계 12:9, 6:13).[123)]

이사야 14장 12-14절에는 심판을 받은 바벨론 왕을 하늘로부터 떨어진 '아침의 계명성'으로 묘사한다. 이것은 사탄, 혹은 사탄을 추종하는 악한 천사를 가리키는 것으로 해석된다.

누가복음 10장 18절에서 예수는 사탄을 '하늘에서 떨어진 것'으로 말씀하셨다. 계시록 12장 8-9절에서는 '이기지 못하여 다시 하늘에서 그들이 있을 곳을 얻지 못한 지하 큰 용이 내쫓기니 옛 뱀 곧 마귀라고도 하고 사탄이라고도 하며 온 천하를 꾀는 자라 그가 땅으로 내쫓기니 그의 사자들도 그와 함께 내쫓기니라'고 했다. 여기서 분명히 사탄은 하늘에서 땅으로 내쫓기는(떨어진) 자가 된 것이다. 따라서 '하늘에서 땅에 떨어진 별'[124)]은 사탄으로 간주하는 것이 타당하다.

또 '떨어졌다(πεπτωκότα)'는 것은 '타락했다', '나쁘게 되었다'는 의미로서 적어도 좋은 의미로 사용되는 것은 아니다. 그러므로 이런 표현으로 볼 때 '별'은 '선한 천사'라고 할 수 없고 '악한 천사'를 가리킨다는 이미지를 강하게 풍긴다. 그리고 '떨어진(πεπτωκότα)'이라는 원어는 완료형으로 이미 떨어져 있는 상태를 가리키고 있는데, 이것은 이사야 14장 12절과 누가복음 10장 18절의 내용과 잘 부합된다. 즉 이 별의 떨어짐은 지금 이 시점에서 떨어진 것이 아니라 이미 오래전에 하늘에서 떨어졌음을 보여 준다. 따라서 본문의 별은 '타락한 천사', '사탄'을 지칭하는 것이라 하겠다.

---

123) 데이비드 E. 아우내, 김철 역, 『요한계시록 상』(서울: 솔로몬, 2005), pp.302-303.

124) 어떤 사람들은 '하늘에서 떨어진 별'을 20:1-3의 천사와 동일시하여 하나님의 보냄을 받은 '선한 천사'로 간주한다. 그러나 20장의 경우에 천사가 직접 무저갱의 열쇠를 가지고 있지만, 9장에서는 그 열쇠를 누군가에 의해서 받았다고 묘사한다. 그리고 전자는 천사가 '하늘로부터 내려왔다'고 한 반면, 후자는 '하늘로부터 땅에 떨어졌다'고 기록한다. 그러므로 전자는 분명히 하나님의 보내심을 받은 것을 보여 주지만 후자는 하늘로부터 쫓겨난 상황을 제시한다. 이로 보건대 본문의 '별'과 '천사'는 동일한 존재로 볼 수 없다.

(2) 그가 무저갱[125]의 열쇠를 받았다

무저갱(αβύσσου)은 '깊이가 없는', 즉 '바닥이 없는' '무한한'을 의미하며, '무한한 공허', '지하의 숨겨진 영역'을 말하는 데 사용된다. 무저갱은 ① 황충의 거처다(9:1-11). ② 짐승이 올라오는 창고다(11:7, 17:8). ③ 지하 세계와 동의어이다. 지하 세계는 죽은 자들의 거처이며(시 71:20, 10:7), 귀신들이 갇혀 있는 장소다(눅 8:31). ④ 이 '무지의 구덩이'는 '외부의 흑암', '혼돈', '하데스'(지옥·음부), 그리고 '무저갱'의 이 네 가지 지칭이 동의어이다. 그가 '열쇠를 받았다'는 표현을 보아 그는 인격적 존재이다. 이것은 그가 하나님의 통제 아래 있으며, 하나님의 허락을 받아 행동한다는 것을 시사해 준다. 하나님은 악한 자를 통해서도 일을 하시며(잠 16:4), 주의 뜻을 이루신다. 이러한 사실은 다섯 번째 나팔 심판이 세상을 향한 하나님의 심판 중의 하나로 주셨다는 점에서 더욱 분명하다.

(3) 그가 무저갱을 연다

무저갱은 귀신들이 거하고 짐승이 올라오는 곳(11:7, 17:8)인 지하 세계의 통로이기 때문에 하나님으로부터 무저갱의 열쇠를 받은 악한 자는 마치 제 세상을 만난 듯이 무저갱의 문을 열고 갇혀 있던 자신의 수하 세력들, 즉 악한 영들을 이끌어 낸다. 그 무저갱이 열리므로 그 곳에서 큰 화덕의 연기 같은 연기가 올라온다. 이 연기는 창세기 19장 28절의 "소돔과 고모라와 그 온 지역을 향하여 눈을 들어 연기가 옹기가마의 연기같이 치솟음을 보았더라"의 장면을 연상케 한다. 여기서 연기는 심판을 받는 장소에서 심판의 표시나 결과로 일어나는 연기이다.

(4) 무저갱으로부터 올라온 그 황충은 전갈의 권세를 가졌다.

125) 무저갱이라는 용어는 계시록에 7번 나온다(9:1, 2, 11, 11:7, 17:8, 20:1, 3).

① 다섯째 나팔 심판은 황충(메뚜기) 심판을 말한다. 황충은 메뚜기의 여러 종류 중의 하나인 것을 요엘서를 보면 알 수 있다. 따라서 여기서 언급하고 있는 황충은 구약적 배경을 가지고 있다. 먼저 황충은 구약에서 파괴와 하나님의 심판의 상징으로 사용된다(신 28:42; 왕상 8:37; 대하 6:28, 7:13; 시 78:46, 105:34).

② 이 황층 재앙은 이마에 인 맞지 않은 자들만 해롭게 한다.

이 황충은 전갈의 권세를 받았는데 '전갈(σκορπίος)'은 사막지대의 돌 밑에 사는 파충류로 꼬리 끝에 독침이 있어 한번 쏘이면 고통이 대단하고 치명적인 해를 입는다(신 8:15; 왕상 12:11; 눅 10:19). 따라서 황충의 권세가 사람에게 치명적인 영향을 끼칠 수 있는 것을 말한다. 그러면 어떤 사람들을 해하는가? 이마에 하나님의 인 맞지 아니한 사람만 해한다. 7장 4절에는 하나님의 종들이 이마에 인침 받은 신자들에 대한 이야기가 나오지만 본문에는 '하나님의 인침을 받지 아니한' 불신자들만 해하라고 한다. 계시록에는 두 종류의 사람이 있을 뿐이다. 하나님의 인을 맞은 자와 인 맞지 못한 자이다. 하나님께 속한 자와 사탄에게 속한 자이다. 나팔 심판은 하나님의 백성이 아닌 사탄에게 속한 자들을 향한 심판이다. 사탄에 속한 자들이 사탄에 의해서 심판을 받는다는 것은 역설적이면서도 사탄의 속성을 잘 나타내는 것이라고 할 수 있다. 그 이름대로 '거짓의 아비'요(요 8:44), '파괴자'(9:11)임을 나타내기 때문이다.

이들은 다섯 달 동안[126] 괴롭힘을 당하며 괴로워서 죽기를 구하여도 죽지 못하고, 죽고 싶으나 죽음이 그들을 피해 간다(6절)고 했다. '죽기를 구하여도 죽지 않도록' 하는 것은 그들에게 하나님의 자비를 베풀어 회개할 기회를 주기 위한 목적이 아니라 더한 고통을 주기 위

126) '다섯 달 동안'이라는 수는 '약간', '다소'를 의미하는 대략적 수 역할을 한다(고전 14:19; 마 14:17-19; 눅 12:6). 재앙의 특수한 제한은 이 수의 상징적인 의미를 암시한다.

함이다. 그들의 악한 행위로 주어지는 보응이다. 다섯 달 동안 괴롭힘을 당한다는 것은 땅에서의 추수기간으로 황충 재앙이 임할 수 있는 기간이자 황충의 수명이다. 이들에게 가해지는 기간이 제한되어 있다는 것은 그들이 모두 하나님의 권한 아래 있다는 것을 보여 준다.

③ 황충의 모양: 7장 11절까지는 황충의 모양에 대한 설명이다. 황충의 모양은 그의 특성을 상징적으로 묘사하고 그의 속성을 잘 나타내 주고 있다.

㉮ 전쟁을 위한 군마 같다: 기동력과 공격력을 말한다.

㉯ 머리에 금관을 썼다: '관'은 통치권을 상징함으로 황충이 하나님의 인 맞지 아니한 자들을 제압하고 그들의 왕 노릇 하는 것을 의미하는 것으로 다섯 달 동안 제한되어 있다.

㉰ 사람의 얼굴을 하고 있다: 사람은 만물의 영장으로 지혜를 상징하는데 황충이 지혜로운 존재임을 의미한다. 그러나 그의 지혜를 가지고 사람을 미혹케 하고 하나님을 대적케 한다.

㉱ 여자의 머리털 같은 머리털을 가지고 있다: 성경에서 흐트러진 머리털은 몇 가지 의미를 갖고 있다. 나병에 걸린 사람들의 부정하다는 표적(레 13:45), 통곡의 표적(레 10:6, 21:10), 간음으로 정죄받은 여자(민 15:18), 이 같은 이미지들은 모두 사탄적 세력을 상징하는 황충의 이미지들이다.

㉲ 이빨은 사자의 이빨 같다: 치명적이고 파괴적인 것을 나타내는 표현이다(욥 4:10).

㉳ 철 호심경 같은 호심경이 있다: 호심경은 가슴에 차는 갑옷으로 방어용 무기이다. 무저갱에서 나온 황충은 공격력뿐 아니라 자신을 충분히 보호할 수 있는 방어력도 갖추고 있다.

㉴ 날개의 소리는 전쟁터로 달려가는 소리 같다: 이것은 고대 전쟁에서 가장 무시무시한 소리였다. 요엘은 그들이 내는 소리가 '병거 소

리와 같고 강한 군사가 줄을 벌이고 싸우는 것 같다'(욜 2:5)고 했다.

㉵ 또 전갈 같은 꼬리와 쏘는 살이 있다: 독을 가지고 있는 전갈 같은 것으로 쏘면서 사람을 괴롭게 하고 해하는 능력이 있다. 황충은 하나님의 심판의 도구로 강한 힘과 지혜, 미혹하는 매력, 튼튼한 방어력과 치명적인 독을 가지고 사람을 공격한다. 사탄적 속성과 파괴력을 가지고 자신을 따르던 자들을 해하고 괴롭힌다. 이것은 사탄의 성격을 그대로 나타내는 것이다.

(5) 무저갱의 사자 이름

히브리어로는 아바돈이요, 헬라어로는 아볼루온이라 한다. 히브리음인 아바돈(Αβαδδών)은 '파괴' 또는 '멸망'(욥 26:6, 28:22; 잠 15:11), 아볼루온에 해당되는 아폴뤼온(Απολλύων)은 '파괴자', '살인자'를 의미한다. 따라서 이 황충 떼의 왕이 사탄이라는 것을 드러내고 파괴자인 '아바돈', '아볼루온'은 사탄의 부하인 '타락한 천사', 즉 '귀신'(악령)이라는 것을 말해 준다.

2. 여섯째 나팔(13-21절) : 둘째 화

여섯째 천사가 나팔을 불자 하나님 앞 금 제단 네 뿔에서 한 음성이 들렸다. 여섯째 천사에게 말하기를 '큰 강 유브라데에 결박한 네 천사를 놓아주라'는 소리였다. 이것이 하나님의 음성인지 아니면 또 다른 천사의 음성이지 알 수 없다. 그러나 7장 1절에 보면 이와 유사한 네 천사가 바람을 다스리는 권세를 가지고 역시 그처럼 동서남북 사방에서 자연을 관리하는 천사, 또는 자연을 다스리는 권세를 받아 하나님의 심판을 집행하는 천사로 볼 수 있을 것이다. 문제는 본문의 네 천사가 결박되어 있다는 점이다. 만일 이 천사들이 악한 천사가 아니고 선한 천사라면 굳이 결박되어 있을 필요가 없다. 선한 천사들은 의로우신 하나님의 선한 피조물이므로 결박당해 있어야 할 이유가 없으며, 또 하나님께서 심판의 집행을 유보시키고자 할 때도 선한 천사에게는 명령을 내리는 것만으로도 충분하기 때문이다(7:3). 따라서 분문의 네 천사는 7장 1절과 같은 자연을 관리하고 다스리는 천사가 아니라 사람의 3분의 1을 죽이기 위해 하나님께서 준비해 놓으신 천사이되, 때가 찰 때까지 결박시켜 놓은 악한 천사로 보는 것이 타당하다.

(1) 큰 강 유브라데에 결박한 네 천사를 놓아 주라.

여섯째 나팔 가진 천사가 말하기를 땅에서 반드시 시행해야 할 둘째 화를 시작하라고 말한다. 그것은 '큰 강 유브라데에 결박된 네 천사를 놓아주라'는 것이다. 유브라데 강(the river of Euphrates)은 노아 홍수 때 노아의 방주가 머물렀던 아라랏 산이 있는(창 8:4) 아르메니아 산맥(Armenia mountains)에서 발원하여 동남쪽으로 타우르스(Taurus) 산맥을 따라 흘러 바벨론 평야를 거쳐 티그리스 강(the river of Tigris)과 합류하여 페르시아 만으로 흘러들어 가는 강이다.

그런데 유브라데 강은 두 가지 의미에서 국경선의 의미를 가진다. 첫째, 유브라데 강은 하나님이 아브라함이 약속한 가나안 땅의 동쪽 경계선이다. 앗수르, 바벨론, 페르시아와 같은 제국들은 이스라엘을 침공하려면 유브라데 강을 건너가야만 한다. 둘째 유브라데 강은 로마제국의 동쪽 경계선이다. 유브라데 강 건너편에는 기마병으로 유명한 파르티아(Parthia) 제국은 BC 53년과 AD 62년에 로마에 승리한 막강한 군사력을 가지고 있었다. 따라서 유브라데 강은 이스라엘과 로마제국의 국경선일 뿐 아니라 외국 군대의 침공이라는 상징을 가지고 있다. 구체적으로 말하면 파르티아에 의한 거침없는 로마제국의 침공을 통해 악한 세력에 대한 하나님의 심판을 좀더 효과적으로 설명한다.

(2) 예비된 네 천사

네 천사는 연, 월, 일, 시에 사람 3분의 1을 죽이기로 예비된 자들이다. 네 천사들은 놓였다. 이것은 하나님께서 주권적으로 통제하고 있다는 것을 알 수 있고, '죽이기로 예비된 자들이더라'는 말은 네 천사를 수식해 주는 것으로 하나님의 의해 준비된 자들임을 보여 준다. 이 준비된 자들은 하나님의 주권적 선택에 의한 자들로 그 연, 월, 일, 시를 위해서 존재하는 자들이다.

네 천사의 역할은 사람의 3분의 1을 죽이는 것이다. 다섯째 나팔인 '첫째 화'에서는 불신자들이 고통 가운데 죽고 싶어도 죽을 수 없었다(9:6). 그런데 이번 '둘째 화'에서는 땅에 있는 모든 사람의 3분의 1이 죽는데, 그들이 어떻게 죽임을 당하는지 9장 8절에 잘 설명하고 있다. 이 화는 이마에 하나님의 인을 받지 않은 사람들에게 영향을 미친다. 6장 7-8절에서는 인류의 4분의 1이 죽었는데 여기서는 3분의 1이 더 죽임을 당한다. 하나님의 심판을 통해 세상 사람들 중 절반 이상이 죽는 것이다. 그러나 만일 하나님께서 멸망에 제한을 가하지 않는다면 그보다 훨씬 많은 사람이 죽을 것이다.

(3) 네 천사가 사람 3분의 1을 죽이기 위해 동원된 군대 수

동원된 군대 수는 2만만, 즉 마병대 2만만 명이 동원된다. 마병대의 이미지는 바로 파르티아 제국의 병사들로 형성된 것이다. 그 숫자는 2만만으로 2Ⅹ10,000Ⅹ10,000이 된다. 즉 그 숫자는 이만만으로 그 당시로 상상할 수 없는 수이다. 이 숫자는 문자적인 의미에서의 2억이 아니라 셀 수 없이 많은 숫자의 군대가 전쟁에 동원될 것을 상징적으로 보여 준다. 이로 보건대 여섯 번째 나팔인 둘째 화의 재앙은 전 세계적으로 무시무시한 전쟁이 있을 것을 암시하는 것이다.

(4) 2만만 기병대의 모습

여기서 2만만 기병대의 모습은 9장 7-10절의 황충의 모습과 유사하다. 이 같은 유사성은 모두 사탄적 속성을 지니고 있음을 암시한다.

① 황충이 철 호심경을 입고 있었던 것같이 마병대의 말도 불빛과 자줏빛과 유황빛 호심경을 입고 있었다.

② 황충은 사자의 이빨 같은 것을 가지고 있었지만 마병대는 사자의 머리 같은 것을 가지고 있다. 또 말의 꼬리가 '뱀 같다'는 것은 이 마병대의 성격이 사탄적 성격이 있음을 말해 준다.

그러나 차이점도 있다. 다섯째 나팔 심판의 황충은 사람을 죽이지 못하고 괴롭게만 하는 데 비해 여섯째 나팔 심판의 2억의 마병대는 사람 3분의 1을 죽인다. 말들의 입에서 불과 연기와 유황이 나와 사람 3분의 1을 죽이는 것이다. '불과 연기와 유황'은 구약에서 자주 심판의 상징으로 사용되었다(창 19:24; 욥 18:15; 사 30:33; 겔 38:23).

(5) 살아남은 자들의 반응

이 재앙으로 죽지 않고 살아남은 자들은 혹독한 하나님의 심판의 재앙을 겪었으면서도 여전히 회개하지 않는다. 이들은 하나님의 인 맞지 않은 자들이다.

① 손으로 행하는 일을 회개치 않는다: 생명이 없고, 무능하고, 손으로 만들어진 물건으로 우상들을 종종 언급하는 용어이다(신 31:29; 왕상 16:7; 왕하 22:17; 사 2:8; 렘 1:16). 제2계명을 어기는 것이다.

② 여러 귀신과 금·은·동·목석의 우상에게 절한다: 귀신 숭배와 우상숭배는 제1, 2계명을 어기는 것이다.

③ 살인·복술·음행·도둑질을 회개하지 않는다: 살인은 제6계명, 복술은 1, 2 계명, 음행은 7계명, 도둑질은 8계명을 어기는 것이다.

하나님의 심판에도 불구하고 회개치 않을 정도로 인간들은 완악하며, 이것은 하나님의 심판의 정당성과 공의로우신 하나님임을 보여 준다.

일곱 천사 나팔과 사건들

	첫째	둘째	셋째	넷째	다섯째	여섯째	일곱째
성 경	8:7	8:8-9	8:10-11	8:12	9:1-11	9:13-21	11:15-18
무엇이	피 섞인 우박과 불	불붙는 큰 산과 같은 것	횃불같이 타는 큰 별		황충의 화(귀신)	동서전쟁 (사람의 3분의 1이 죽음)	아마겟돈 전쟁 (예수 재림)
어디에	땅	바다	강들과 물샘의 근원				
결 과	땅, 수목, 풀 3분의 1이 망함	바다와 생물 3분의 1이 망함	강, 물샘 3분의 1이 망함	해, 달, 별 3분의 1이 빛을 잃음			
내 용	인류3차 핵전쟁 : 전쟁의 이유와 목적(겔 38-39장), 전쟁의 상황(단 11:40-45), 전쟁의 결과(계 8:7-12)				1화	2화	3화

삼 화와 삼 재앙(8-11장)

삼 화	첫째 화 (9:1-11,12)	다섯째 천사의 나팔	황충의 화, 사람의 심령이 병들고 심각한 해를 당하게 됨
	둘째 화 (11:1-14)	여섯째 천사의 나팔	양심이 화인 맞아 영적으로 죽은 자됨
	셋째 화 (11:15-18)	일곱째 천사의 나팔	예수 재림하심으로 영적으로 죽은 자들이 심판을 받음
삼 재앙	첫째 재앙 (8:7-12)	남북 전쟁	첫째부터 넷째 천사 나팔
	둘째 재앙 (9:13-19)	동서 전쟁	여섯째 천사 나팔
	셋째 재앙 (11:15-18)	아마겟돈 전쟁	일곱째 천사 나팔

삼 재앙과 삼 화

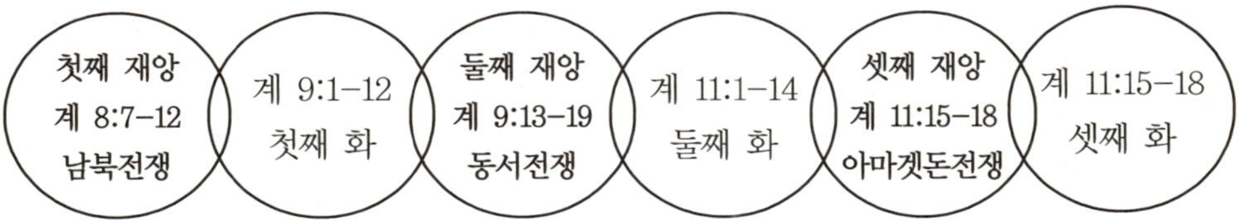

제10장
힘센 천사와 작은 책

제7장이 여섯째와 일곱째 인의 삽경이었듯이 계시록 10장 1절–11장 13절은 여섯째와 일곱째 나팔 사이의 두 개의 삽경이다. 하지만 이 두 개의 삽경은 앞의 첫 번째 삽경(7장)과 비교할 때, 첫 번째 삽경인 7장의 배경이 하늘인 데 반해 10장–11장 13절은 배경이 지상이라는 것이다. 본 장은 힘센 천사가 펴 놓인 작은 두루마리 책을 손에 들고 나타나서 요한에게 이 책을 주어 먹게 하는 장면이 기록되어 있다.

1. 힘센 다른 천사(1–4절)

'힘센 천사(ἄγγελον ἰσχυρός)'라는 표현은 계시록에서 세 번 나오는데(5:2, 10:1, 18:21) 세 명의 다른 천사를 의미한다. 5장 2절에서는 힘 있는 천사는 하늘 성전의 사자 역할을 하고, 10장 1절 본문에서는 종말이 가까움에 대한 계시를 가져오고, 18장 21절에서는 바벨론–로마를 상징하는 맷돌을 바다에 던지는 상징적 행동을 한다. 그러나 이 세 천사가 반드시 동일한 천사는 아닌 것 같다.

이 힘센 천사를 살펴보자.

① 구름을 입고 하늘에서 내려왔다.

이런 표현은 1장 7절의 '그가 구름을 타고 오시리라'는 말씀과 사도행전 1장 9절의 '올려져 가시니 구름이 그를 가리어 보이지 않게 하더라'는 말씀에서와 같이 구름은 신적 운송수단이며(단 7:13; 시 68:4; 살전 4:17; 계 11:12, 14:14), 영광스런 신적 임재를 나타내기도 한다(출 6:10; 레 16:2; 왕상 18:10; 겔 10:4).

② 그의 머리 위에 무지개가 있다.

이 같은 표현은 1장 13-16절 예수의 모습과 4장 3절의 하나님의 모습에서도 같은 표현이 나타나는 것으로 보아 이 천사는 신적인 속성을 반영하고 있음을 알 수 있다. 이것은 이 천사가 하나님과 예수의 일을 대행하는 자라는 것을 말한다.

③ 얼굴은 해 같다.

얼굴을 해에 비교하는 것은 신의 현현에 대해(계 1:15; 마 17:2), 천사에 대해, 의인들의 변화된 모습에서(마 13:43; 단 12:3), 또는 의인들이 하나님의 임재를 경험한 결과에 대해 사용하는 은유이다. 시내 산에서 모세가 내려올 때 그의 얼굴에 빛이 나서 바라보지 못한 것을 볼 수 있다.

④ 그 발이 불기둥 같았다.

이것은 1장 15절, 예수의 모습에 대해서 '그의 발은 풀무불에 단련한 빛난 주석 같다'는 말씀과 같지는 않지만 유사한 표현이라 할 수 있다.

⑤ 그 손에는 펴 놓인 작은 두루마리를 들고 있었다.

첫째, '작은 두루마리'란 2절의 '펴 놓인 작은 책'과 5장의 어린양의 오른손에 '두루마리 책'과 어떻게 다른지를 살펴보는 것은 중요하다. 본 장에서는 '작은 두루마리'라는 말이 세 번(2, 9, 10절) 나오고, '두루마리'라는 말은 한 번(8절) 나온다. 이 두 부분에서 중요한 차이점은 2절에서는 '작은 두루마리(βιβλαρίδιον)'라고 했고, 5장에서는 단순히 두루마리(βιβλίον)라고 표기하고 있다. 그리고 10장에서 두 표현이 혼용되고 있으며 이것들을 구분하는 것은 의미가 없다. 그리고 5장과 10장의 두루마리는 모두 에스겔 2장 9절-3장 3절을 배경으로 하고 있다는 점이다.

둘째, 5장과 10장에서 두루마리 책이 나올 때마다 힘센 천사가 등장한다. 5장 2절에서는 '또 보매 힘 있는 천사가 큰 음성으로 외치기를 누가 그 두루마리를 펴며 그 인을 떼기에 합당하냐 하나' 10장 1-2절에서는 '내가 또 보니 힘센 다른 천사가 구름을 입고 하늘에서 내려오는데 그 손에는 펴 놓인 작은 두루마리를 들고'라고 했다. 5장과 10장의 책은 같은 책인데 5장에서는 일곱 인으로 봉해진 두루마리로 나오고, 10장에서는 '펴 놓인 두루마리'로 나온다. 5장의 이 두루마리는 보좌에 앉으신 예수의 오른손에 일곱 인으로 봉해진 채로 있었고, 그 두루마리를 어린양 되시는 예수님이 받아다가 일곱 인을 뗌으로 두루마리가 펼쳐진 것이다. 10장의 힘센 천사는 이 펼쳐진 두루마리를 어린양이신 예수께 받아 사도 요한에게 주었다. 그 순서를 보면 하나님 → 예수님 → 힘센 천사 → 사도 요한 순이다. 이것은 계시록의 기원과 전달 과정을 보여 주는 1장 1절의 내용과 같다. 그러므로 1장 1절에 예수께서 계시를 받아 사도 요한에게 전달한 천사가 바로 5장과 10장에 나오는 힘센 천사와 동일한 인물이라는 것을 알 수 있다.

셋째, 그러면 이 작은 두루마리 책은 무엇을 의미하는가? 여기에 대해서는 학자마다 다르게 해석하는데 가장 적절한 해석은 '11장 이하에 내용을 담은 책을 지칭하는 것이라'는 의견이 가장 타당하지 않을까? 왜냐하면 7-11절에서 보듯, 요한이 천사에게 받아 취한 책에는 일곱째 나팔 재앙과 그 이후의 모든 일들에 관한 계시가 기록되어 있으며, 또한 그 계시는 본 장이 끝나자마자 다음 장인 11장에서 22

장까지에 걸쳐 상세히 진술하고 있기 때문이다.

⑥ 그 오른발은 바다를, 왼발은 땅을 밟고 있었다.

'바다'와 '땅'은 온 세상을 나타내는 말로 힘센 천사가 온 세계를 발로 밟고 있다는 것을 의미하며 특별히 10장 1절의 '불기둥과 같은 발'과 관련하여 세상을 향한 심판을, 하나님의 백성을 향해서는 구속을 이루는 사실과도 관계가 있다. 따라서 이 힘센 천사를 보내신 하나님이 온 세상을 통치하시는 분이시며, 온 세상의 통치와 관련된 메시지를 이 천사를 통해 보내고 계심을 보여 준다.

⑦ 사자가 부르짖는 것같이 큰 소리로 외치니 일곱 우레가 그 소리를 내어 말했다.

계시록에서 큰 소리는 주요한 선포가 있을 때마다 나타나는데(6:1, 14:2, 19:6), 이것은 호세아 11장 10절과 아모스 3장 8절을 배경으로 한다. 이러한 힘센 천사가 사자같이 큰 소리로 외치자 일곱 우레(뇌성)가 났다. 시편 29장 3절에 "여호와의 소리가 물 위에 있도다 영광의 하나님이 우렛소리를 내시니 여호와는 많은 물 위에 계시도다"라고 했다. 이 말씀은 하나님 보좌로부터 발하여지는 그의 영원한 통치가 그 주요한 주제와 잘 조화를 이룬다.

요한은 이 우렛소리를 듣자 이것을 기록하려고 했다. 이 우렛소리가 무엇인지 확실하게 말하지 않음으로 잘 알 수 없으나, 아마도 일곱 심판 시리즈 중의 하나와 같은 것이라고 할 것이다. 그것은 시 29장 3절에서 시작되는 우렛소리 같은 하나님의 소리는 이 땅에 하나님 나라의 통치 수립(10-11절)과 함께 필연적으로 수반되는 심판(7-8절)을 선포하고 있기 때문이다.

그런데 '일곱 우레가 말한 것을 인봉하고 기록하지 말라'고 한다. 하나님은 우리에게 일곱 심판 시리즈처럼 우리가 알아야 할 내용을 계시해 주시기도 하지만 일곱 우레 심판의 내용처럼 감추시기도 하신다. "감추어진 일은 우리 하나님 여호와께 속하였거니와 나타난 일은 영원히 우리와 우리 자손에게 속하였나니"(신 29:29)라고 하신 것처럼 하나님은 나타내시며 숨기시는 하나님이시다. 그러므로 우리는 하나님의 선하심을 믿고 알려진 것은 깊이 상고하고, 그 뜻을 깨닫되 감추어진 것은 억지로 알려고 하지 말아야 한다. 분명한 사실은 하나님이 이 세상을 통치하시고 모든 것을 주관하시고 계시다는 것이다.

2. 힘센 천사의 맹세(5-7절)

(1) 힘센 천사가 하늘을 향해 오른손을 들고 맹세한다.

세세토록 살아 계시는 하나님께 맹세하는데 그분은 이제도 계시고 전에도 계셨고 장차 오실 이(1:4)이신 하나님을 가리키며, 하늘과 땅과 바다 가운데 있는 모든 것을 창조하신 하나님께 맹세한 것이다. 세세토록 살아 계신 하나님과 모든 것들의 주인이신 창조주 하나님께 맹세하여 말하기를 '지체하지 않겠다'(6절)고 한다. 이것은 이제 앞으로 회개할 시간이 없다는 의미이다. 하나님께서는 이미 오래 전부터 작정하신 마지막 대접 재앙을 행하고자 하시며, 따라서 더 이상 회개할 시간적 여유가 없다는 것이다. 이것은 마지막 일곱 대접 재앙이 속히 집행될 것을 암시하는 것이다.

(2) 일곱째 천사가 나팔을 불게 될 때 하나님의 비밀이 이루어진다.

일곱째 천사가 나팔 불 때는 예수님이 재림하시는 때를 말한다. '일곱째 천사가 소리 내는 날'과 '그의 나팔을 불게 될 때'는 서로 동격으로 동일한 시점을 가리킨다.

① 그 종 선지자들에게 전하신 복음

하나님은 자신들의 종들인 선지자들에게 복음을 전하셨다. 선포하신 내용은 하나님의 종말적 구속의 계획이며, 다니엘 2장을 배경으로 한 하나님 나라의 도래를 약속하는 것이다. 그리고 하나님은 아모스 3장 7절의 말씀대로 이러한 계획을 그의 종 선지자들에게 알리지 않고 일을 행하시는 일은 없다. 이미 이런 일들이 예수 그리스도로 말미암아 이루어지기 시작했고 그러한 성취는 일곱째 나팔을 불게 되는 날, 완성될 것이다. 곧 구약 선지자들에 의해 선포된 종말적 메시지들이 마침내 일곱 번째 나팔을 불게 되는 예수 재림의 날에 완성된다.

② 하나님의 비밀이 이루어진다.

일곱째 나팔을 부는 일은 필연적으로 일어나는 하나님의 계획이다. 바로 그때에 예수의 재림과 함께 하나님의 비밀이 이루어진다. 하나님은 비밀들을 나타내시고 알려주시는 분이시다. 그런데 이 비밀들은 장래 일이며 후일에 될 일들로 반드시 나타나야 하고 드러나야 할 일들이다. 그러면 그 드러나야 할 복음의 내용은 무엇인가? 다니엘 2장의 문맥으로 볼 때 그것은 바로 하나님 나라의 도래이다. 하나님 비밀의 계시, 곧 하나님 나라의 시점은 언제인가? 그것은 종말의 때로 10장 2절의 힘센 천사가 가지고 있는 '펴 놓인 작은 두루마리'를 통해 이미 시작되었다는 사실에 의해 확증된다. 그러나 이것으로는 아직 온전하지 않다. 그리스도의 초림을 통한 비밀의 시작으로 그 완성은 일곱 번째 나팔을 불고 예수님이 재림하실 때 완성되는 것이다.

3. 다시 예언하여야 하리라(8–11절)

요한은 천사에게 두루마리를 취하라는 명령을 받고(8절), 천사에게 두루마리를 달라고 청할 때 천사는 요한에게 그 두루마리를 먹으라고 한다(9절). 이 기묘한 예언적이며 상징적인 행동은 에스겔 2장 8

절-3장 3절에 근거한 것이다. 에스겔서에서 두루마리를 먹는 행동은 에스겔 속으로 들어가는 예언의 말씀을 상징하는 은유이다. 그와 마찬가지로 본문의 요한 사도에게 이 책을 먹음으로 요한은 많은 백성과 나라와 방언과 임금에게 다시 예언해야 하기 때문이다.

두루마리 책은 우리 인간에게 단맛과 쓴맛을 준다. 하나님의 말씀 속에 양면성이 있다는 말이다. 하나님의 말씀은 구원과 심판의 메시지를 가지고 있다. 하나님의 말씀에는 영광도 있지만 고난도 있기 때문이다.

제11장
두 증인과 일곱째 나팔

본 장은 일곱 나팔이 11장 15절에서 집행되기 전에 두 개의 삽경 중 또 하나의 삽경이 다루어지고 있다. 11장의 내용은 세 부분으로 나누어지는데 성전 측량(1-2절), 두 증인(3-14절), 일곱째 나팔 심판(15-19절)으로 되어 있다.

1. 성전 측량(1-2절)

1-2절은 성전 측량에 대한 기록이다. 힘센 천사는 사도 요한에게 지팡이 같은 갈대를 주면서 "하나님의 성전[127]과 제단과 그 안에서

127) 하나님 성전: 성전에 해당되는 단어로는 두 가지가 있다. 성전 전체를 말하는 '히에론(ἱερόν)'이 아니라 성전 안의 성소를 말하는 '나오스(ναός)'이다(마 27:51; 눅 1:9, 21, 22, 23:45). 이곳은 제사장들만 들어갈 수 있는 거룩한 장소다. 그런데 문제가 되고 있는 것은 본문이 말하고 있는 성소가 지상의 것이냐, 아니면 하늘의 것이냐, 그것도 아니면 단순한 상징적 이상에 불과한 것이냐 하는 것이다. 해석하는 사람에 따라 본문의 '하나님의 성전'이 예루살렘에 있었던 실제의 성전을 지칭한다고 주장한다. 본 삽경의 무대가 하늘이 아니라 땅이라는 점에서(10:1) 이 견해는 일견 타당성이 있다. 그러나 만일 이 주장이 사실이라면 '그 안에서 경배하는 자들'은 유대인들로만 국한되기 때문에 문제가 된다. 왜냐하면 지상의 성소에는 유대인들 외에는 아무도 들어갈 수 없는데 본서는 유대인 성도는 물론 모든 하나님의 성도들이 성소 안에 있는 것으로 상정하고 있기 때문이다(7:15). 반면에 본 장의 무대가 땅이고, 하늘 하나님의 성전은 일곱째 나팔이 불어진 뒤에야 나타나므로 본 절이 말하는 성전이 하늘 성전이라는 것도 타당하지 않다. 따라서 본문의 성전은 지상이나 천상에 있는 것이 아니라 상징적인 의미에서의 그리스도 교회를 지칭하는 것으로 보인다. 이런 관점에서 본다면 '그 안에서 경배하는 자들'은 의심할 여지없이 예수 그리스도 안에서 하나님을 섬기는 우주적 교회의 구성원들, 곧 하나님의 백성을 지칭한다.

경배하는 자들을 측량하라"고 말한다. 측량하는 일은 에스겔 40-48장에 나오는 성전 예언의 배경에서 이해해야 한다. 거기에는 성전의 보호와 확실한 설립이 성전의 여러 군데를 측량하는 천사에 의해서 상징적으로 묘사되고 있다.

본문의 측량하는 일은 역사의 종말이 오기 전에 이 땅에 사는 성전 공동체의 안전을 확보해 주는 하나님의 임재하심을 암시하는 것이다. 이처럼 측량은 보존의 의미일 뿐 아니라 파괴의 은유일 수도 있다(삼하 8:2; 왕하 21:13; 암 7:7-9). 그러나 이곳에서는 분명히 보존이 의도되어 있다. 하나님의 보호라는 주제는 계시록 12장 6, 14절에서 광야의 안전한 장소로 여자가 도피하는 것을 생각나게 할 뿐 아니라, 144,000명이 보호받기 위해 인을 받는(9:4) 7장 3-8절도 생각나게 한다. 그러므로 측량의 행위는 척량되는 것의 '보존' 또는 '파괴'를 의미할 수 있다.

그런데 '성전 바깥마당은 측량하지 말라'고 한다. '성전 바깥마당'은 '이방인의 뜰'이라고도 한다. 이곳은 유대교 및 한 분 하나님에 대한 숭배로 개종한 이방인들의 예배 장소로 마련된 곳이었다. 이방인 뜰과 유대인들이 예배할 수 있는 지역은 낮은 담장으로 구분되어 있다.

여기서 요한이 측량하지 않은 지역인 바깥마당, 즉 이방인의 뜰은 다가올 징벌로부터 영적인 보호를 받지 못할 사람들의 지역이다. 예수께서는 '좁은 문의 비유'에서 결론적으로 말씀하시는 누가복음 13장 28절에서 이렇게 말씀하신다. "너희가 아브라함과 이삭과 야곱과 모든 선지자는 하나님의 나라에 있고, 오직 너희는 밖에 쫓겨난 것을 볼 때에 거기서 슬피 울며 이를 갈리라"는 말씀은 본문과 적절하게 연결되는 말씀이라 할 것이다.

이 바깥마당은 이방인에게 마흔두 달[128] 동안 짓밟힌다. 이 말씀

128) 마흔두 달: '마흔두 달'이라는 표현은 이곳과 13:5에만 등장한다. 물론 이 말의 동의어들로는 11:3과 12:6에 있는 '1,260일'(42개월×30일)이라고 되어 있다. 12:4에서는 '한 때

은 예수께서 말씀하신 큰 배교의 때(막 13장)와 적그리스도의 도래를 가리키는 것일 수 있다. 적그리스도는 열국을 지배하며 거룩한 성을 짓밟고 자신을 하나님으로 높일 것이다(살후 2:3-4). 이 기간 동안 수많은 사람들이 악을 숭배하는 데로 돌아설 것이다. 그러나 하나님의 참되고 충성된 백성은 영적인 해로부터 보호를 받을 것이다.

2. 두 증인(3-14절)

3-14절에 나오는 '두 증인'에 대해서는 많은 논란거리가 되어 왔다. 이 두 증인에 대한 이야기는 하나님의 심판을 강조하는 역할을 한다. 두 증인에 대한 기록은 여섯 번째 나팔을 분 후(9:13-11:14) 일곱 번째 나팔을 불게 되는(11:15-19) 사이에 나온다.

이 두 증인 혹은 예언자들이 나타남과 그들의 임무와 그들의 주어진 권세에 대해 3-6절에서 간략하게 서술한다. 그들은 1,260일 동안 예언하며 그들의 임무를 마쳤을 때 무저갱으로부터 올라온 짐승에 의해 죽임을 당하여 그들의 시체가 큰 성 길에 사흘 반을 내버려진다. 그 후 그들은 다시 살아나 그들이 죽은 것을 즐거워하던 자들이 두려움 가운데 보는 앞에서 하늘로 올라간다. 그 뒤를 이어 마지막 셋째 화를 선포하는 일곱 번째 나팔이 울리고 더불어 주의 나라가 세워졌음이 선포된다(15절). 매우 독특한 상징성을 띠는 11장은 때때로 계시록의 요약으로 여겨지기도 한다. 그 입에서 불이 나와 그 원수를 소멸시키며 기근과 재앙을 가져오는 권세를 가진 예언자적인 두 증

와 두 때와 반 때'로 '3년 반'을 말한다. 이 3년 반은 7년의 절반으로 다니엘의 예언에서는 중요한 기간이다. 단 9장에는 종말론적 예언을 기록하고 있는데 그곳에는 '칠십 이레'(단 9:24) 중의 마지막 '한 이레'(단 9:27)는 예수 그리스도로 말미암아 최종적으로 도래할 현 우주와 역사의 대종말 직전에 있을 혹독한 환난기(1-13절)와 연결되어 있다. 이러한 7년 환난기는 전 3년 반과 후 3년 반으로 나눌 수 있는데 전 3년 반은 비교적 그 정도가 덜한 환난기이며, 후 3년 반은 매우 혹독한 환난기가 될 것이다.

인은 누구며 어떻게 그들은 짐승에게 죽임을 당한 후 다시 살아나는가 하는 질문에 답하기는 매우 난해한 문제가 아닐 수 없다.[129)]

증인(μάρτυς)이라는 말은 '진리를 증언하다(μαρτυρέω)'가 그로 인해 '순교한 사람(μάρτυς)'을 가리키는 말이다. 그래서 본래 '증언'과 '순교'는 어원을 같이한다. 그러므로 여기 '두 증인'은 그리스도교 진리를 증언하는 일에 죽도록 충성하는 순교자들을 의미한다. 이미 6장 9-11절에서 순교자들의 무리와 그들의 탄원기도 소리가 자주 들려왔다. 그러나 계시록에서는 '순교자'라는 말은 한 번도 사용한 바가 없고 다만 증인(1:5, 2:13, 11:3, 17:6)으로만 나타난다. 우리는 두 증인이 어떤 사람인가를 확인할 수 없으며 그들의 출현 시기도 알 수 없다. 다만 그들의 활동할 기간을 '42개월', '1,260일'이라고 말할 뿐이다(2-3).[130)]

그러면 두 증인의 인물은 어떤 사람인가? 그 인물이 누구인가에 대해 여러 사람의 의견이 있다. 크게 두 부류로 나누면 두 명의 개인으로 보는 경우와 하나의 상징으로 보는 경우가 있다.

① 두 개인으로 생각할 경우, 가장 일반적인 견해는 11장 5-6절에 근거하여 엘리야와 모세로 보는 것이다. 이 구절들은 비가 오지 않게 하고 불로써 그의 대적들을 멸망시킨 엘리야의 행적과 강물을 피로 바꾸고 재앙으로 애굽을 쳤던 모세를 연상시킨다. 더욱이 이 두 인물이 변화산에서 예수의 변형 시 나타났던 사실이 예수의 증거자로서 이들의 중요성을 보여 준다.

② 11장 12절에 두 증인이 살아서 하늘로 올라갔음에 주목하여 죽지 않고 하늘로 승천한 두 인물인 엘리야(왕하 2:11), 에녹(창 5:24)으로 상징하기도 한다.

---

129) 이형의, 『요한계시록의 신학적 이해』(서울: 기독교서회, 2004), p.237.
130) 김철손, 『요한계시록신학』(서울: 대한기독교서회, 1989), p.191.

③ 순교자 혹은 증인으로 번역되는 마르튀스(μάρτυς)와 연관하여 네로의 박해 시 로마에서 순교한 베드로와 바울을 증인으로 보는 경우도 있다. ④ 디도 황제 때 순교당한 야고보와 사도 요한이라는 견해도 있고, 장차 나타날 종말론적 예언자들이라고 말하는 경우도 있다.

두 증인을 하나의 상징으로 해석하는 입장에서는 성서에 두 사람에 의한 증거를 지시함에 따라 그리스도교의 예언적 증거를 나타내는 것으로 본다. 즉 모든 시대를 망라한 참된 증거를 나타내는 것으로 특히 구약성서와 신약성서를 지시하거나 율법과 예언, 또는 율법과 복음, 더 나아가서는 이스라엘과 교회로 해석하기도 한다. 그중에서도 집합적 성격으로서 두 증인을 신실한 하나님의 백성으로의 교회로 보는데, 계시록 11장에 이 두 증인이 예수 그리스도에 대해 증거하고 있음에 확인할 수 있다.[131] 다시 말하면 두 증인은 촛대와 동일시되고 있는데(11:4), 이는 곧 그들이 세상을 향해 증거하는 교회를 상징하고 있음을 보여 준다. 1장에서 촛대는 교회들을 상징하며 일곱 교회들은 일곱 촛대들로 나타난다(1:12, 20). 그들이 단지 두 명뿐이라는 사실은 그들이 전체 교회의 일부에 지나지 않다는 것을 나타내기 위함이 아니다. 그것은 오히려 두 증인들의 증언에 의해서만 증거를 믿을 만한 것으로 확증시키도록 하는 잘 알려진 구약의 요구에 상응한다(신 19:15). 그러므로 그들은 충성된 증인으로서의 역할을 완수하는 한에 있어서 교회이다. 증인들로서 그들은 또한 선지자이기도 하다(11:3, 10). 특히 엘리야와 모세라는 구약의 인물들을 본뜨고 있다. 그러나 그들은 살아난 엘리야와 모세가 아니다. 왜냐하면 두 증인들은 동시에 엘리야와 모세가 가진 권능들을 다 소유하고 있기 때문이다. 여기서 모세나 엘리야, 그 누구도 율법과 선지자를 대표하고 있지 않다.

131) 이형의, 『요한계시록의 신학적 이해』(서울: 기독교서회, 2004), pp.238-239.

두 명은 모두 선지자이다. 두 명은 모두 이교적 우상숭배의 세상에 맞서는 선지자들로서 그들은 세상을 향해 예언적 증거를 감당하는 교회의 선례가 된다.132) 그러므로 이 두 증인은 하나님의 진리를 전하도록 보냄을 받았다. 이 두 사람이 실제로 모세나 엘리야일 수도 있고, 모세와 엘리야의 심정과 능력으로 말하는 두 사람일 수도 있다.

(1) 두 증인의 사역(3절)

① 두 증인이 권세를 받았다. 권세를 받았다는 것은 하나님의 말씀을 선포하고 장차 되어질 일들을 예언하는 사역권을 부여받은 것을 가리키고, 이차적으로는 그러한 일을 효과적으로 수행하는 데 필요한 권능을 부여받은 것을 말한다(막 16:15-16).

② 그들이 굵은 베옷을 입었다. 이것은 두 증인의 예언사역이 회개를 요청하는 것과 관련이 있다고 할 수 있다. '굵은 베옷'은 성경에서 대개 슬픈 일을 당한 자나 하나님께 회개하는 자의 애통한 심령을 나타내 준다. 본 절에서는 다가올 하나님의 최후 심판을 예언하는 증인들이 심판을 앞두고 사람들의 회개를 촉구하는 의미에서, 또는 사람들의 죄에 대한 연대 책임을 진다는 의미에서 베옷을 입고 있다 할 수 있다.

③ 두 증인의 사역 기간은 1,260일이다. 이 1,260일은 성전 밖 마당이 42개월 동안 이방인에게 밟히는 기간과 동일하다. 그렇다면 두 증인의 예언 사역은 초림부터 재림 사이에 주어지는 예언 사역이라는 것이 분명해진다. 그리고 이 기간에 예언 사역을 하는 동안 이방인에 의해 핍박으로 인한 고난도 있을 것임을 암시해 준다.

(2) 두 증인의 신분(4절)

132) 리차드 보쿰, 최흥진 역, 『예언의 절정 I』 (서울: 한들, 2002), pp.129-130.

요한은 이 증인을 '두 감람나무와 두 촛대'라고 했다. 먼저, '두 감람나무'는 스가랴 4장에 있는 것을 배경으로 한다. 스가랴는 등대와 두 감람나무 환상을 보았다. 그 감람나무가 무엇인지 묻는 질문에 천사는 "이는 기름 부음을 받은 자 둘이니 온 세상의 주 앞에 서 있는 자니라"고 했다. 스가랴서의 문맥에서 이 두 기름 부음 받는 자는 여호수아와 스룹바벨을 가리킨다. 이 두 사람은 바벨론에 의해서 파괴된 하나님의 성전을 예루살렘에 재건하는 일을 완수해야 하는 특별한 임무를 띠고 있었다(슥 4:6-10, 8:11-14). 더욱이 스가랴 4장 14절에서 "온 세상의 주 앞에 서 있는 자"라는 문구와 11장 4절의 "주 앞에 서 있는" 문구와 병행을 이루고 있는 것으로 관련성이 더욱 공고하다. 곧 스가랴 4장에서 두 기름 부음 받은 여호수아와 스룹바벨이 온 세상의 주를 섬김으로 성전 건축의 사역을 온전히 감당했던 것처럼, 계시록 11장의 두 증인도 역시 온 세상의 주님을 섬김으로 온 세상에 증인의 사역을 온전히 감당하도록 부르심을 받은 것이다.

요한은 또 이 두 증인을 '두 촛대'라고 했다. 촛대(1:12, 20, 2:1)는 일곱 교회를 상징하는 일곱 촛대를 떠올리게 하며, 구약의 스가랴 4장의 일곱 촛대를 연상케 한다. 계시록에서 일곱 촛대가 교회 공동체를 상징한다면 두 촛대도 역시 교회 공동체를 상징하는 것이라 할 수 있다. '일곱'이라는 숫자가 완전함을 의미하고, '둘'이라는 숫자는 '증거'의 의미를 갖는 것(민 35:30; 신 17:6, 19:15)이라면 두 증인 역시 교회 공동체를 전체를 상징하는 것이라 할 수 있다.

(3) 두 증인의 보호와 구약의 모델(5-6절)

두 증인의 사역의 특징은 구약시대의 선지자 엘리야와 모세와 같은 사역을 배경으로 하고 있다. 이 두 증인은 예언 사역을 감당함에 있어 하나님의 보호를 받는다. "만일 누구든지 그들을 해하고자 하면 그들의 입에서 불이 나와서 그들의 원수를 삼켜버릴 것이요 죽임을 당하리라”(5절)고 했다. 이 같은 말씀은 하늘에서 불이 내려 선지자 엘리야를 해하려 한 자들(왕하 2:10)을 불살랐던 기사를 배경으로 하고 있는 것 같다. 여기서 ‘불’은 진노와 심판을 의미한다. 즉 이런 일을 행하는 그들의 능력은 하나님의 메시지를 전하지 못하게 하는 자들에 대한 심판이다. 이런 말씀을 문자적으로나 상징적으로 해석해야 하는가에 대해서는 논란이 있을 수 있으나, 요점은 하나님의 정하신 때가 되기까지는 아무도 이 두 증인과 같은 사람의 사역을 막을 수 없다는 말이다.

그리고 이들에게 주어진 권세는 엘리야와 같은 하늘을 열고 닫게 함으로 비가 내리고 내리지 않게 하는 권세요, 모세와 같은 물을 피로 변하게 하는 권세를 받은 것이다. 이들은 하늘과 땅, 땅의 모든 물을 제어할 수 있는 권세를 가지고 복음을 전하게 될 것이다. 이것은 두 증인으로 상징되는 교회의 사역도 그러하리라는 것을 암시하고 있다. 교회가 세상에 복음을 전하는 것은 복음을 전파함으로써 하나님의 주권을 세우고 선포하는 것이다.

(4) 두 증인의 운명(7-10절)

① 두 증인이 증언을 마칠 때: 이때는 두 증인이 예언하는 기간인 1,260일이 다 지났음을 의미하는 것이고 예수의 재림의 때가 가까웠음을 암시한다. 여기서 ‘마치다(τελέω)’라는 말은 두 증인의 증거 사역의 완성을 의미한다.

② 무저갱으로부터 짐승이 올라온다: 여기서 ‘짐승’은 적그리스도를 가리킨다. 다니엘은 짐승을 교만하게 말하는 ‘작은 뿔’(단 7:8-27)로 묘사한다. 적그리스도는 신자들을 박해하고 하나님의 성소를 더럽히며 하나님을 대적하는 자이다(단 9:27, 11:20, 39). 이 짐승은 사탄에게 속한 자로 무저갱으로부터 올라온다. 무저갱에서는 황충(귀신)

들이 땅의 사람들을 공격하기 위해 올라왔었다(9:1-12). 짐승은 두 증인을 공격하여 죽일 것이다. 지금까지 두 증인은 1,260일 동안 해를 당하지 않도록 보호를 받았다. 그러나 이제 하나님께서 그들의 정하신 때가 이르렀기 때문에 죽음을 허락하신다.

③ 그들이 죽임을 당한다: 다니엘 7장 21절에 작은 뿔(짐승)이 "내가 본즉 이 뿔이 성도들과 더불어 싸워 그들에게 이기었더니"라고 말한 것처럼 짐승이 하나님의 대리자들을 죽일 것이다.

④ 그들의 시체가 큰 성 길에 버려진다: 이들은 하나님을 위한 순교자들이며 하나님의 공의와 심판을 기다리고 있는 순교자들(6:11)의 수를 더할 것이다. 그들을 죽인 후에 짐승은 그들을 매장하기를 거부하고 그 시신을 큰 성 길에 버려둔다고 했다. 요한은 그 '큰 성'을 영적으로(비유하면) 소돔이라고도 하고 애굽이라고도 하지만, 더 정확하게 표현하면 그곳은 그들의 주께서 십자가에 못 박히신 곳이라고 말한다. 소돔과 고모라는 비유적으로 성적인 죄와 우상숭배의 전형적인 곳이다. 그리고 애굽은 하나님의 백성에 대한 박해와 증오의 극치를 나타내는 곳이다. 이러한 문맥에서 볼 때, 두 증인으로 상징되는 교회 공동체가 주께서 걸어가신 고난의 길을 걸어갈 것임을 암시한다 할 것이다. 이런 고난의 길은 두 증인이 매장되지 못하고 사흘 반 동안 버려진 것에서 볼 수 있다. 사흘 반 동안 백성과 족속과 방언과 나라 중에서 그 시체를 보며 버려둔 것이다. 이것은 심한 모독이요 수치를 주려는 것이다. 그러면 여기서 '사흘 반'은 어떻게 설정된 기간일까? 그것은 바로 1,260일, 곧 '3년 반'이라는 기간과 대비되는 기간이다. '3년 반'이란 적어도 두 증인에게는 영광스러운 기간이다. 그러나 반면에 '사흘 반'이라는 기간은 그들에게 수치의 기간이다. 여기서 요한은 성도들에게 있어 '영광은 길고 수치는 짧다'는 진리를 가르쳐 준다.

그뿐 아니라 시체를 장사지내지 못하게 하는 것은 고대 사회에서는 극도의 수치였다(창 40:19; 삼상 17:43-47, 42:2; 왕하 9:10). 여기서 예수는 죽으신 후 장사지낸 바 되었다. 그러나 두 증인은 그렇지 못했다. 이것은 두 증인이 예수의 발자취를 따르는 길에 수치와 고난이 따른다는 것을 시사해 준다. 왜 이렇게 두 증인이 이런 수모를 당해야 하는 이유를 10절에서 설명한다. "땅에 사는 자들을 괴롭게 한 연고이다." '땅에 사는 자들'은 '하늘에 속한 자들'과의 반대되는 개념의 사람들을 말한다. 이들은 왜 괴롭힘을 받는다고 생각하는 것일까? 아마도 땅에 속한 자들은 어떤 물리적 해를 받았기 때문이 아니라, 하나님의 말씀을 듣는 가운데 자신들의 죄악 때문에 양심의 찔림을 받아 괴로움을 느끼는 것(행 7:54, 57)은 아닐까? 특히 6절에서 두 증인이 "아무 때든지 원하는 대로 여러 가지 재앙을 땅에 치리로다"고 말한 것처럼 이 두 선지자가 복음의 권능을 가지고 세상을 다스리며 심판한다는 것을 근거로 할 때, 이 두 증인이 주는 괴로움은 양심과 영혼에 주는 괴로움으로 이해해야 할 것이다. 그리하여 두 증인을 죽인 자들은 즐거워하고 기뻐하며 서로 예물을 보내기까지 한다. 복음의 증거자들의 죽음은 악인들에게 있어서는 큰 기쁨이요 환희며 복수의 잔이 아니겠는가?

(5) 두 증인의 승리(11-12절)

그런데 여기에 대반전이 일어난다. 예수의 죽음 뒤에 부활이 있었듯이 이 두 증인이 죽은 후 사흘 반 만에 살아난다.

① 죽은 지 삼일 반 후에 하나님의 생기가 그들 속에 들어가 일어난다: 이 표현은 에스겔 37장 9-10절에서 마른 뼈에 하나님의 생기가 들어가자 살아난 것을 연상시킨다. 37장 10절에서 "생기가 그들에게 들어가매 그들이 곧 살아나서 일어나 섰다"고 했는데 본문의 11절과 서로 병행되는 문구라 할 수 있다. 에스겔 37장을 배경으로 한 본

문의 환난 가운데 순교한 자들은 물론 육체의 죽음으로 인해 잠들어 있는 모든 영적 이스라엘 백성이 하나님의 권능으로 그리스도를 따라 죽음에서 부활할 것을 상징적으로 보여 준다.

② 구경하는 자들이 크게 두려워한다: '죽었던 자들이 일어난다'는 것은 초자연적인 능력이다. 그러므로 크게 놀랄 수밖에 없다. 증오하던 자들이 죽음으로 자축을 벌이고 기뻐하며 승리한 것같이 예물을 보내던 저들이, 그들 눈앞에서 죽었던 자들이 다시 살아나는 광경을 목도했으니 그들의 기쁨이 두려움으로 변한 것은 당연하다. 땅에 속한 자들과 하늘에 속한 자들의 차이와 결말을 보는 것이다.

③ 이리로 올라오라는 음성을 듣고 하늘로 올라간다[133]: 두 증인은 하늘로부터 음성을 듣는다. 그것은 '하늘로 올라오라'는 음성이었다. 그 음성을 듣고 그들은 구름 가운데 하늘로 올라간다. 이것은 사도행전 1장 9절에서 예수께서 하늘로 올라가시는 장면과 유사하다. 이러한 유사성은 죽음과 부활에 이어 승천의 과정도 역시 예수의 발자취를 따라가는 모습과 같다. 곧 고난과 죽음의 과정을 거쳐 부활 승천의 영광을 얻은 것이 모든 교회의 공동체에게 적용되는 원리임을 보여 준다. 하늘로 올라가는 그 속에는 구원과 영광이 있지만 땅에서는 심판과 두려움이 진을 치게 된다.

(6) 심판과 회개의 종결(13절)

하나님의 두 증인이 부활하여 하늘로 올라가던 그때에 큰 지진이 일어난다.

① 큰 지진이 일어났다: 이것은 하나님의 진노를 상징하는 것으로

---

133) 두 증인의 승천: 이 두 증인의 승천은 본질적으로 영혼의 하늘 여행 기사들과 구별되는 휴거(rapture)이다. 즉 두 증인은 살아 있는 채로 지상생활을 끝내고 하늘로 올림을 받는다. 다시 말해서 에녹, 엘리야는 이들이 다시 돌아올 종말을 기다리기 위해 살아 있는 채로 하늘로 들어올림을 받았으나, 두 증인의 육체적 승천은 종말까지 그들을 보존하기 위한 것이 아니라 분명히 그들의 보호를 위해 이루어지는 두 번째의 휴거이다.

(6:12) 하나님의 두 증인을 죽인 자들에 대해 하나님께서 진노하셔서 징벌하신다는 뜻이다.

② 성 십분의 일이 무너진다: 이 구절은 난해한 구절이 아닐 수 없다. 그러나 구약성경에서는 '십분의 일'이라는 숫자가 대개 하나님의 심판에서 살아남은 자들을 나타내는 데 사용된 몇 개의 기록이 있다(사 6:13; 암 5:3). 그러나 13절은 그 개념이 정반대다. 요한은 이것을 뒤집어 사용하고 있다. 10분의 1이 심판을 받고 10분의 9가 남은 자로 보존되고 있다. 신실한 소수가 아니라 신실치 못한 다수가 보존됨으로써 그들이 회개하고 믿음을 가질 수 있게 되는 것이다. 증인들의 증거에 힘입어 심판이 실제로는 구원의 행위가 되는 것이다.

③ 죽은 자들이 칠천이라. '칠천'이라는 숫자는 열왕기상 19장 18절에서 이스라엘 백성 중에 바알에게 예배하지 않은 칠천 명의 남은 자에 대해 사용되었다. 따라서 지진으로 인한 10분의 1이나 7천 명이 죽었다는 이야기는 심판의 대상이 소수일 뿐이고, 구원의 대상이 바로 다수를 차지한다는 뜻으로 해석할 수도 있겠다.

④ 남은 자들이 두려워하여 하나님께 영광을 돌린다: 9장 20-21절에 보면, 여섯째 나팔(둘째 화)이 임했음에도 "이 재앙으로 죽지 않고 남은 사람들은 손으로 행한 일을 회개하지 않고, 또 그 살인과 복술과 음행과 도둑질을 회개하지 아니하더라"고 했다. 그러나 13절에서는 "그 남은 자들이 두려워하여 영광을 하늘의 아버지께 돌리더라"고 했다. 이 두 경우에서 '남은 자'들이라는 문구가 동일하게 사용되고 있으나 그 결과는 다르게 나타나고 있다. 일부는 회개하지 않았지만 또 다른 일부는 회개한 것이다. 여기서 교회 공동체를 상징하는 두 증인의 증거 사역을 통해 두 증인을 핍박하므로 하나님을 대적하던 자들이 회개하게 되는 유일한 경우를 보게 된다. 인·나팔·대접

심판의 그 어떤 경우에도 '땅에 거하는 자들'이 회개하는 경우는 없었다. 그러나 요한은 이러한 두 증인의 예언 사역을 통해서 교회 공동체의 존재 이유를 정립하기 위한 것이라고 생각한다. 11장이라는 본문의 범주에서 요한은 교회 공동체가 이 세상에서 어떤 부름을 받았는가 하는 것을 두 증인의 사역을 통해서 보여주는 것이라 하겠다. 두 증인의 교회 공동체 사역을 통해 세상은 회개하여 하나님께 영광을 돌리게 하는 데 있는 것이다. 교회 공동체가 이 시대에 존재하는 이유가 여기에 있는 것이다.

(7) 둘째 화는 지나갔으나

첫째 화는 다섯째 나팔 재앙(9:1-11)이며, 둘째 화는 여섯째 나팔 재앙(9:13-21)이다. 그리고 10장 1절-11장 13절의 셋째 화가 언급되기 이전에 묘사된 하나의 삽경이다. 본 절은 이 삽경이 끝나고 셋째 화가 언급될 것임을 시사하고 있다. 그리고 더 나아가서 세 번째 화의 도래를 예고하고 있다. 그것은 바로 15절부터 이어질 일곱 번째 나팔 심판을 가리킨다.

3. 일곱째 나팔(11:15-19) : 셋째 화

(1) 일곱째 천사가 나팔을 불매

일곱째 천사가 나팔을 불 때 하늘에서 큰 음성이 났다. 일곱째 나팔은 세상의 끝과 그리스도의 재림을 알리는 나팔이다.

하늘에서 들리는 음성은 세상 나라가 이제 그리스도의 나라가 되었다 하는 소리이다. 이것은 그리스도의 승리와 즉위, 그리고 세세토록 왕이 되어 다스릴 것을 선포하는 것이다.

다니엘은 그리스도의 나라에 대해서 이렇게 표현한다. "이 여러 왕들의 시대에 하늘의 하나님이 한 나라를 세우시리니 이것은 영원히 망하지도 않을 것이요 그 국권이 다른 백성에게로 돌아가지 아니할 것이요 도리어 이 모든 나라를 쳐서 멸망시키고 영원히 설 것이라" (단 2:44).

스가랴는 말하기를 "여호와께서 천하의 왕이 되시리니 그날에는 여호와께서 홀로 한 분이실 것이요 그의 이름이 홀로 하나이실 것이라"(슥 14:9).

세상 나라는 망하고 하나님의 나라는 완성될 것이다. 세상 나라의 멸망은 예수의 초림으로 시작되어 재림으로 완성되는 것이다.

(2) 24장로의 경배

하늘에서의 음성에 대한 반응이 24장로들의 찬양으로 나타난다. 그 찬양의 주제는 '하나님의 영원한 통치'이다. "감사하옵나니 옛적에도 계셨고 지금도 계신 주 하나님 곧 전능하신 이여 친히 큰 권능을 잡으시고 왕 노릇 하시도다"라고 찬양한다. 그런데 1장 4, 8절, 4장 8절에는 하나님을 "전에도 계셨고 이제도 계시고 장차 오실 이"라고 되어 있으나, 여기서는 "옛적에도 계셨고 지금도 계신 주 하나님"이라고 하여 "장차 오실 이"라고 하는 문구가 빠졌다. 이것은 마지막 종국의 때를 바로 목전에 두고 있는 상황에서는 "장차 오실 이"라는 말이 필요 없기 때문이다. 이것은 이제 하나님의 나라가 완성되기 시작했음을 의미한다.

(3) 죽은 자들의 심판과 주의 이름을 경외하는 자들에게 상 주신다.

① 죽은 자들에 대한 진노

이방들이 분노하매 주의 진노가 내렸다. 이방들이 분노했다는 말은 시편 2장 1절을 배경으로 한다. "어찌하여 이방 나라들이 분노하며 민족들이 헛된 일을 꾸미는가", 그리고 2-3절은 하나님과 그 기름 부음 받은 메시아를 대적하고 그 맨 것을 끊고 그 결박을 벗어버려 그 통치에서 벗어나자고 한다. 본 절에서 분노하는 것도 하나님의 통치를 벗어나고자 하는 감정의 표시이다. 이러한 분노의 감정을 나타내는 자를 요한은 '죽은 자', '땅을 망하게 하는 자들'이라고 말한다. 하나님은 이런 자들에게 진노를 내리셔서 심판하신다.

하나님의 진노는 죽은 자들에게는 심판이요, 종 선지자들과 성도들과 주의 이름을 경외하는 자들에게는 상을 주신다고 했다. '죽은 자들'은 불신자들을 말한다. 이들은 '땅을 망하게 한 자들'로서 당연히 멸망을 받아야 한다. 또 죽은 자들은 땅을 더럽게(19:2) 한 자들이기 때문에 심판을 받아야 한다.

그러나 주의 이름을 경외하는 성도들에게는 상을 주시는 것이다. 종말의 완성 때에 주어질 완전한 구원의 수여가 바로 '상 주심'이다. 여기서 '상 주심'은 '구원'이다.

(4) 하늘에 있는 성전이 열리니

이것은 '하늘 문이 열렸다'는 의미와 동일하다. 하늘 문이 열리니

① 성전 안에 하나님의 언약궤가 보였다: 언약궤는 하나님께서 그분의 백성 가운데 임재하심과 신실하심을 상징했다. 하나님의 약속은 성취될 것이며 그분의 목적은 달성되는 것이다.

② 번개, 음성, 우레, 지진, 큰 우박이 있더라: 이것은 지금까지의 모든 사건들의 서명을 뜻하는 것이다. 이런 것은 하나님의 위엄과 심판을 예고하는 것이다.

우리는 분명히 본문에서 악의 원인과 그 원인 결과로 일어나는 것, 악의 발전과 악이 자기를 나타내는 형태, 그리고 악을 멸망시키기 위해 하나님이 행하시는 것을 명확하게 보게 된다.

일곱째 천사가 소리 내는 날, 그의 나팔을 불 때에 하나님의 심판의 비밀이 하나하나씩 이루어지는 것을 보게 된다.

제12장
여자와 용

본 장은 넓게는 현 우주와 역사의 결정적 종말이 최종 도래하기 직전에 말세에 있을 상당 기간의 범우주적인 대환난에 대해서 기록하고 있다. 좁게는 12-14장에 걸쳐 이어지는 4-18장 사이의 말세의 대환난에 대한 묵시 기록 사이에 삽입된 총 7개의 삽경 중 넷째에서 여섯째까지 삽경을 보도하고 있고, 본 장은 제4삽경으로 아이를 고통 중에 해산하는 해를 입은 한 여자와 그녀와 그녀의 아이를 해하려고 시도하는 붉은 용에 대한 환상을 보도하고 있다. 그리고 본 장을 세 부분으로 나눌 수 있다.

① 해를 입은 여자와 붉은 용(1-6절)
② 미가엘과 용과의 싸움(7-12절)
③ 용이 여자를 박해(13-17절)

1. 해를 입은 여자(1-6절)

본 장에 등장하는 해를 입은 여인과 붉은 용의 기사는 이미 창세기 3장 15절에 나오는 '여자와 뱀'과의 적대성을 나타낸 것이라 할 것이다. 창세기 3장 15절의 뱀을 마귀와 동일시하고 있고, 그 뱀을 레비아탄과 동일시하는 경우는 계시록 외에도 로마서 16장 20절의 "평강의 하나님께서 속히 사탄을 너희 발아래에서 상하게 하시리라"는 말씀을 느낄 수 있다. 그것은 시편 73장 13-14절을 암시하며 나가서 창세기 3장 15절을 연상케 한다.

(1) 해를 입은 여자

이 여자는 해를 입고 달을 발로 밟고 그 머리는 열두 별의 관을 쓰고 있다. 그 위에 아이를 배고 곧 아이를 낳으려 한다. 이 여인은 누구인가? 이 여자에 대한 여러 견해가 있다.

① 교부시대나 중세시대에는 예수의 어머니 마리아로 해석한다.

② 오래된 견해로 이 여자는 교회를 나타낸다는 견해다.

③ 계시록 19장 7-8절, 21장 9-10절에 나오는 신부, 즉 하늘의 예루살렘과 동일시한다.

④ 유대교의 시각에서는 이 여인이 메시아가 그로부터 나오는 하나님의 박해 받는 백성을 대표한다는 의견이다.

아이를 잉태한 여인이 누구인지를 밝히는 것은 단순치 않다. 5절에 보면 '여자가 아이를 낳으니 그 아들은 메시아 곧 그리스도'인 것을 알 수 있다. 때문에 혹자는 예수의 어머니 마리아(마 1:18-25)로 보기도 한다. 그러나 이렇게 보면 본 장의 전체의 내용을 문자적으로 해석해야 하는데 그렇게 되면 전체의 해석이 불가능하다. 그러므로 대부분의 학자들은 이 여자를 메시아를 대망하는 하나님의 언약 백성의 공동체로 본다.

이 여인을 해·달·별로 둘러싸고 있는데, 이 세 가지는 빛을 발하는 발광체이다. 이것은 이 여인이 매우 찬란한 영광의 소유자라는 것을 암시한다. 구약에서 해·달·별의 광채는 신실한 이스라엘에 대한 언급이다. 창세기 37장 9-10절에 보면, 해·달·열한 별은 각각 야곱과 그의 아내 라헬과 이스라엘의 열한 지파를 가리킨다. 아가 6장 10절의 "아침 빛같이 뚜렷하고 달같이 아름답고 해같이 밝은 깃발을 세운 군대같이 당당한 여자가 누구인가"라는 말씀은 한 여인의 아름다운 자태를 표현하는 데 해와 달이 사용되고 있다. 다니엘 12장 3절에서는 "의인들을 별"에 비유하기도 한다. 이런 것을 배경으로 볼 때해·달·별은 구약에서 하나님의 백성과 관련이 있다 하겠다. 특히 이 여인은 '열두 별의 관을 썼다'고 한 표현은 하나님 백성의 아름다움을 묘사하는 데 사용된다(사 62:3, 5). 더 나아가서 '열둘'이라는 숫자가 별과 함께 사용된 것은 구약의 열두 지파와 관련이 있다. 그리고 이 여자는 아이를 배어 해산하게 되매 아파서 애를 쓰며 부르짖었다. 남자 아이인 예수 그리스도 메시아는 이스라엘에서 태어났다. 좁게는 이스라엘 민족으로서의 여자는 해산의 고통을 하고 있고, 그 아이가 태어나기를 기다리고 있다. 성경은 역사적으로 자주 이스라엘 민족의 환난과 시련과 고난을 역사적으로 기록하고 있다. 이스라엘 민족은 고난과 고통의 역사를 통해서 메시아가 태어났다. 신약 공동체도 그럴 것이다.

(2) 붉은 용(3-4절)

'붉은 용'은 '여자'와 대적 관계를 가지고 있다. 9절에서는 이 용의 정체에 대해서 '옛 뱀', '마귀', '사탄', '온 천하를 꾀는 자'라고 표현하고 있고, 20장 2-3절에서는 '옛 뱀', '마귀', '사탄', 그리고 무저갱에 천년 동안 가두게 된다고 했다. 그는 하나님을 대적하여 하나님의 권좌를 찬탈하려 했으며(사 14:12-14), 아담과 하와를 꾀어 범죄케 한 자이다(창 3:1-5, 13).

이 용은 '붉은 용'이라고 했다. '붉다(πυρρός)'는 말은 그리스도인들에게 '붉은색'이 대체적으로 긍정적인 연상을 갖고 있다. 왜냐하면 붉은색이 보호와 마귀를 쫓는 능력을 갖고 있다고 생각하기 때문이다. 그러나 부정적인 예로 계시록 6장 4절에 '붉은 말', 17장 3절의 '붉은빛 짐승'이라는 표현은 부정적으로 사용되고 있다. 이것은 '붉은 용'의 불같은 속성과 잔인성, 그리고 파괴성을 나타낸다.

이 붉은 용은 머리가 일곱이요 뿔이 열이며 그 여러 머리에 일곱 왕관이 있다. 이는 다니엘 7장 7-24절에 나오는 환상을 배경으로 한다. 여기에 머리가 일곱이고, 뿔이 열이라는 것은 사탄이 지배하는 일곱 나라와 열 왕을 상징한다(17:9-12). '일곱'과 '열'은 모두 '완전수', 또는 '만수'로서 이것은 사탄의 막강한 세력을 의미한다. 이러한 막강한 세력은 꼬리로 3분의 1을 끌어다가 땅에 던지는 모습에서 알 수 있다. 다니엘 8장 10절에서는 '작은 뿔'로 상징되는 왕이 '하늘 군대에 미칠 만큼 커져서 그 군대와 별들 중의 몇을 땅에 떨어뜨리고 그것을 짓밟았다'고 말한다. 이것은 일곱 번째 나팔 재앙의 결과로 별 3분의 1이 어두워졌다는 내용과도 일치한다(8:7-9:19). 따라서 별 3분의 1이 땅에 떨어졌다는 것은 대적자에 의해서 고난당하는 이스라엘 백성의 상징으로 보여 준다. 본 장은 이런 면에서 용과 여자, 곧 사탄과 하나님 백성 사이의 영적 전투의 장을 보여 주고 있는 것이다. 용이 최후의 싸움에서 승리는 여자가 낳은 아이를 삼키려 하는 것이다. 이런 일은 이미 역사적으로 그리스도께서 베들레헴에 나셨을 때 헤롯 왕이 그를 죽이려 했던 사실에서 알 수 있다. 사탄은 구약의 하나님의 선민 이스라엘을 삼키려 했고, 교회의 머리요 왕이신 그리스도를 없애려 했으며, 지금도 그리스도의 몸 된 교회를 삼키려 한다. 그러나 그의 그러한 모든 행위는 그리스도의 발꿈치만 상하게 할 뿐 그리스도의 몸 된 교회는 그리스도 안에서 승리하며 사탄은 하나님의 최후 심판에 결박되어 불못 가운데 던짐을 받는다(20:10).

용이 여자가 낳은 아이를 삼키려 하여 광야로 도망친다. 거기서 1,260일 동안 양육하기 위해 하나님께서 예비한 곳에 머물게 된다. 광야는 영적 피난처와 보호 장소이다. 세례 요한은 공적인 사역을 시작하기 전에 광야에서 생활하였고, 예수도 사탄에게 유혹을 받으신 후 천사들의 수종을 받으셨다(막 1:13). 바울은 회심 후에 아라비아 광야(갈 1:17)로 갔다가 돌아와서 사역하기 시작했다. 엘리야는 광야에서 하나님의 돌보심을 받았고, 이스라엘 백성은 광야에서 만나를 공급받았다. 이처럼 하나님께서는 장차 극심한 환난 가운데 처한 성도들을 그냥 내버려 두지 않고 구원받게 할 것이다. 광야는 단순한 도피처가 아니라 교회를 핍박 가운데서도 인내하며 승리할 수 있도록 양육하는 장소이다.

2. 미가엘과 용과의 싸움(7-12절)

12장은 용과 여인, 아이라는 세 등장인물에 초점을 맞추고 있다. 첫째 장면은 아이의 탄생을 기록하고 있으며(1-6절), 둘째는 하늘로부터 용이 쫓겨나는 장면을 기록하고 있고(7-12절), 셋째는 여인과 아이에 대한 용의 공격 장면을 보여 준다(13-17절).

하늘에 전쟁이 일어났다. 그것은 미가엘과 하나님의 사자들이 용과 그의 사자들과 싸우는 하늘의 전쟁이다. 미가엘은 무관 천사장이라 할 것이다. 미가엘은 하나님 백성의 조력자이다(단 10:13, 21, 12:1; 유 1:9). 여기서의 싸움은 하나님과 사탄과의 싸움도 아니고, 그리스도와 사탄 사이의 싸움도 아니다. 미가엘과 사탄과의 싸움이다. 미가엘의 사탄에 대한 승리는 곧 예수의 사탄에 대한 승리의 다른 표현이다. 이 전투에서 용은 패배한다. 8절에서 사탄은 '이기지 못하여 다시 하늘에서 있을 곳을 얻지 못한지라'고 한 것은 전쟁의 결과를 말하는 것이고, 이것은 하늘에서 쫓겨나는 용의 철저한 패배를 의미한다. 하늘에서 땅으로 쫓겨나는 큰 용을 가리켜서 옛 뱀, 마귀 사탄, 온 천하를 꾀는 자라고 말한다.

① 옛 뱀

이것은 에덴동산에서 아담과 하와를 유혹하여 타락시킨 뱀을 상기시킨다(창 3:1-14).

② 마귀(Διάβολος)

고소자 · 비방자라는 뜻으로 하나님을 향해서는 사람을 비방하고, 하나님을 향해서는 사람을 비방하는 사탄의 속성을 나타내주는 명칭이다.

③ 사탄(Σατaν)

'대적자'라는 뜻이다.

마귀와 사탄이라는 표현은 서로 동격 관계로 히브리어인 '사탄'을 70인경에서 헬라어로 번역한 것이 '마귀(διαβολος)'라는 단어이다.

④ 온 천하를 꾀는 자

이 역시 사탄의 속성을 나타내 주는 말이다. 사탄, 마귀의 본질적인 특징은 온 천하를 꾀는 것이다.

10-12절은 사탄이 하늘에서 쫓겨난 것에 대해 하나님을 찬양하는 기사이다. 이 찬송은 세 가지로 생각할 수 있다.

① 먼저 하늘에서 큰 음성이 있었는데 그것은 하나님의 나라와 그리스도의 권세가 승리하는 것을 선포한다. "이제 우리 하나님의 구원과 능력과 나라와 또 그의 그리스도의 권세가 나타났으니"(10절)라는 말들은 상호 연관성을 지닌 말들이다. 하나님의 능력은 곧 구원을 가능케 하고, 하나님의 구원은 곧 하나님 나라의 완성을 의미하기 때문이다.

② 그리스도의 권세가 나타남으로 우리 형제를 참소하던 자가 쫓겨났다고 하면서 승리를 공유하며 찬양하고 있다.

③ 용을 이길 수 있는 힘의 근원은 어린양의 피와 자기들이 증언하는 말씀이다(11절). 성도는 그리스도의 구속의 피, 즉 보혈의 능력을 바탕으로 하지 않으면 원수 마귀를 대적하여 승리할 수 없고, 성도 자신들이 증언하는 말씀으로 하지 않고서는 마귀를 이길 수 없다. 이를 위해서 자신들은 죽기까지 생명을 아끼지 아니했다.

그러므로 하늘에 있는 자들에게 즐거워하라고 요청한다. 그것은 우리 형제를 참소하던 사탄이 하늘로부터 쫓겨나고 참소를 당하던 하나님의 백성들이 승리했기 때문이다. '하늘에 있는 자들'은 즐거워하며 기쁨을 누리게 된다. 그러나 '땅과 바다'와 그 가운데 있는 자들은 화가 있다. 그것은 마귀가 크게 분노하여 땅에 사는 자들에게 내려갔기 때문이다. 마귀는 자기의 때가 얼마 남지 않은 것을 알고 있기에 분노하게 된 것이다. 이것은 바로 예수께서 승천함으로 그에게 결정적인 패배를 주었기 때문이다. 마귀의 속성은 자기에게 속한 자들을 도둑질하고 죽이고 멸망시키는 속성을 가지고 있다(요 10:10). 이것은 예수께서 평안과 생명을 주시고 더 풍성하게 하려는 것과는 대조적이다. 성도들의 승리는 계시록의 핵심 내용이다.

3. 용이 여자를 박해(13-17절)

용은 하늘에서 쫓겨나고 신자들을 고소할 것도 허락되지 않았으며, 자기의 때가 얼마 남지 않았다는 것을 알게 되었다. 할 수만 있으면 많은 사람들을 자기편으로 만들려고 하나님의 백성에게 분노하며 남자 아이를 낳은 여자를 박해한다.

① 이 여자는 독수리의 두 날개를 받아 피하게 된다. 이 말씀은 출애굽기 19장 4절과 신명기 32장 11-12절의 말씀을 배경으로 한다.

"내가 애굽 사람에게 어떻게 행하였음과 내가 어떻게 독수리 날개로 너를 업어 내게로 인도하였음을 너희가 보았느니라"(출 19:4).

"마치 독수리가 그의 날개를 펴서 새끼를 받으며 그의 날개 위에 그것을 업은 것같이"(신 32:11).

이 말씀은 이스라엘 백성의 출애굽 사건을 어미 독수리가 새끼 독수리를 날개로 업어 이끄는 모습을 비유한 것이다. 이처럼 본 장에서도 이 여인을 사탄의 공격에서 보호하시고 지키시겠다는 말씀이다.

② 광야 자기 곳으로 날아가서 한 때와 두 때와 반 때를 양육받으매.

6절과 동일한 '광야'에서 한 때와 두 때와 반 때(3년 반, 1,260일) 양육을 받는다. 이 기간은 계시록 11장에서 본 것처럼 거룩한 성이 이방인에게 짓밟히는 42개월, 그리고 두 증인이 예언하는 1,260일 동안이다.

③ 뱀이 여자 뒤에서 물에 떠내려가게 한다.

'물을 강같이 토하여 냈다'는 것은 거대한 홍수를 연상케 하는 것으로 '큰 물', '홍수'는 종종 재앙 또는 고난을 의미한다(시 69:15). 그러므로 '큰 물'은 고난의 의미가 함축된 힘으로 모든 것을 삼켜버리는 사탄의 공격성을 상징한다. 그런데 "땅이 여자를 도와 그 입을 벌려 용의 입에서 토한 강물을 삼키니"(16절)라는 말은 15절과 매우 역설적인 표현이다. '땅이 여자를 도왔다'는 것은 하나님의 도우심을 말하는 것이고, "땅이 입을 벌려 용의 입에서 토한 강물을 삼켰다"고 하는 것은 과거 홍해 사건에서 아무도 물에 수장되는 애굽 군대를 도울 수 없었던 것과는 극명한 대조를 보여 준다. 이것을 '역출애굽 모티브'라고 칭하는데 하나님께서 사탄의 공격에서 얼마나 극적으로 보호해 주시고 승리케 하시는가를 흥미롭게 전달하고 있다.

④ 용이 여자에게 분노하여 돌아가서 싸우려고 한다.

용은 일차적으로 여자가 낳은 아들 그리스도를 죽이려고 한다. 그 다음 단계로 아이를 낳은 여자(교회)를 죽이려고 한다. 그리고 마지막으로 여자의 남은 자손, 곧 하나님의 계명을 지키며 예수의 증거를 가진 신자 개개인을 공격하려는 것이다.

제13장
두 짐승

본장은 바다에서 나오는 한 짐승과 또 다른 짐승이 땅에서 올라오는 장면을 기록하고 있다. 용이 여자의 남은 자손, 곧 하나님의 계명을 지키며, 예수의 증거를 가진 자들과 더불어 싸우려고 바다 모래 위에 서 있는 장면으로 12장이 끝나는데, 13장에서는 바다와 땅에서 나오는 짐승을 보게 된다.

바다에서 나오는 짐승은 적그리스도를 나타내고, 땅에서 나오는 짐승은 거짓 선지자를 나타낸다. 이 악한 존재들은 셋이 합쳐 악한 삼위일체를 이룬다. 이는 성부 하나님과 성자 하나님, 성령 하나님의 거룩한 삼위일체와 정반대되는 모방자들이다. 이 악한 삼위일체는 연합하여 하나님을 대적하고 세상을 지배하려 한다.

1. 바다에서 나오는 짐승(1-10절)

(1) 바다에서 나온 짐승의 모습

① 외적인 모습

그는 뿔이 열이요 머리가 일곱이며 그 뿔에 열 왕관이 있다. 12장 3절에서 용은 "머리가 일곱이요 뿔이 열이며 그 여러 머리에 일곱 왕관이 있다"고 했다. 용은 일곱 개의 머리에 일곱 왕관을 쓰고 있고, 짐승은 열 뿔에 열 왕관을 쓰고 있다. 이것은 단지 짐승에 대한 용의 권세를 의미하는 것일 수 있고, 열 뿔은 짐승을 따르는 국가 지도자들, 왕관은 그들의 권세를 나타내는 것이라 할 것이다. 그러나 그들은 짐승에게 속해 있으며 짐승은 사탄에게 속해 있다. 이 짐승에 관한 이야기는 다니엘 2장과 7장에서도 나온다. 그 머리들에는 '신성모독하는 이름들이 있다'고 했다. 이런 표현은 짐승이 본질적으로 하나님을 모독하는 속성을 지니고 있음을 의미한다. 다니엘 7장 25절에서는 "지극히 높으신 자를 대적하여"라고 말하고 있다. 적그리스도와 그 추종 세력들이 하나님을 모독하고 스스로 자신들이 하나님의 영광을 취하는 것을 나타낸다. 이러한 일례는 과거 로마제국 시대의 황제들이 스스로를 신격화하고 '주(Dominus)', 또는 '신(Deus)'으로 지칭한 사실에서 알 수 있다. 이러한 일들이 말세에 적그리스도에 의해서 이루어질 것임을 예고하는 것이다.

또 짐승의 모습을 "표범과 비슷하고 그 발은 곰 같고 그 입은 사자의 입과 같다"고 했다. 이것 역시 다니엘 7장 4-7절에서 네 짐승의 모습과 비슷하다. 첫째는 사자요 둘째는 곰이며, 셋째는 표범이고, 넷째는 열 뿔 가진 짐승이다. 사자는 바벨론, 곰은 메대 바사, 표범은 헬라 제국을, 열 뿔 가진 짐승은 이들 짐승들의 특징을 종합한 매우 크고 놀라운 권력을 가진 로마를 상징한다. 그러나 본 장에서의 열 뿔 가진 짐승은 단순히 로마를 지칭하지 않고 하나님의 나라와 하나님의 아들을 대적하는 모든 세력을 규합하여 하나님과 그의 백성을 대적할 적그리스도를 가리킨다. 이 짐승에게 용이 자기의 능력과 보좌와 큰 권세를 준다고 했다. 이것은 짐승의 배후에 용이 존재하고 있고, 용은 짐승을 통해 여자와 여자의 남은 후손들을 대적하고 멸하기 위해서 자신의 능력을 부여한다. 이는 교회 공동체를 핍박하는 로마제국의 배후에는 사탄이 작용하고 있다는 것을 의미한다.

② 짐승의 능력

머리 하나가 상하여 죽게 된 것 같더니 상처가 낫는다. 이 문구는

5장 6절의 어린양의 모습을 연상케 한다. '어린양이 서 있는데 일찍이 죽임을 당한 것 같더라.' 이것은 '상하여 죽게 된 것 같다'는 표현과 유사하다. 적그리스도인 짐승이 그리스도를 흉내낸 것이며 그리스도의 부활까지도 모방할 것이다(13:14). 이렇게 됨으로 온 땅이 놀랍게 여겨 짐승을 따르게 된다. 이것 역시 온 세상이 그리스도를 따르는 것과 병행하는 관계이다. 짐승의 능력이 그리스도에 필적할 만큼 매우 위협적이라는 것을 보여 준다.

③ 짐승과 용의 관계

짐승의 권세는 굉장한 권세다. 그것은 용이 그의 권세를 짐승에게 주었기 때문이다. 용이 짐승에게 권세를 주는 목적은 사람들의 경배를 받기 위한 것이다.

(2) 짐승의 사역(5-10절)

짐승은 용으로부터 자기의 권세를 행사할 입과 42개월 동안 일할 권세를 받는다. 그 권세로 신성모독을 말하는 입을 받는다. 이 입을 가지고 하나님을 비방하고 그의 이름과 장막, 곧 하늘에 사는 자들을 비방한다. 또 그 권세로 성도들과 싸워 이기게 되고 각 족속과 백성과 방언과 나라를 다스리는 권세를 받아 이 땅에 사는 자들을 경배하는 권세이다(7-8절).

다가올 전투에는 사탄을 숭배하는 자들과 하나님을 경배하는 자들로 나뉘게 될 것이다. 이 땅에 사는 자들은 짐승에게 경배할 것이고, 짐승이 행하는 기적과 놀라운 능력에 압도당해 그를 하나님으로 섬기게 될 것이다(13:3-4). 이들은 '어린양의 생명책'에 기록되지 못한 자들이다. 그러나 어린양의 생명책에 기록된 하늘에 속한 자들은 하나님의 나라에 참여하는 자들이다.

9-10절은 1-8절의 결론과 같은 부분이다. "누구든지 귀가 있거든 들을지어다." 이것은 2-3장의 일곱 교회를 향해 맨 끝부분에서 쓰던

문구이다. 이 권면은 이중적이어서 하늘에 속한 성도들에게는 깨우치는 결과를 가져오고, 이 땅에 속한 자들에게는 그 마음을 강퍅하게 하여 그 권면을 거부하게 하는 결과를 가져오게 한다.

그리고 "사로잡힐 자는 사로잡혀 갈 것이요 칼에 죽을 자는 마땅히 칼에 죽을 것이다"(10절). 이것은 하나님의 보복의 법칙이다. 성도를 박해하고 핍박한 자들은 하나님의 의에 따른 보응을 받을 것이요, 성도들의 시험의 때에는 인내와 믿음이 있어야 하는 것이다.

2. 땅에서 올라온 짐승(11–18절)

첫째 짐승은 바다에서 올라왔고, 둘째 짐승은 땅에서 올라왔다. 이 둘째 짐승은 거짓 선지자로 성령의 모방자요, 첫째 짐승에 대한 전 세계적인 숭배를 담당한다.

(1) 둘째 짐승의 모습(11절)

어린양의 두 뿔을 가지고 있다. 어린양이신 그리스도의 모습과 비슷하지만 이리의 탈을 쓴 어린양과 같다. '광명의 천사'로 가장하는 것이다(고후 11:14). 그가 어린양으로 묘사되고 있는 것은 종교적 성격을 띠고 있다는 것이고, 용과 같은 말을 한다는 것은 그가 용인 사탄을 힘입어 움직이고 있다는 말이다. 그는 첫째 짐승처럼 좀 다른 성격을 가지고 있는데 둘째 짐승은 사람을 미혹하기 위해 위장된 모습을 갖는다. 즉 첫째 짐승은 세상 권력을 가지고 교회를 밖에서 박해하는 반면, 둘째 짐승은 거짓 교훈으로 교회를 내적으로 부패 타락시키는 자이다.

(2) 둘째 짐승의 사역(12-17절)

① 첫째 짐승에게 경배하는 일을 한다.

둘째 짐승의 권세와 영향력은 첫째 짐승과 동일하다. 그러나 둘째 짐승의 권세는 첫째 짐승으로부터 주어지는 것이다. 둘째 짐승이 '그 앞에서 행한다'는 말은 첫째 짐승이 보는 데서 그 일을 행한다는 의미로, 둘째 짐승의 권세가 첫째 짐승의 영향력하에 있음을 말한다.

② 불이 하늘로부터 땅에 내려오게 하고

둘째 짐승이 사람들을 미혹케 하는 가장 큰 수단은 큰 이적을 행하는 것이다. 하늘에서 불을 이끌어내는 이적은 하나님의 두 증인인 엘리야와 모세가 행하던 이적을 모방한 것이다. 예수께서도 "거짓 그리스도들과 거짓 선지자들이 일어나 큰 표적과 기사를 보여 할 수만 있으면 택하신 자들도 미혹하리라"(마 24:24)고 하신 바가 있다. 이들은 이적의 능력을 통하여 사람들을 참된 생명의 길로 인도하기 위한 것이 아니라 사람을 꾀어 멸망의 길로 끌고 가기 위해 이적을 행하는 것이다. 이 같은 이적을 행하는 것은 미혹하게 할 뿐 아니라 첫째 짐승을 위하여 우상을 만들기 위함이다(14절). 땅에 사는 모든 자들로 하여금 첫째 짐승을 우상 신으로 숭배하기 위해 둘째 짐승은 제사장직과 같은 역할을 담당하게 된 것이다. 또한 둘째 짐승은 권세를 받아 그 짐승의 우상에게 생기를 주어 말하게 하고, 또 짐승의 우상에게 경배하지 아니하는 자는 몇이든지 다 죽이게 한다(15절).

③ 표를 받게 한다.

둘째 짐승의 사역의 또 하나는 나이·신분·지위를 막론하고 그 오른손이나 이마에 표를 받게 한다. 이것은 '하나님의 인'과 대조되는 표이다. '오른손'은 힘과 능력을 상징하는 것으로 그 손에 짐승의 표를 받았다 함은 짐승의 통제 아래에서 활동하게 된다는 의미이다. 그리고 '이마'는 사람의 인격을 상징하는 것으로 전인격적으로 짐승을 추종하는 것을 의미한다. 그리고 표란 카라그마(χαραγμα)로서 본래 무엇에 '긁힌 자국'을 가리킨다. 이것이 발전하여 점차 '인' 또는 '조각'을 의미하게 되었다. 따라서 이 말은 노예나 동물에게 찍는 낙인을 의미하는 7장 2-3절의 스프라기스(σφραγίς)와 비슷한 의미가 있다. 따라서 이 짐승의 표를 받았다는 것은 짐승에게 속한 소유라는 것이며, 짐승을 경배하고 따르며 공적으로 드러내는 것을 표시한다. 이것은 하늘에게 속한 자들에게는 그만큼 고난과 핍박이 있을 것임을 예고하는 것이다. 이 표를 받지 못한 자들은 매매를 할 수 없다.

(3) 짐승의 수(18절)

짐승의 수는 사람의 수로 666[134]이다. '666'이라는 숫자가 무엇을 뜻하는 것인지 여러 가지 견해가 있다. 그리고 이 숫자는 문자적으로 해석할 것인지, 상징적으로 해석할 것인지 의견이 분분하다.

성경에서 '6'이라는 숫자는 '7'이 '완전'과 '거룩'을 의미하는 것에 반해, 그에 가장 근접하면서도 그 역시 불완전한 '미완성'과 '부정', 나아가 완전에 도전하는 세력을 상징한다. 더욱이 이런 '6'이 세 번 반복된 것은 사탄이 하나님의 삼위일체를 모방하여 결국 자신을 하나님과 같은 존재로 나타내는 것을 암시하고 있다. 따라서 '짐승의 수 666'은 그가 불완전한 자로 완전한 하나님의 지위를 노리고 도전하는 세력임을 상징적으로 보여 준다. 이런 점에서 분별력 있는 지혜가 필요한 때이다. 지혜나 분별력은 666 숫자 자체를 해독하는 것이 아니라, 우리 주변에서 벌어지고 있는 일들에 대한 분별력이 필요한 때이다.

---

134) 게마트리아(gematria): '숫자 조작'이라는 의미의 헬라어 게오메트리아(γεωμετρία)에서 온 히브리어 말로서 게마트리아는 알파벳 문자들이 그 위치에 근거한 수치를 부여받은 일종의 암호화된 단어 기교이다. 게마트리아에는 두 가지 유형이 있다. ① 주석 방법으로서의 게마트리아는 신성한 또는 전통적인 본문에 나오는 숫자들에 부여되는 신비적 의미에 기초한다. 전통적인 본문에 나오는 일정한 단어의 전체 또는 부분이 일시적인 숫자로 전환되거나 또 전통적인 본문에 나오는 특별한 숫자가 알파벳의 상당하는 문자로 전환되는데 이 경우 그 알파벳의 문자로 숫자에 숨겨진 또는 암호화된 의미를 설명해 준다. ② 두 번째 유형의 게마트리아에서 전통적인 본문과 관련 없는 단어나 이름들이 숫자로 바뀌어 암호화되고 수수께끼로 변한다. 게마트리아 암호 해독의 주요 문제점은 많은 다른 단어나 이름들이 동일한 수치를 가질 수 있다는 사실이다.

제14장
144,000과 두 종류의 추수

본장은 요한이 지금까지 본 다른 환상에 비해 새로운 양상을 보여 준다. 이 환상은 두 가지 측면을 볼 수 있다. 먼저 그리스도와 그의 백성들이 투쟁하는 원수들에 대한 묘사(12-13장) 후에 본장에서는 충성된 그리스도인들을 위해 간직되었던 축복을 묘사한다. 그리고 용과 그 추종자들의 최후 운명에 대한 묘사이다. 따라서 본장은 구원에 대한 확약과 진통의 통고, 그리고 다시 한 번 구원받은 자들에 대한 묘사로 구성되어 있다.

1. 시온 산의 144,000 명의 노래(1-5절)

(1) 시온 산에 선 어린양과 144,000

이제까지는 교회의 수난을 예고해 주는 삽경이 소개되었으나, 본장에서는 충성된 그리스도인들을 위해 준비된 축복을 보여 주며, 또한 교회를 핍박하던 용과 그 세력들의 최후의 운명을 예고해 주는 장면을 소개하고 있다.

'어린양'은 하나님의 아들이시고 심판주시요 구원자이신 예수 그리스도를 지칭하고, '시온 산'은 거룩한 하나님의 산으로(시 2:6, 50:2) 예루살렘 도성이 있는 곳을 지칭한다. 여기서는 상징적인 의미로 사용되는 바 두 가지 의미로 생각할 수 있다. 첫째는 성도들이 장차 그리스도와 함께 영원히 거하게 될 하나님의 나라로서 "너희가 이른 곳은 시온 산과 살아 계신 하나님의 도성인 하늘의 예루살렘"(히 12:22)에 의거한 것이다. 둘째는, 장차 메시아 왕국 또는 천년왕국이 이루어지는 땅을 가리킨다. 따라서 예수 그리스도는 자신의 대적들을 물리치고 그들을 심판하는 새 예루살렘인 시온에 서실 것이다.

(2) 그 수는 144,000명이다.

144,000이라는 수는 크고 완전한 하나님의 택함 받은 모든 성도들을 상징하는 수이다. 그런데 7장 4절에 나오는 144,000과 본 장에 나오는 144,C00명은 동일한 무리인가, 아니면 다른 무리인가 하는 의문이다. 7장 4절에 언급된 무리 역시 하나님의 인 맞은 것으로 묘사된 것으로 보아 같은 무리로 여겨진 자들이다. 그러나 양자의 무리가 동일한 무리이지만 이 무리가 처해 있는 상황은 다르다. 7장에서는 택함 받은 무리가 사탄의 공격을 앞두고 천사의 보호를 받는 것으로 묘사되어 있으나, 본장에서는 이들이 예수 그리스도와 함께 있는 것으로 되어 있다. 이는 택함 받은 백성이 이제 환난을 통과하여 승리를 얻은 상태에 있다는 것을 말해 준다.

그들은 '이마에 어린양의 이름과 그 아버지의 이름을 쓴 것이 있더라'고 했다. 사탄에게 속한 자들이 오른손과 이마에 어린양의 이름과 표를 받은 것과 대조가 된다. 성도들의 오른손과 이마에 어린양의 이름과 하나님의 이름이 있다는 말은 그들이 하나님의 소유된 백성이요, 보호를 받고 있다는 의미이다.

그리고 요한은 하늘에서 나는 소리를 들었다. 그 소리가 많은 물소리와도 같고 큰 우렛소리와도 같은 것이었는데 요한이 들은 소리는 거문고 타는 것 같았다. 그가 이전에 들은 소리는 그리스도에게서(1:10-15, 4:1, 10:7-8, 11:12), 생물들에게서(6:1-7), 한 천사에게서(5:2, 7:2), 수많은 천사들에게서(5:11-12), 모든 창조물에게서(5:13), 제단 아래의 영혼들에게서(6:10), 독수리에게서(8:13) 나온 것이었다.

그러나 본 장에서는 그 소리가 거문고 타는 자들로부터 나오는 거문고 소리였다. 이는 하늘에서의 큰 즐거움을 보여 주는 것으로 승리의 노랫소리라고 할 수 있다. 144,000의 구속받은 자들의 노랫소리인 것이다.

(3) 144,000의 특성

이 사람들은 그리스도의 죽음을 통해 그의 피로 자기들의 옷을 씻어 희게 된 성도들이다. 이들의 특성은 다음과 같다.

① 여자와 더불어 더럽히지 아니하고 순결한 자[135]다.

이것은 제의적 정결을 의미하는 표현이다. 어떤 것으로 하여금 제의적으로 부정하지 않은, 불특정 기간 동안에 정결한 사람들의 일관된 행실을 의미하는 표현이다. 순결한 자(παρθένοι)는 통상적으로 '혼인할 나이가 된 젊은 여자'를 가리키는 단어이다. 바울은 교회에 대하여 "내가 너희를 정결한 처녀로 한 남편인 그리스도께 드리려고 중매함이로다"(고후 11:2)라고 말했다. 여기서 '정결한 처녀'는 그리스도인 공동체의 도덕적 및 영적 정결을 상징한다. 따라서 하나님과 어린양에 대한 신앙의 정절을 지킨 자를 가리킨다.

② 어린양을 따르는 자

'어린양'은 목자이자 안내자를 나타내는 은유적인 표현이고, '따라가는 자(ἀκολουθειν)'는 뒤따라가고 좇아가는 것을 의미하는 자이다. '누구의 제자가 된다'는 뜻이다. 그러므로 144,000명의 구속받은 자는 어디로 인도하든지 어떤 희생을 치르더라도, 심지어 죽음을 각오하고서라도 어린양을 따르는 자를 말한다.

③ 속량함을 받은 처음 익은 열매

135) 순결한 자: 성전(聖戰)에 참여하는 자들에게 요구된 정결 규례들(레 15:16; 신 23:9-10; 삼상 21:5; 삼하 11:11), 또는 특별한 제의적 상황 아래서 제사장들에게 요구되는 절제(레 15:18)를 반영하는 단어이다.

144,000은 이미 사람들 가운데 구속을 받아서 시온 산 위에 어린양과 함께 있는 자, 다음으로 어린양이 어디로 가든지 그를 따르는 자이다. 그리고 그리스도께서 사람들의 죗값을 십자가의 피로 치르시고 주신 값없는 선물을 말한다.

'처음 열매(ἀπαρχή)'는 신들에게 바쳐지는 '희생제사', 또는 봉헌물들이다. 제물과 물건으로 이루어진 제물, 짐승으로 드리는 희생제물로서 하나님께 드려진 곡식과 과실의 처음 익은 열매를 가리킨다. 즉 하나님의 종들로 드려진 사람들이다.

④ 거짓이 없고 흠이 없는 자

'속량함을 받은 처음 익은 열매'라는 표현은 제의적 정결을 강조한다면, 거짓 없고 흠이 없는 자는 도덕적 정결을 나타내는 것이다. '그 입이 거짓말이 없고'는 진실을 말하는 것을 가리킨다. '흠이 없는 자'는 그리스도의 보혈로 죄 사함을 받아 의롭다 인정받은 자들을 뜻한다.

2. 세 천사의 세 가지 메시지(6–12절)

(1) 첫째 천사

이 천사가 날아가면서 땅에 있는 자들에게 '영원한 복음'[136]을 전파한다. 그 영원한 복음은 '하나님을 두려워하며 그에게 영광을 돌리라'는 것이었다. 왜냐하면 그의 심판의 시간이 다가왔기 때문이다. '두려움, 영광, 심판의 시간, 경배하라'는 말은 아주 밀접한 관계를

136) 영원한 복음 : 계시록에서는 오직 여기만 나온다. 유앙게리온(εὐάγγέλιον)의 이례적인 성격을 강조하고 그 선포의 영속적인 유효성, 그 선포의 권세를 부여한 영원한 하나님 만큼이나 영속적인 것을 가리킨다. 이 메시지는 세상의 임박한 환난과 하나님의 심판이라는 견지에서 회개와 회심이 꼭 필요하다는 것을 선포한다. 이 영원한 복음은 여러 나라와 족속과 방언과 백성에게 선포되어야 하는데 이 '천국 복음이 모든 민족에게 증언되기 위하여 온 지상에 전파되리니 그제야 끝이 오리라'(마 24:14)고 하신 예수의 말씀과도 상응한다.

가지고 있다. 하나님께 대한 두려움은 하나님을 경외하는 것이요, 하나님이 인간을 창조하신 목적은 인간들로 하여금 하나님을 경외하기 위한 것이며, 또한 그에게 영광을 돌리기 위한 것이다. 그러나 하나님은 범죄한 인간에 대해 인내하시며 사랑과 긍휼을 베푸시는 일정한 시간은 정해져 있고, 종말의 때는 반드시 도래한다. 그러므로 하나님께서 주시는 사랑의 유예 시간에 하나님을 경배해야 한다.

(2) 둘째 천사

둘째 천사의 선포는 바벨론의 멸망이다. 바벨론의 멸망은 계시록의 중요한 주제 중의 하나이다. 바벨론은 유다를 무너뜨리고 예루살렘과 성전을 파괴한 나라이다. 바벨론은 구약시대 하나님의 백성을 핍박한 대표적인 나라이자 악한 도시의 이름이며 부도덕한 제국의 명칭이다. 바벨론은 우상숭배의 세계적인 중심지였다. 하나님께서 이 악한 세력을 심판하시는데 이는 세상 나라들을 미혹하여 육욕적인 부도덕의 잔을 마시게 하기 때문이다. 이 바벨론은 17장 2절에서는 '음녀'라고 표현하고 있다. 그녀는 세상과 더불어 세상 통치자들과 이 세상에 속한 자들이 음행의 포도주에 취하게 한다. 이것은 바벨론의 미혹을 받아 세상 체계에 빠진 자들의 불경과 죄악성 그리고 불신앙을 묘사하고 있다.

(3) 셋째 천사

짐승에게 경배한 자들의 영원한 고통을 선포하고 있다. 13장에 나오는 짐승과 짐승의 우상에게 경배하고 이마나 손에 표를 받는 사람들이 짐승의 진노를 받게 된다는 내용이라면, 셋째 천사는 그와 반대로 짐승에게 경배하고 짐승의 표를 받은 사람들은 하나님께 더 큰 고통과 진노를 받게 된다는 경고이다. 장차 이들의 고통은 불과 유황으로 인한 고난이다. 이것은 예수께서 하늘에서 '유황과 불'을 비처럼 내려 멸하셨던 죄악의 도시인 소돔 고모라의 멸망에서 따온 묘사이다(창 19:24). 그러므로 성도들의 인내가 여기서 필요하다. 하나님의 백성에게 필요한 것은 끈기 있게 박해를 견디며 끝까지 견고함을 유지하는 것이다. 끈기는 구원받는 방편이 아니라 진정한 헌신의 삶에서 나오는 부차적인 결과요, 견고함을 유지하는 것은 인내를 요구하는 것인데 이는 신자들의 믿음이 도전과 반대를 당할 것이기 때문이다.

3. 그리스도 안에서 죽은 자의 복(13절)

요한은 하늘로부터 음성을 들었는데 '기록하라'는 소리를 듣는다. 이는 그 말의 중요성을 강조하는 것이다. 이 음성은 계시록의 칠복 중에서 둘째 복을 선포하는 것이다. '지금 이후로 주 안에서 죽은 자들은 복이 있다'는 음성이다.

순교로 인한 순교자들이 과거에 많이 있었다(6:9-11, 17:6). 그러나 본문의 말씀은 임박한 일련의 순교들에 대한 예언이다. 예수의 죽음이 승리였던 것과 같이 이후에 그리스도 안에서 죽은 자들은 사실상 승리이다. 짐승이 성도들을 이길 수 있다 할지라도(13:7) 실제 순교를 통해서 '이기는 자'는 바로 성도들이다(12:11). 그리스도 안에서 죽은 자들은 재앙이 아니라 축복이고, 재앙들을 막아주는 치료제이다. 그 이유는 첫째, 저들의 수고를 그치고 쉬기 때문이다. 수고와 시련은 악한 세상에서 믿음을 굳게 지키기 위한 어려움이다. 그들의 쉼은 박해의 중단이요, 하나님이 자기 일을 쉬심과 같이 자기 일을 쉬는 것이다. 그 어떤 '죽을 일'을 하느라고 더 이상 수고할 필요가 없다. 둘째로, 저희 행한 일이 따름이기 때문이다. 사람이 세상을 떠날 때 금이나 은이나 보석을 가지고 가지 못하지만 오직 말씀을 행함과 선한 행실들만은 가지고 가는 것이다. '행한 일'이 따름이란 계시록

2-3장에서 자주 언급되는 '이기는 자'들에게 주어지는 상급과 같은 것이리라 생각된다. 그러므로 본 절 13절 말씀의 성격은 주제상으로 2-3장과 연결되는 말씀이다. 의로운 행실은 깨어날 것이고 불의한 행실은 잠자지 않을 것이다. 자기가 쌓은 행위들로 상급을 받게 될 것이다.

4. 마지막 추수(14-20절)

여기서 추수는 두 가지 추수를 말한다. 하나는 곡식 추수요(14-16절), 또 다른 하나는 포도 추수(17-20절)이다. 곡식 추수는 성도들의 구속에 대한 상징이고, 포도 추수는 불신자들의 심판에 대한 상징이다.

(1) 곡식 추수(14-16절)

추수하는 분은 인자와 같은 분으로 흰 구름이 있고 구름 위에 앉아 계셨다. 이분은 바로 예수 그리스도이시다. 1장 7절에서도 예수는 구름을 타고 오시는 분으로 묘사되어 있다. 이 예수는 흰 구름 위에 앉아 계신다.

둘째로, 머리는 금 면류관을 쓰고 계신다. 금 면류관은 여러 다양한 함의들을 지니고 있지만 여기서는 예수의 신분과 권세를 암시하는 것으로 보인다. 즉 예수의 통치권과 영광을 보여 주는 것이다.

셋째로 손에는 예리한 낫을 가지고 계신다. 낫은 추수할 때 쓰는 도구로 예수의 종말에 성도들을 구속하시는 것을 보여 준다.

(2) 포도 추수(17-20절)

앞에서의 곡식 추수는 의인을 하늘에 들임과 악인의 멸망을 모두 그리고 있지만, 포도 추수는 악인의 심판만을 그리고 있다. 포도 추수는 두 단계에 걸쳐 진행된다. 예리한 낫으로 거두어들이고, 그다음 포도송이를 포도주 틀에 넣어 밟는다. '포도주 틀'은 그 안에 포도를 모아 넣은 다음 짓이기는 커다란 용기나 나무통을 말한다. 포도주 틀에서 포도를 밟은 것은 하나님의 심판을 의미한다(욜 3:13; 사 63:1-6). 불신자들은 성 밖의 틀에서 밟힐 것이다. 이 성은 예루살렘을 가리키는 것으로 예수께서 예루살렘에서 십자가에서 달려 죽으셨던 것처럼, 불신자들 또한 예루살렘 성 밖에서 심판을 받게 될 것이다. 예루살렘 성 밖에서 밟히는 것은 하나님 언약 백성에게 끊어진다는 것을 의미한다. 이 말은 악인들이 구원받은 성도들의 회중에 들지 못하고 하나님의 영원한 형벌 가운데 처하게 될 것을 의미한다.

이처럼 끔찍한 심판에 흘러나온 '피가 말굴레까지 닿았다'는 표현은 하나님의 무서운 진노의 심판을 매우 극심하게 형상화한 표현이라 할 것이다. 그 피가 흐른 지역의 넓이는 1,600 스다디온이다. 1스다디온이 192m이므로 1,600 스다디온은 약 300km가 된다. 이는 어마어마한 끔찍한 광경이다. 이것을 대부분 문자적으로 보기보다는 상징적으로 해석해야 하고, 이것은 심판이 세상 전체에 해당되는 완전한 심판을 상징적으로 보여 주는 것이다.

제15장
이기고 벗어난 자

15장 1절-16장 21절에 나오는 일곱 대접 재앙에 관한 이야기는 계시록에 나오는 세 가지의 일곱 재앙 시리즈 중에서 마지막 것이다. 일곱 대접 재앙은 일곱 인, 일곱 나팔과는 달리 그 어떤 중단도 없이 16장 2-21절에서 연속적으로 서술하고 있다.

또 그 심판의 강도는 점점 세지는 크레셴도(crescendo)를 이루고 있다. 일곱 대접 재앙(15-16장)에서 15장은 일곱 대접 재앙의 서론이며 16장은 일곱 대접 재앙의 구체적인 내용이다.

15장의 내용을 구체적으로 나눈다면 ① 일곱 대접을 가진 천사 소개(1절) ② 이기고 벗어난 자들의 찬송(2-4절) ③ 일곱 대접을 가진 천사들 소개(5-8절)하는 샌드위치 구조로 되어 있다.

1. 일곱 대접을 가진 천사(1절)

요한은 하늘에 '크고 이상한 다른 이적을 보았다'고 말한다. 12장 1절에서도 여자에 대한 환상을 '큰 이적'이라고 했고, 12장 3절에서도 용에 대한 환상을 '이적'이라고 했다. 본 절에 이 '다른 이적'이라는 표현 앞에 '크고 이상한'이란 수식어가 붙어 있는 이유는 일곱 천사의 일곱 재앙이 지금까지의 다른 재앙들과는 달리 마지막 재앙이기 때문이다. 이것은 온 세상에 임하는 재앙이다. 이 재앙들은 16장에서 구체적으로 기록하고 있다. 인 재앙(6-8장)이 땅 4분의 1을 파괴하는 재앙이요, 나팔 재앙이 땅 3분의 1의 재앙(8-11장)이라면, 대접 재앙은 적그리스도의 추종자들을 겨냥하고 있으면서도 땅 전체에 영향을 미친다. 이 대접 재앙은 최종적인 완결로 세상 종말의 절정이다.

2. 이기고 벗어난 자들이 부르는 찬송(2-4절)

요한은 불 섞인 유리 바다를 보았다. 이것은 4장 6절의 하나님 보좌 앞에 있다고 묘사한 유리 바다와 비슷하다. 그런데 여기서는 그 유리 바다에 불이 섞여 있는데 이것은 진노와 심판을 의미한다. 그 곁에 서 있는 자들은 짐승과 그의 우상과 그의 이름의 수를 이기고 벗어난 자들[137]이다. 이들이 유리 바닷가에 서서 하나님의 거문고를 가지고 하나님의 종 모세의 노래, 어린양의 노래를 불렀다. '모세의 노래'는 과거 이스라엘 민족이 출애굽할 때 홍해를 건넌 후, 하나님이 베푸신 구원의 권능을 노래하기 위해 부른 구원의 노래이다. '어린양의 노래'는 모세와의 노래와 상관관계가 있어서 모형과 실제라는 상관성을 지닌다. 즉 과거에 이스라엘 백성이 추격해 오는 바로 군대를 홍해에 수장시키고 자신들을 구원해 준 하나님을 찬양했듯이, 모든 환난을 이기고 하나님의 보좌 앞에 선 성도들은 그리스도께서 사탄과 그 추종 세력인 세상을 심판하시고 자신들을 온전히 구원해 주신 것에 대하여 찬미하는 것이다. 이런 의미에서 모세의 노래와 어린

---

137) 이기고 벗어난 자들 : 이들은 교회의 공동체를 가리킨다. '이긴 자들'이라는 표현은 출 15:3에서 '여호와는 용사시니'라고 한 것과 밀접하게 연결되어 있다. 출애굽기 15장에서 모세의 노래 주제는 애굽을 이기신 여호와 하나님에 대한 찬양이라 할 수 있는데, 하나님의 승리는 이스라엘의 승리를 말한다. 그렇다면 지금 하늘에서 어린양의 노래를 부르는 이들의 승리도 역시 하나님의 승리에 근거한 것이며, 그 승리에 근거하여 얻은 구원을 기뻐하는 것이다. 승리한 자들은 유리 바닷가에 서서 하나님의 거문고(하프)를 가지고 '모세의 노래' 곧 '어린양의 노래'를 부른다. 거문고는 계시록에서 구속을 내용으로 하는 '새 노래' 모티프와 항상 함께 등장한다(5:8-9, 14:2). 이들은 ① 그 이마에 하나님의 인침을 받은 자들(7:2-3, 9:4) ② 하늘에 거하는 자들(12:12, 13:6) ③ 생명책에 녹명된 자들(20:15) ④ 이마와 손에 짐승의 표를 받지 아니한 자들(16:2)을 말한다.

양의 노래는 동일한 노래이다.[138]

3-4절에 나오는 모세의 노래, 즉 어린양의 노래는 구약의 시편이나 선지서 구절들을 인용한 것이다.

① 주 하나님 전능하신 이시여(암 4:13)

② 하시는 일이 크고 놀라우시도다(출 15:11; 시 86:10, 139:14)

③ 주의 길이 의롭고 참되시도다(신 32:4)

④ 주여 누가 주의 이름을 두려워하지 아니하며 영화롭게 하지 아니하오리까(렘 10:7; 시 86:9)

⑤ 오직 주만 거룩하시니이다(시 99:9)

⑥ 주의 의로우신 일이 나타났으매(시 98:2)

⑦ 만국이 와서 주께 경배하리이다(시 86:9; 말 1:11; 계 14:6-7).

이 노래는 하나님과 온 세상에 대한 하나님의 궁극적인 승리를 찬양한다.[139] 만국이 와서 주께 경배할 것이라는 말은 결국 모든 사람이 구원을 받게 된다는 의미가 아니라, 모두가 예수의 이름 앞에 무릎을 꿇게 된다고 한 말씀과 흡사하다(빌 2:10).

3. 일곱 대접을 가진 천사 소개(5-8절)

5-8절에서는 1절에 이어 다시 일곱 대접 재앙에 대한 언급을 한다. 이 부분에서는 일곱 대접 재앙이 어떤 과정을 거쳐 이루어지게 되는가를 자세히 소개한다. 15장은 16장부터 시작되는 대접 재앙의 배경적 설명을 제공해 준다.

(1) 하늘에 증거[140] 장막의 성전

---

138) 제자원, 『그랜드 종합주석 제16권』(서울: 제자원 성서교재간행사, 1994), p.891.

139) 그랜트 오스본, 전광규 역, 『요한계시록』(서울: 성서유니온교회, 2008), p.277.

140) 증거 : '증거'라는 단어는 언약궤 안에 놓여진 십계명을 의미하는 두 돌판을 가리킨다(출 25:16, 21; 신 101-2; 왕상 8:9; 대하 5:10). 구약에서 언약궤나 그 언약궤가 있는 지

'장막'은 광야에서의 성막을 가리킨다. 성막은 '증거의 장막'이라고 불려졌다(출 38:26, 40:34; 민 10:11, 17:7). 이 성막은 하늘 성전을 모방한 것이다(출 29:9; 행 7:44; 히 8:5). 여기서 하늘 성전에 '성막' 이라는 표현을 덧붙임으로 2-4절에서 모세의 노래의 경우와 같이 출애굽이라는 역사적 정황 속으로 들어가 하늘 성전의 이해를 더하기 위한 것이다.

(2) 일곱 천사의 출현(6절)

성전으로부터 나온다. 일곱 대접 재앙을 행하려는 일곱 천사가 성전으로부터 출현한다. 이 성전은 하나님의 뜻을 행하는 통치의 발원지로 그 성전으로부터 나온 일곱 천사들은 하나님의 뜻을 결행하는 사자라는 것을 알 수 있다. 이 일곱 천사는 '맑고 빛난 세마포 옷을 입고 가슴에 금띠를 띠고' 있었다. 이것은 일곱 천사의 순수성과 영광을 강조하고 있다. 레위기 16장 4, 23절에서 제사장들이 입고 있는 옷들이 바로 세마포였고, 에스겔 9장 2-3절과 다니엘 10장 5절, 12장 6-7절에서 천사들이 세마포를 입고 있다. 더 나아가서 '가슴에 금띠를 띠었다'는 것은 1장 13절에서 인자가 '가슴에 금띠를 띠고' 있는 것과 병행을 이룬다. 이러한 금띠는 왕과 같은 높은 위치를 상징해 준다. 그렇다면 일곱 천사들은 바로 심판주이신 그리스도로부터 심판을 위해 보냄을 받은 사자라고 할 것이다.[141]

(3) 일곱 심판을 위한 위임식(7-8절)

네 생물[142] 중의 하나가 금 대접 일곱을 일곱 천사에게 준다. 그

성소는 종종 '증거궤' 혹은 '증거판'이라고 칭한다. 그러므로 그러한 언약궤를 담고 있는 성막을 '증거의 장막'이라고 부른다. 그리고 이 언약의 개념에는 그를 파기하는 자에게 죽음의 심판이 필연적이라는 것을 전제한다. '증거'라는 단어에 의한 이런 심판에 대한 암시는 15장의 문맥에서 이어지는 16장에서 기록되는 대접 심판에 대한 소개를 미리 예비한다. 일곱 재앙을 가진 일곱 천사가 이러한 성전, 곧 증거의 장막으로부터 나오는 이유이다.

141) 이필찬, 『내가 속히 오리라』(서울: 이레서원, 1990), pp.661-662.

일곱 대접 속에는 '살아 계신 하나님의 진노'가 가득 담겨 있다. 하나님의 진노는 잠시 있다가 사라지는 것이 아니라 세세토록 살아 계시는 하나님의 진노이다. 진노가 얼마나 크고 집요한 것인가를 말해 준다.

그리고 성전에는 하나님의 영광과 능력으로 말미암아 연기[143)]가 가득 찼다고 말한다. 성전에 가득 찬 연기는 하나님의 영광[144)]과 능력의 현현이다. 구약시대에 연기와 구름은 성전에서 하나님의 영광과 능력을 기인하며 심판에 대한 의지와 관계된다. 그러므로 성전 안에 가득 찬 연기는 하나님의 영광과 능력을 드러내게 될 심판이 반드시 실행되고 말 것임을 보여 준다.

그리고 일곱 재앙이 마치기까지는 성전에 들어갈 자가 없다(8절)고 말한다. 하나님이 자신의 임재가 진노와 심판의 임재가 되기 때문에 들어갈 수 없다. 하나님의 뜻이 세워지고 수행되는 그 모든 순간에 하나님의 영광이 나타나는 것은 자연스러운 것이다.

---

142) 네 생물 : 네 생물은 ① 하나님의 보좌를 두르는 가장 중심적 요소 중의 하나(4:6-7) ② 천상적 예배를 인도하기도 한다(5:6-7). ③ 심판의 전령으로 보내는 역할도 한다(6:1-8) ④ 찬양에 동참하기도 한다(7:11, 14:3) ⑤ 하나님 앞에 엎드려 '아멘 할렐루야'를 외치기도 한다(19:4).

143) 연기 : 연기는 은유적인 의미를 해석해 주는 역할을 한다. 연기는 성소 앞에 있는 향단에서 태워질 때 성소를 가득 채운 향연이라는 의미를 결합시킨 것으로 하나님의 현현의 이미지이다.

144) 하나님의 영광 : 하나님께서 스스로를 계시하시는 여러 가지 방식을 따른 하나님의 임재를 가리킨다. ① 시내산 위에서의 임재(출 24:16-17) ② 성막에서의 임재(출 40:34-35; 레 9:6, 23; 민 14:10, 16:19, 42, 20:6 ③ 성전에서의 임재(왕상 8:11; 대하 5:14, 7:1-3; 겔 10:4, 18, 11:23, 43:4, 44:4) ④ 예언적 환상들 속에서 임재(겔 1:28, 3:12, 23, 10:4; 행 7:55).

제16장
일곱 대접 심판

일곱 대접 재앙은 일곱 천사들에 의해서 하나님의 진노의 대접을 땅에 쏟는다. 성소에서 발원한 하나님의 진노의 소리는 '큰 음성'이었다. 큰 음성의 '크다'고 하는 것은 그만큼 결정적 최후의 심판이 강하다는 것을 말한다.

이 대접 재앙은 나팔 재앙과 매우 유사하며 세상의 모든 부분에 영향을 미친다. 처음 네 나팔들처럼 처음 네 대접들은 땅과 바다, 육지의 물, 하늘에 영향을 미친다. 그리고 마지막 셋은 인간에게 영향을 준다. 나팔 심판과 대접 심판은 세 가지 면에서 다른 점이 있다.

① 나팔 심판은 부분적인 데 반해 대접 심판은 완전하다.

② 나팔 심판은 불신자들에게 회개의 기회를 부여하지만 대접은 그렇지 않다.

③ 인류는 나팔 심판 중 몇 가지에 의해서는 간접적인 영향을 받지만 모든 대접 심판에 의해서는 직접적인 영향을 받는다. 나팔 심판과 마찬가지로 대접 심판은 출애굽기 7-12장에 기록되어 있는 애굽 재앙을 재현한다. 애굽의 재앙들은 진노의 대접들과 동일하게 하나님이 전능하시다는 것을 세상에 입증하려는 목적을 갖고 있다.[145)]

성전에서 큰 음성이 났다. 성전은 하나님의 임재를 나타내는 장소이다. 그곳에서 하나님의 음성이 났다는 것은 하나님께서 말씀하셨다는 것을 암시해 준다. 16장은 '큰 장'이라고 할 만큼 크다는 말이 반

145) 그랜트 오스본, 전광규 역, 『요한계시록』(서울: 성서유니온교회, 2008), p.282.

복되고 있다. 그만큼 심판이 결정적이고 크다는 것이다.

① 1절: 큰 음성(μεάλης φωνης)

② 9절: 크게 태움(καύμα μέγα)

③ 12절: 큰 강 유브라데(μέγαν τόν Εὐφράτην)

④ 14절: 전능하신 이의 큰 날(της ἡμέρας της μεγάλης του θεου του παντοκράτορος)

⑤ 18절: 이같이 큰 지진(σεισμός οὗτως μέγας)

⑥ 19절: 큰 성(πόλις ἡ μεγάλη)

⑦ 19절 : 큰 성 바벨론(Βαβυλών ἡ μεγάλη)

⑧ 21절: 큰 우박(χάλαζα μεγάλη)

⑨ 21절: 그 재앙이 심히 큼이라(ὅτι μεγάλη ἐστιν ἡ πληγη αὐτης σφόδρα)

1. 첫째 대접 재앙(2절)

① 땅에 쏟음

첫째 나팔 재앙이 땅에 임했던 것과 마찬가지로 첫째 대접 역시 땅에 대접을 쏟았다. 그러나 이 재앙들 역시 차이가 있다. 두 재앙이 똑같이 임했지만 나팔 재앙의 대상이 사람이 아니라 자연이었다. 그러나 본문에 언급된 대접 재앙은 사람에게 대접을 쏟는다.

② 육체에 고통을 주는 재앙

첫째 천사가 대접을 땅에 쏟자 '악하고 독한 종기가 나더라'고 했다. 이 '악하고 독한 헌데'는 악성 종양을 가리키는데 부스럼으로 인해 매우 가렵고 진물과 고름이 나는 피부병이다. 오늘날과는 달리 고대인에게 이런 질병은 치유가 불가능하여 엄청난 고통을 안겨 주었다.

③ 대상

첫째 대접 재앙이 임하는 대상은 짐승의 표를 받은 사람과 우상에게 경배하는 자들이다. 이 재앙은 하나님께서 불신자들에게 주어지는 징벌 재앙이었다(신 27:28, 35). 학자들은 네로 황제 시대에 있었던 독종의 재앙이나 안티오쿠스 에피파네스나 헤롯 안디바(행 12:23)가 몸에 벌레가 생겨 죽임을 당한 사건 등은 주께서 독종을 통해 악한 자를 벌하시는 재앙이 실제로 역사 가운데 나타난 대표적인 실재라고 말한다.

2. 둘째 대접 재앙(3절)

① 바다에 쏟음

둘째 천사가 그 대접을 바다에 쏟았다. 바다가 죽은 자의 피같이 되고 그 가운데 모든 것이 죽었다. 둘째 나팔 재앙에서는 바닷물의 3분의 1이 피로 변하여 바다 생물의 3분의 1이 죽었다(8:8-9). 이번에는 바다 전체가 피로 변하여 그 가운데 모든 생물이 죽었다. 나팔 재앙보다도 더 구체적이고 강하다. 바다는 인간을 위해 하나님이 사용하시는 도구이다. 하나님은 이 세상을 창조하실 때 '바다의 고기와 공중의 새와 땅에 움직이는 모든 생물을 다스리라'(창 1:27-28)고 하셨다. 그러나 이제는 이 바다가 파멸의 재앙을 주는 도구가 되었다. 인간의 죄가 커질수록 다른 피조물의 고통과 신음 소리, 그리고 그로 인한 고통은 더 심해진다.

② 바다의 모든 생물이 죽었다.

바다가 피와 같이 되어 바다 가운데 모든 살아 있는 것들이 죽었다. 고대 세계에서 피는 역설적이게도 오염의 원천이기도 했고, 정화의 수단이기도 했다. 바다가 피로 오염된 것은 나일 강이 피로 변해서 물을 먹을 수 없게 되고 물고기가 죽게 된 출애굽기 7장 14-24절에 나오는 첫 번째 재앙을 연상케 한다. 여기서 바다는 문자 그대로의 바다일 수 있고, 상징적인 의미에서 열국을 의미할 수도 있다.

3. 셋째 대접 재앙(4–7절)

① 강과 물 근원에 쏟았다.

이번에는 강과 물 근원이 역시 피로 변했다. 피가 재앙의 도구가 된 것이다. 원래 구약에서는 피를 생명의 근원으로 설명했다. 그래서 희생 제사를 드릴 때에도 제물에 피를 뿌려 드렸으며 짐승의 피는 먹지도 말도록 규정하였다. 신약에서도 그리스도의 핏값으로 성도들을 구속하셨다는 내용이 바로 그것이다. 이처럼 성경에서 피는 곧 생명을 의미하는데 본문에서는 독특하게 피가 심판의 도구로 쓰이고 있다. 이는 생명을 주관하시는 하나님의 능력을 보여주기 위함인 동시에 악인들에 대한 철저한 징벌을 나타낸다.

② 물 맡은 천사의 심판 송영

요한은 '물 차지한 천사'라고 불리어지는 천사가 하나님이 이 심판을 행하는 것은 '참되시고 의로우시다'라고 말한다. 하나님의 심판을 집행하도록 보냄을 받은 천사들이 각기 개별적으로 자연계의 일부를 관장하는 것을 알 수 있다. 즉 어떤 천사는 바람을 다스리고(7:11), 어떤 천사는 불을 다스리며(14:8), 또 어떤 천사는 본 절에서와 같이 물을 다스린다. 이처럼 '물을 차지하는 천사'가 그 재앙의 필연성과 당위성을 설명한다. 역설적이게도 신자들의 피를 흘린 자들에게 마시도록 남겨진 것은 피였다. 그들은 자신들의 범죄의 방법대로 벌을 받게 되는 것이다. 성도들과 선지자들이 죽임을 당하고 땅에 피를 흘리게 했던 악한 자들에게 합당한 보응의 피를 마시게 하는 것이다. 하나님의 심판은 의롭고 참되시다. 실상 '보응하시는 하나님'은 계시록의 큰 주제 가운데 하나이다. 인류의 시작 이래로 많은 하나님의 백성을 괴롭혔던 자들이 하나님의 공의로우심으로 말미암아 그 악행의 심판을 받는 것을 마땅하다. 하나님의 심판은 단순하게 악한 자들을 징벌하신다는 측면 외에도 자기 백성들의 무고한 피를 흘리게 한 자들을 벌하시는 성격도 있다는 의미이다.

③ 제단이 말한다. 그러하다 심판하시는 것이 참되시고 의로우시도다 하더라.

순교자들이 번제단 아래서 하나님의 공의의 심판을 간구한 바가 있으며(6:9-10), 또한 성도들의 기도가 향단 위에 드려진 사실(8:3-4)도 있다. 이런 것에 비추어 볼 때 '제단이 말한다'는 것은 성도들과 순교자들이 천사의 말에 응답한 것을 상징화한 것이 분명하다. 즉 핍박당한 순교자들은 일찍이 자신들의 억울함을 신원하여 주도록 하나님께 부르짖었고, 이제 그에 따른 심판이 집행되자 그 심판의 정의로운 천사의 말에 대한 화답으로 노래하고 있는 것이다.

4. 넷째 천사 대접 재앙(8-9절)

① 넷째 천사가 대접을 해에 쏟는다.

해가 권세를 받아 불로 사람을 태운다. 해는 인간에게 유익을 주기 위해 주신 것인데, 심판 때는 오히려 심판의 도구로 전환되고 있다는 사실을 알 수 있다. 태양이 인간을 죽음으로 몰아넣는 도구가 된 것이다. 그것은 생명의 상실을 의미하고 멸망을 말한다. 땅의 사람들은 크게 태움에 태워졌다. 즉 강한 열에 그슬려 해를 당하게 된 것이다.

② 재앙들을 행하는 권세를 가진 하나님을 비방한다.

하나님의 진노의 재앙이 하나님으로부터 왔다는 것을 인식한다. 그들이 하나님을 비방한다는 사실이 이를 증명한다. 그런데도 그들은 여전히 하나님의 권위를 인정하거나 자신들의 죄를 회개하기를 거부한다.

③ 회개하지 아니하고 주께 영광을 돌리지 않는다.

이스라엘 백성이 출애굽할 때 하나님께서 열 가지 재앙을 내리셨지만 바로의 마음은 더욱 강퍅해지고 회개할 줄 몰랐다. 그와 그를 따르는 자들은 짐승의 특성을 띠고 있으며(13:6) 하나님을 비방하고 죄를 회개하지 않음으로 용서를 받을 수 없는 죄를 짓게 되는 것이다. 악이 악으로 치닫는 종결자의 모습을 보는 것이다.

5. 다섯째 대접 재앙(10-11절)

① 다섯째 천사가 그 대접을 짐승의 왕좌에 쏟는다.

짐승의 왕좌와 그 숭배자를 위해 쏟았다. 계시록 13장의 바다에서 올라온 짐승일 것이다. 짐승의 왕좌는 용이 준 것으로 권세의 중심과 근원을 상징한다. 다섯째 천사가 짐승의 왕좌, 즉 짐승의 본성이 되는 중심세력을 직접 공격한 것이다. 짐승의 세력이 집결되어 있는 그 권세의 핵심부를 강타한 이러한 흑암의 재앙은 마치 9장 2절이나 출애굽기 10장 21-23절의 재앙과 비슷한 상태라고 볼 수 있다.

② 재앙의 결과

㉮ 짐승의 나라가 어두워진다: 이 재앙은 짙은 어둠이 애굽 땅을 3일 동안 뒤덮었다고 말하는 출애굽의 어둠같이 절대적이고 완전한 어둠이었다. 예수께서 처형당하실 때도 '온 땅에 어둠이 임했다'(마 27:45; 막 15:33; 눅 23:44)고 한 것과 같은 어둠이 짐승의 나라에 임하게 된다.

㉯ 사람들이 아파서 자기 혀를 깨물고: 9장 1-12절에 첫째 화에 나오는 인 맞지 아니한 자들이 다섯 달 동안 괴롭힘을 받되 무저갱으

로부터 올라온 연기가 해와 공기를 어둡게 하고 전갈이 사람을 쏠 때와 같은 괴로움과 그리고 황충 떼에 의해서 고통을 당하기 때문이다.

㉰ 아픈 것과 종기로 말미암아: 이것은 첫째 대접의 종기(2절)와 넷째 대접의 화상(8절) 때문일 것이다.

㉱ 하늘의 하나님을 비방하고 그들의 행위를 회개하지 않는다: 9절의 말씀을 반복하고 있는데 악한 자들에게 있어서 재앙이란 회개의 동기가 되는 것이 아니라, 오히려 하나님을 알고 있으면서도 비방하고 모욕하며 악을 더 키워 스스로 멸망하게 되는 도구가 된다.

6. 여섯째 대접 재앙(12–16절)

① 여섯째 천사가 대접을 큰 강 유브라데에 쏟는다.

유브라데는 하나님의 심판을 상징하는 처소로 언급되고 있다. 여섯째 나팔 재앙 때에는 사람 3분의 1이 죽으나 여섯째 대접 재앙에서는 세상의 모든 사람들이 재앙을 입는다는 차이점이 있다. 또 여섯째 나팔 재앙에서는 네 천사에 의해 세상 군대가 동원되어 불과 연기와 유황으로(핵전쟁을 연상할 수밖에 없다. 9:13–19) 사람이 죽게 되는 반면, 여섯째 대접 재앙에서는 용 자신이 세상의 모든 군대를 동원하여 그리스도와 싸우는 최후의 전쟁으로 사람을 죽이게 될 것이다.

② 유브라데 강이 말라버리는 이유

동방에서 오는 왕들의 길을 예비하기 위해서이다. 해 뜨는 쪽에서 오는 왕들이 누구인가에 대해서는 여러 가지 해석이 있다. 분명한 것은 동양에서 오는 왕들로 최후의 세계 전쟁을 위해 중동으로 모여드는 것이다. 그러므로 동방에서 오는 왕들은 아마도 하나님의 백성들을 치기 위해 원방에서 오는 연합세력일 것이다.

③ 개구리 같은 세 더러운 영

개구리는 성경에서 비늘이 없는 부정한 동물로 분류되는 생물이다(레 11:10). 개구리 모습에 비유된 이 세 더러운 영은 악의 세력의 연합체를 가리킨다. 이 세 더러운 영을 개구리 모습에 비유한 것은 그들의 부정함을 묘사하기 위한 것이다. 이 세 영은 용의 입과 짐승의 입과 거짓 선지자의 입에서 나오니 그들은 귀신[146)]의 영이다. 이 귀신의 영은 이적을 행하며(13:13) 온 천하 왕들에게 하나님, 곧 전능하신 이의 큰 날에 있을 전쟁을 위하여 그들을 모으는 사명이 주어졌다.

④ 전능하신 큰 날에: 이날은 대개 하나님의 '최후의 심판날', 즉 그리스도께서 재림하시는 날을 말한다(고전 5:5; 빌 1:6). 또 이날이 '도둑같이 온다'고 한 것은 그리스도의 재림의 은밀성과 긴박성을 뜻하는 것이 아니라, 준비되지 않는 자들에게는 그리스도의 재림이 알지 못하는 사이에 돌발적으로 임하게 될 것임을 나타내는 경고이다. 때문에 깨어 옷을 지켜 벌거벗고 다니지 아니하며 자기의 부끄러움을 보이지 않는 자가 복이 있는 것이다.

⑤ 이 세 영이 히브리어로는 '아마겟돈'이라는 곳으로 왕들을 모은다: 아마겟돈에 해당하는 헬라어 '하르마게돈(ἁρμαγεδών)'은 히브리어 '하르 므깃도(ה ר מגדון)', 즉 '므깃도 산'이란 지역을 음역한 것이다. 아마겟돈이란 말의 의미에 대해서는 많은 논의가 있으나 어떤 사람은 '도살의 산'이라는 의미를 가지고 있다고도 말한다. 이 지역은 서

146) 귀신: 계시록에 '귀신'이라는 말은 세 번(9:20, 16:14, 18:2) 나온다. 그중에 귀신의 실재를 말한 것은 9장 20절(여러 귀신)뿐이고, 16장 14절 '귀신의 영', 18장 2절의 '귀신의 처소'라고 하여 귀신적인 성격을 수식어로 사용하였다. 귀신의 기원을 세상 창조 이전에 만든 사탄(Lucifer)과 동시적으로 보는 사람이 많이 있다. 이 사탄에 의해서 태초의 인간이 타락했으며 타락한 인간들의 영을 귀신이라고 하는 사람도 있다. 또 헬라 전설에 의하면 죽은 사람들의 영을 귀신이라고 하는 사람들도 있다. 그러나 코흐(k. koch)는 성서적으로는 죽은 자의 혼령에 대하여 전혀 언급이 없다고 하였다. 귀신은 일종의 영적 존재이며 인격적 존재라고 할 수 있다. 귀신의 영적 능력은 육체적으로 초인간적 위력을 발휘할 때도 있고(눅 8:29), 초자연적인 지식을 과시할 때도 있다(겔 28:12; 막 1:14, 34, 5:6-7; 마 8:28-29). 그리고 귀신은 세계 어느 곳에나 활동 무대로 삼을 수 있으며(약 2:19), 그 세력의 강도를 집단적으로 표시할 수도 있다(눅 8:30).

(西)로는 므깃도(megiddo) 평야가 있고, 북동(北東)에는 에스드라엘론(Esdraelon) 평야가 있는 장소에 위치하고 있다. 구약성경에서는 사사기 4장에서 드보라와 바락이 시스라를 물리친 전장이요, 사사기 7장에서는 미디안인에 대한 기드온의 승리가 있었던 곳이요, 아하시야가 예후의 화살에 의해 죽은 곳이기도 하다(왕하 9:27). 또한 바로느고가 유대 왕 요시야를 죽인 곳이기도 하고(왕하 23:29; 대하 35:22), 사울 왕이 죽은 곳이기도 하다. 므깃도는 전쟁이 끊임없이 일어났던 곳으로 앞으로 주의 날에 최후 결전의 장소가 될 것이다.

7. 일곱째 대접 재앙(17-21절)

① 일곱째 천사가 공중에 대접을 쏟았다.

'공중'은 사탄이 권세를 잡고 있는 영역을 의미한다(엡 2:2). 그러므로 마지막 최후의 일곱째 대접 재앙은 사탄이 권세를 잡고 있는 핵심부에 쏟은 것이다. 대접을 공중에 쏟자 큰 음성이 성전에서 보좌로부터 나면서 '되었다(γέγονεν)'고 선언했다. 이 단어는 '이루어졌다'는 동작이 완료한 것을 의미한다. 그리스도의 재림 이전에 하나님의 심판 행위가 이루어지는 행위를 말한다. 이 말은 예수께서 십자가상에서 '다 이루었다(τετέλεσαι)'라는 단어와는 다르지만 의미상에서는 동일하다. 예수의 십자가상에서의 '다 이루었다'는 말은 구속의 종말사건의 완성이자 심판이다. 그와 같이 본 절의 '되었다'는 말도 십자가 사건에서 발생한 종말적 사건이 이제 그 완성을 보게 된 것이다.

② 대접을 쏟은 결과

번개와 음성들과 우렛소리가 있고 큰 지진이 있었다. 이 큰 지진은 사람이 땅에 있어 온 이래로 이같이 큰 지진이 없었더라고 했다.

③ 큰 성이 세 갈래로 갈라진다.

여기서 '큰 성'은 바벨론을 말하는데 신약시대에는 유대와 기독교인들에게 있어서 로마제국을 지칭하던 은어였다(벧전 5:13). 그러므로 바벨론은 반기독교적인 활동 중심지를 나타낸다. 악한 도시와 우상숭배의 세계 중심지인 부도덕한 제국 양자 모두를 가리킨다.

바벨론의 죄는 바로 하나님을 대적하고 그의 백성을 핍박한 죄이다. 이러한 죄가 바벨론이 하나님의 최종적인 심판의 대상이 되는 이유이다. 이러한 이유에서 바벨론이 하나님의 맹렬한 진노의 잔을 마시게 되는 것이다. 그리고 이 성이 '세 갈래로 갈라진다'고 한 것은 완전히 찢어짐을 나타내는 것으로 철저하게 멸망당할 것을 말한다. 바벨론에 속한 모든 도시들도 파괴될 것이다. 그 멸망의 철저함이 어떤 정도인가를 보면 번개와 음성들, 우렛소리, 지진과 더불어 하늘에서 큰 우박이 땅의 사람들 위에 떨어질 정도로 혹심한 우박 재앙이었다. 이 우박의 무게가 한 달란트(약 34kg) 가량 되었다. 구약에서 우박을 통하여 이스라엘의 적들을 물리친 기록이 있으며(수 10:11), 에스겔은 우박을 폭우와 함께 비를 내리듯 내릴 것이라(겔 38:22)고 했으며, 출애굽 당시의 일곱 번째 재앙이기도 했다(출 9:23). 본문의 재앙을 문자적으로 해석한다면 34kg이나 되는 우박덩어리란 있을 수 없는 것이라 하여 상징적으로 해석하는 사람들도 있다. 그러나 이 우박을 현대전에서 볼 수 있는 것과 같은 폭탄이나 미사일과 같은 무기로 해석하는 것은 어떠하겠는가?

어찌했든 땅에서 지진이 일어남으로 모든 성이 무너지고, 섬과 산들이 무너지며 사라지고 하늘에서 큰 우박이 떨어져 엄청난 재앙이 임하므로 최종적 심판이 처절하게 이루어질 것임을 보여 준다.

그럼에도 불구하고 하나님의 주권을 부정하는 인간들의 철저한 죄악은, 그들이 불못에 떨어진다 하더라도 회개하지 않을 만큼 완악하고 짐승적일 것이다.

일곱 대접 심판

순차	대 상	결 과	성경구절
1	짐승의 표를 받은 모든 사람들에 악한 종기가 생김	회개하지 않은 사람에게 육체적 고통이 임함	16:2
2	바다가 피로 변하고 그 가운데 있는 모든 생물이 죽음	바다가 죽음으로 모든 생태계가 영향을 받음	16:3
3	육지의 물이 피로 변함	육지의 물이 죽음으로 마실 물이 없어짐	16:4
4	해가 사람을 태움	열에 의해 화상을 입은 사람들이 그로 인해 하나님을 저주함	16:8
5	어둠이 땅을 덮음	사람들이 어둠으로 인해 고통을 당하지만 하나님을 저주하며 회개를 거부함	16:10
6	유브라데가 마름	강이 마르고 동방의 군대가 서쪽으로 진군하여 아마겟돈 전쟁에 결집할 길을 열어줌	16:12
7	큰 지진이 지각 변동을 일으키고 우박이 쏟아짐	큰 성 바벨론이 멸망하고 성들이 침몰하고 산들이 평평해짐. 사람들이 계속 하나님을 저주함	16:17-21

일곱 나팔 재앙과 일곱 대접 재앙 비교

	나팔 재앙	대접 재앙	공 통 점
1	땅(8:7)	땅(16:2)	처음 네 심판의 대상은 둘 다 자연계임
2	바다(8:8-9)	바다(16:3)	
3	강과 물(8 10-11)	강과 물(16:4-7)	
4	해·달·별(8:12)	해(16:8-9)	
5	어두워지며(9:1-11)	어두워지며(16:10-11)	다섯째 심판은 어둠과 관계가 있음
6	큰 강 유브라데(9:13-21)	큰 강 유브라데(16:12-16)	여섯째 재앙은 큰 강 유브라데와 관계가 있음
7	번개·우박·음성·지진·큰 우박 (11:15-19)	번개·우레·음성·지진·큰 우박(16:17-21)	번개·우레·음성·지진·우박에 대한 언급으로 끝남

일곱 대접 심판과 출애굽 열 가지 재앙 비교

일곱 대접 재앙		출애굽 열 가지 재앙	
첫째 대접	악하고 독한 종기	여섯째 재앙	악성 종기
둘째 대접	바다가 피가 됨	첫째 재앙	나일강물에 피가 됨
셋째 대접	강이 피가 됨	첫째 재앙	피가 됨
넷째 대접	해가 사람을 태움	병행 없음	
다섯째 대접	어둠이 임함	아홉째 재앙	어둠
여섯째 대접	개구리 같은 영	둘째 재앙	개구리
일곱째 대접	우박	일곱째 재앙	우박

제17장
큰 음녀 바벨론

본장은 주의 재림으로 현 세계가 완전히 무너지고, 또 백보좌 심판 이후 현 세계를 완전히 갱신할 새 하늘과 새 땅이 조성되는 등의 일련의 대종말 사건이 결정적으로 진행되기 전에, 세속문화의 핵심지인 대도시가 먼저 철저히 파괴될 것을 보여 준다.

17-18장은 바벨론의 종교적 또는 정치적 양면에서 궁극적 멸망을 묘사하고 있다. 다시 말하면, 17장은 종교적 혹은 영적인 면에서 바벨론을 취급하고 있고, 18장은 정치적 면에서 바벨론을 취급하고 있다 하겠다.

17장은 그 구성 요소들이 알레고리적이거나 상징적인 의미를 지니는 몇 안 되는 환상들 중의 하나라는 점과 '안내 천사(angelus interpres)'가 환상의 여러 측면이 지닌 의미를 해석해 주는 유일한 환상이라는 점에서 계시록에 나오는 다른 환상들과는 상당히 다른 성격을 지닌다. 그뿐 아니라 이 환상은 다른 일련의 환상들과는 달리 '정태적인' 장면 또는 '정물화(靜物畵)'를 묘사하고 있다. 그 이유는 간단한데 '바벨론'에 관한 요한의 환상이 예술작품에 관한 세밀한 묘사를 뜻하는 '에크프라시스(ekphrasis)'라는 헬레니즘 문화의 한 장르에 속하기 때문이다.[147]

17장은 세 개의 단락으로 구성되어 있다. ① 서론(1-2절) ② 큰 음녀 바벨론에 대한 환상(3-6절) ③ 환상에 대한 해석(7-14절), 그리

147) 데이비드 E. 아우내, 김철 역, 『요한계시록, 하』(서울: 솔로몬, 2005), p.155.

고 음녀의 멸망(16-17절)으로 되어 있다.

1. 서론(1-2절)

큰 음녀가 받을 심판(1절): 일곱 대접을 가진 일곱 천사 중의 하나가 요한에게 말하기를 '이리로 오라'고 말하면서 '많은 물 위에 앉은 큰 음녀가 받을 심판을 네게 보이리라'고 말한다. 이것은 큰 음녀의 심판을 보도록 초청하고 있다. '많은 물'은 15절에서 해석하고 있듯이 '백성과 무리와 열국과 방언들'을 말한다. '많은 물'은 구약에서 종종 하나님께 대항하는 혼돈과 무질서를 의미하고 용, 또는 라합과 동등한 세력으로 묘사하기도 한다(시 18:16, 29:3, 32:6). 따라서 '많은 물'은 바벨론에 의해서 지배되어 있는 많은 나라, 열국을 의미하고 있다.

심판의 근거는 두 가지다. '땅의 임금들이 여자와 음행했다'는 것과 '땅에 사는 자들도 음행의 포도주에 취했기' 때문이다. 여기서 '음행'은 바벨론-로마 속국들 간의 우상숭배와 하나님을 거역하는 행위를 의미하고, '술 취함'이란 세상의 백성들이 로마의 희생물이 되었음을 보여 준다.

2. 큰 음녀 바벨론에 대한 환상(3-6절)

요한은 성령으로 이끌려 광야로 나갔다. 여기서 '광야'는 이중적 의미를 갖는다. 긍정적 의미로는 '광야'가 보호와 계시의 장소(출 19:1; 왕상 19:4-6; 사 40:3; 겔 24:25)이고, 부정적으로는 시험과 폐허의 장소이다(시 19:7-11; 사 1:7; 렘 51:36).

본 절의 '광야'는 사탄의 활동 장소이다. 이것은 12장에서 여자를 양육하기 위한 장소인 광야와 대조된다.

(1) 음녀는 누구인가?

5절에서 '큰 바벨론, 즉 땅의 음녀들과 가증한 것들의 어미'라 말하고, 18절에서는 '땅의 왕들을 다스리는 큰 성이라'고 했다. 초대 그리스도인들에게 이 큰 음녀는 많은 신들을 섬기며 그 손에 기독교 순교자들의 피를 묻혔던 초기 로마제국을 말한다. 그러나 이 음녀는 단순히 로마제국을 가리키는 것만이 아니라, 하나님을 대적하는 모든 경제·정치·군사체제를 상징하며(17:5), 지금까지 세상에서 볼 수 없었던 것을 훨씬 능가하는 최후의 전 세계적인 체제를 상징한다.

(2) 이 음녀는 붉은빛 짐승을 탔다.

이 음녀는 붉은빛 짐승을 타고 있는데, 이는 13장 1절의 바다에서 나온 짐승과 같이 열 뿔, 일곱 머리를 가지고 있다. 그러므로 이 여인이 타고 있는 짐승은 바다에서 나온 짐승과 성격이 같다고 볼 수 있다. 그리고 13장 11절의 땅에서 나온 짐승과도 관련이 있다고 할 수 있다. 그것은 본 장 8절에서 '전에 있었다가 지금은 없으나 장차 무저갱으로부터 올라와 멸망으로 들어갈 자니'라고 한 것은 13장 12절에 '죽게 되었던 상처가 나은 자니라'고 한 성격의 짐승으로 이해할 수 있기 때문이다. 그렇다면 이 음녀는 정치적 박해자의 성격과 거짓 선지자의 사기성을 다 가지고 있는 짐승 위에 올라앉은 셈이다.[148]

그런데 이 짐승은 '붉은빛(κόκκινον)' 짐승이고, 이 여자는 '자줏빛과 붉은빛 옷을 입고'(4절) 있었다. 그리고 12장 3절에서도 '붉은 용'이라는 표현이 나오는데 여기서 '붉은색'은 악의 세력을 공통적으로 보여 주는 특징이 있다. 그러므로 이 음녀는 13장 1절의 바다에서 나온 짐승을 타고 있는 것으로 곧 세상 지배 권력과 적그리스도의 연합관계를 가지고 역사할 것을 나타낸다.

---

148) 김철손, 『요한계시록신학』(서울: 대한기독교서회, 1989), p.278.

(3) 음녀의 치장

① 자줏빛과 붉은 옷을 입고 있다. 고대 세계에서 자줏빛과 붉은 색은 높은 신분의 사람들만이 입을 수 있었던 것으로, 그것을 입은 자들의 부와 권세, 사회적 신분을 나타내는 것이었다.

② 금과 보석과 진주로 꾸몄다. 화려한 보석들로 몸치장을 한 것은 눈에 확 띠고 유혹하려는 것이다.

③ 손에는 금잔을 가졌는데 가증한 물건과 더러운 것들이 가득했다. 금잔은 바벨론의 '죄'에 대한 은유이고, 17장 4절의 '손의 금잔'의 상징적 의미이다. 여자가 손에 들고 있는 금잔은 두 가지 내용물로 가득 차 있다. 그것은 '가증한 물건'과 '음행의 더러운 것들'이다. '가증한 것'은 이교도의 종교적 관습, 즉 우상숭배를 가리키는 것이고, '음행의 더러운 것'은 이교도들의 구역질나고 혐오스러운 음행을 가리킨다.

(4) 그녀의 이마에 이름이 기록되어 있다.

① 그 이름은 비밀이다.

'비밀(μυστήριον)'은 이 음녀의 비밀스러운 특성을 가지고 있다. '비밀'은 감추어진 비밀, 또는 감추었다가 계시되는 비밀을 뜻한다. 따라서 비밀인 음녀는 세상의 모든 나라와 그 거민들을 각종 죄악으로 먹이고 양육하는 어미로서 모든 세상 죄악의 배후에 도사리고 있는 존재이며, 사람들에게 자신의 실상을 감춘 채 활동하는 존재이다. 이러한 의미에서 음녀를 '비밀'(살후 2:7)이라고 한 것이다.[149)]

② 큰 바벨론

바벨론은 신약시대의 로마제국을 지칭한 은어였다(벧전 5:13). 이

149) 제자원, 『그랜드 종합주석 제16권』(서울: 제자원 성서교재간행사, 1994), p.916.

바벨론은 성전파괴 · 우상숭배 · 사치 · 비도덕성의 주체이며, 막강한 권력으로 성도들을 박해한 악의 총체이다. 다시 말하면 만악의 극치로 사람들을 하나님에게서 떠나게 할 전 세계적인 체제를 가리킨다.

③ 땅의 음녀들과 가증한 것들의 어미이다.

이 말은 4절의 '가증한 물건과 음행의 더러운 것'과 짝을 이루는 말이다. '어미'라는 말은 최상급의 의미로 로마가 큰 음녀라면 그 외의 도시들은 로마 지배하에 있는 음녀들이라 할 수 있다.

(5) 이 음녀는 성도들의 피와 예수의 증인들의 피에 취해 있었다.

이 여자의 이름은 '음녀들과 땅의 가증한 것들의 어미'이다. 이것은 이 음녀가 우상숭배와 성도들, 예수 증인들의 피를 흘리게 하는 데 주도적 역할을 하고 있음을 알 수 있다.

3. 환상에 대한 해석(7–14절)

요한은 음녀가 짐승을 타고 있는 것을 보고 크게 이상히 여겼다. 그 이유는 그녀가 너무도 끔찍하게 죄를 저지르는 것을 보고 도저히 이해할 수 없었기 때문이었다. 그녀의 상상을 초월하는 가증한 모습으로 극악한 죄를 짓는 일을 보고 기이히 여긴 것이다.

요한은 천사를 통해 음녀가 타고 있는 짐승에 관해서 설명을 듣고, 짐승과 음녀는 서로서로 공생하고 있지만 사실은 여자가 짐승을 주관하고 있는 것이 아니라 짐승이 여자를 주관하고 있음을 알게 되었다. 본문에서 언급되고 있는 천사의 설명은 여자보다 짐승의 비밀에 더 집중하고 있다. 그 짐승은 큰 음녀 바벨론을 뒷배경으로 하여 세상 권세를 쥐고 있는 적그리스도로서(7–10절) 모든 열국의 왕들을 지배하는 권세를 가지고 만국을 잠시 다스리다가 최후의 순간에 그리스도와 싸우지만 그리스도께 패배함으로 멸망을 당한다.

(1) 일곱 머리와 열 뿔을 가진 짐승의 비밀

① 일곱 머리를 가지고 있다.

짐승의 일곱 머리는 두 가지 의미가 있다. 첫째는, '일곱 머리'는 '일곱 산'을 의미한다(17:9). 1세기 고대 세계에서 '일곱 산'[150]은 로마를 가리킨다. 로마는 BC 753년 이탈리아 반도의 티베르(Tiber) 강 동쪽 연안에 있는 일곱 산 위에 세워진 도시이다. 로마의 로물루스는 일곱 산 중에서 팔라티노 언덕에 거주지를 정하고 성벽을 쌓았지만 6대 왕 세르비우스 튤리우스가 일곱 산을 둘러싸는 성벽을 건설함으로써 '일곱 언덕 도시'가 된 것이다. 그러므로 음녀가 일곱 산 위에 앉아 있다는 것은 로마와 깊은 관계가 있음을 보여 준다. 따라서 계시록이 기록될 당시에 음녀는 로마제국이라 할 것이다. 둘째 짐승의 일곱 머리는 일곱 왕을 의미한다. 이 일곱 왕에 대한 해석은 여러 가지다. 로마 황제들로 해석하는 경우도 있고, 역사 속에 있었던 '세계제국'으로 해석하기도 한다.

② 열 뿔을 가지고 있다.

짐승의 일곱 머리에 열 뿔(3, 7절) 가진 존재는 다니엘 11장 7, 24절을 배경으로 하고 있다. 뿔은 권세를 상징한다. 그리고 왕은 권세를 지닌 지배자이다. 그러므로 '열 왕'은 로마 속국을 다스렸던 열 왕으로서 짐승의 동료이자 후원자들로서 장차 짐승에게 복종하게 될 권세를 상징한다.

③ 이 짐승은 전에 있었다가 지금은 없으나 장차 멸망으로 들어갈 자이다.

---

150) 일곱 산 : 로마는 팔라틴(Palatine), 아벤틴(Aventine), 셀리안(Caelian), 에스퀼린(Esqulline), 비미날(Viminal), 퀴리날(Quirinal), 카피톨린(Capitolin), 자미큘럼(Jamiculum)이라는 일곱 개, 산 위에 세워진 도시이다. 그 일곱 개의 산이 본문의 일곱 산과 일치하고 있어 본문의 일곱 산은 로마로 지칭하기도 한다.

이 구절에 대한 설명은 10절 이하에서 다시금 설명하고 있다. "또 일곱 왕이라 다섯은 망하였고 하나는 있고 다른 하나는 아직 이르지 아니하였으나 이르면 반드시 잠시 동안 머무르리라 전에 있었다가 지금 없어진 짐승은 여덟째 왕이니 일곱 중에 속한 자라 그가 멸망으로 들어가리라."

이 말씀을 정리하면 본문의 '다섯', '하나', '다른 이'라는 일곱 왕을 역사 속에 등장하는 제국으로 본다면 다섯은 애굽, 앗수르, 바벨론, 메대, 파사, 헬라로, '하나'는 요한 당시의 로마로, '다른 이'는 로마로부터 짐승이 일어나기까지의 어떤 강대국(신로마제국)으로 보는 것이 좋을 듯하다.

④ 열 뿔, 열 왕이 짐승과 더불어 임금처럼 한동안 권세를 받는다.

열 왕은 장차 짐승과 합세하여 권세를 휘두르며 적그리스도 밑에서 한동안 권세를 부릴 뿐이다. 10이라는 숫자는 문자적일 수도 있지만 적그리스도를 섬기며 그리스도를 대적하여 싸울 땅의 세력들의 완전성을 상징하는 것일 가능성이 더 크다. 열 왕이 어떤 세력이든지 간에 그들은 짐승에게 자기들의 힘을 제공하고 어린양에게 맞서 싸울 것이다.

짐승은 42달 동안 권세를 받았지만(13:5), 이 왕들은 '한동안' 권세를 받을 것이다. 이것은 그들이 권세를 행사하는 기간이 짧을 것임을 강조하는 것이다.

⑤ 그들이 어린양과 싸운다(14절).

열 왕은 한 뜻을 가지고 자기의 능력과 권세를 짐승에게 준다(13절). 이 열 왕은 강제에 의해서가 아니라 짐승과 의기투합해서 그들의 왕권을 짐승에게 헌납하는 것이다. 17절에 보면, 열 왕이 한 뜻이 된 것은 하나님이 자기 뜻대로 할 마음을 그들에게 주셨기 때문이라고 했다. 이들은 한 뜻, 한 가지 목적을 가지고 있는데 그것은 어린양과 더불어 싸우는 것이다. 그러나 이미 싸움의 결과는 확정되고 보장되어 있다. 어린양 되시는 예수 그리스도께서 이기실 것이요, 또 그와 함께 있는 자들, 곧 부르심을 받고 택하심을 받은 진실한 자들도 이기게 된다(14절). 그것은 그리스도께서 만주의 주시요, 만왕의 왕이시기 때문이다.

4. 큰 음녀의 멸망(6-18절)

① 열 뿔과 짐승이 음녀를 미워하여 망하게 한다(16절).

1절에서 천사는 음녀가 받을 심판을 요한에게 보여 주겠다고 약속한다. 본 절은 그 약속이 성취되고 있는 장면이다. 그런데 역설적인 것은 음녀는 자기가 타고 있던 열 뿔과 짐승에 의해서 죽임을 당한다는 사실이다. 이는 그리스도께서 자신의 승리를 자기 백성들과 나누

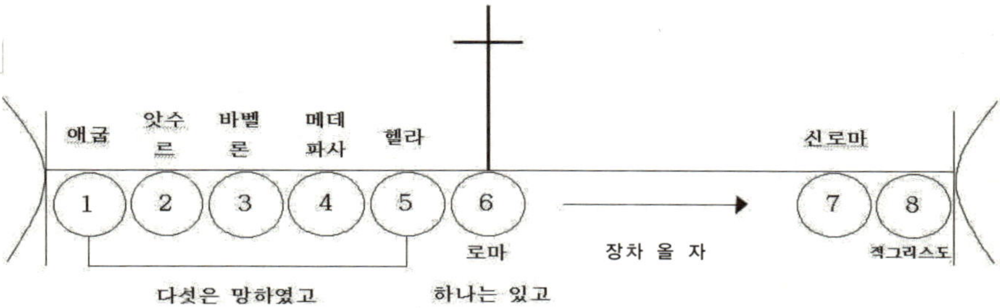

는 모습과 극히 대조적이다. 그런데 열 뿔과 짐승에 의해 죽임을 당하게 되는 음녀는 사실상 하나님의 섭리에 의해서 일어나는 것이다. 즉 하나님께서는 악한 세력을 징벌하기 위해서 또 다른 악한 세력을 들어 사용하기도 하신다(17절; 잠 16:4).

② 하나님이 자기의 뜻대로 할 마음을 저들에게 주사 하나님의 말씀이 응하게 하신다.

열 뿔과 짐승은 태도를 돌변하여 음녀를 미워하여 죽이게 된다. 그러나 이러한 행위는 결국 하나님의 섭리에 의해서 일어난 사건이다. 그러나 우리가 바로 이해할 것은 하나님의 허락에 의해 악이 저질러졌다 하더라도 그것은 하나님이 '허용'한 것이지 '강요한' 것은 아니다. 하나님께서는 악이 제 길로 달려가게 내버려 두심으로 음녀가 멸망하게 하셨다. 악은 악한 본성에 의해 스스로 저질러질 뿐이며, 하나님은 세계의 질서를 위해 그것을 허용하시기도 하시지만 막기도 하시는 전능하신 분이시다.

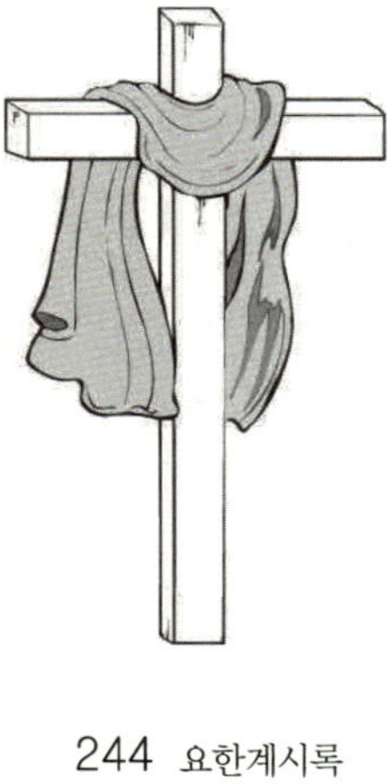

제18장
큰 성 바벨론의 멸망

본장은 큰 성 바벨론의 멸망에 대해서 구체적이고 상세하게 기록하고 있다. 먼저 하늘에서 내려온 천사가 큰 성에 대한 심판을 선포한다. 바벨론 성의 멸망으로 인해 한편에서는 환호성을, 다른 한편에서는 애가를 부르는 장면을 보게 된다. 첫 번째 애가는 땅의 왕들의 애가(9-10절), 두 번째는 상인들의 애가(11-17절), 세 번째는 바다에서 일하는 사람들의 애가(17-20절)이다.

1. 큰 성 바벨론 멸망의 선포(1-3절)

17장에서의 천사와 다른 한 천사가 하늘에서 내려와 큰 권세를 가지고 그가 외쳐 이르기를 '무너졌도다 무너졌도다 큰 성 바벨론이여' 하면서 바벨론 성의 멸망을 선포한다.

그 성 바벨론 성은 ① 귀신의 처소이다. ② 각종 더러운 영이 모이는 곳이요 ③ 더럽고 가증한 새들이 모이는 곳이라고 했다. 그것은 이 성이 철저하게 파멸하고 황폐될 것을 강조하는 표현이다. 그러면 이 바벨론 성이 멸망하게 될 이유가 무엇인가?

첫째로, 그 음행의 진노의 포도주로 말미암아 만국이 무너졌기 때문이다. 만국의 멸망은 바벨론 음녀의 음행과 결정적 관련이 있다.

둘째로, 땅의 왕들이 음녀와 더불어 음행했기 때문이다. 17장 2절에서도 음녀의 심판을 말하면서 '땅의 임금들도 그와 더불어 음행하였고 땅에서 사는 자들도 그 음행의 포도주에 취하였다'고 했다. 음녀 바벨론이 모든 나라들로 하여금 하나님을 대적하는 데 동참하게 하여 진노를 촉발시킨 것이다.

셋째로, 땅의 상인들도 그 사치의 세력으로 치부하였다고 했다. 땅의 상인들은 바벨론과의 관계를 통해서 얻을 수 있었던 큰 재물에 미혹되어 있다. 이사야 47장 8절은 바벨론의 엄청난 사치와 그에 대한 하나님의 심판을 이야기하고 있다. 그들의 사치는 교만과 자만을 낳았다. 이런 모든 것들은 하나님의 진노를 사기에 충분하며 이로 인하여 바벨론은 멸망을 받을 수밖에 없었다.

2. 성도들을 향한 권면의 음성(4–8절)

바벨론에 대한 심판이 선포된 후에 하나님 백성들에게 바벨론으로부터 '떠나라'는 음성이 하늘로부터 내려왔다. 그 음성의 내용은 두 가지이다.

① 그의 죄에 참여하지 말라는 것이다. 죄악의 도시에 머물러 있는 것은 죄악에 물들기 쉽다. 문제는 단순히 장소의 이동이나 불참이 아니라 마음이 악에서 떠나고 참여하지 말아야 한다. 롯의 아내는 소돔과 고모라 성에서 몸은 떠났지만 마음은 그곳에 머물러 있었다.

② 그가 받을 재앙을 받지 말라는 것이다. 소돔과 고모라 성에 머물러 있으면 그 재앙에서 피할 수 없다. 첫째는 바벨론의 죄에 빠지지 말라는 것이고, 둘째는 바벨론이 받을 심판을 받지 말라는 뜻이다. 물론 둘은 서로 긴밀하게 연결되어 있다.

"바벨론 가운데 도망하여 나와서 각기 생명을 구원하고 그의 죄악으로 말미암아 끊어짐을 보지 말지어다 이는 여호와의 보복의 때니 그에게 보복하시리라"(렘 51:6).

③ 바벨론의 죄악의 심각성

㉮ 그의 죄가 하늘에 사무쳤다. '죄가 하늘에 사무쳤다'는 말은 은유이다. '사무쳤다(κολλάω)'는 말은 글자 그대로 '집착하다', '하나로 용접하다'는 뜻이다. 즉 하나씩 벽돌을 쌓아 건물을 만드는 것처럼 쌓아 올라가는 것을 의미한다. 이것은 창세기 11장에서 죄의 길을 쌓기 시작한 바벨탑 장면을 연상시킨다.

㉯ 하나님은 그의 불의한 일을 기억하셨다. 하나님은 바벨론의 죄를 기억하고 계신다. 하나님께서는 기억하실 때 행동하신다. 하나님은 그의 백성들의 죄를 기억하시고 심판을 위해 행동하신다. 하나님은 자기 백성들의 언약을 '기억하셔서' 환난 가운데 있는 백성을 구원하시기 위해서 찾아오신다. 하나님은 종종 이스라엘 원수들이 저지른 악행을 '기억하시고' 그들에게 복수하신다(시 25:7, 137:7). 성도들의 희생제물의 향기와 향연이나 기도들처럼 하늘에 닿아서 하나님의 반응을 촉발하듯이 바벨론의 죄악이 하늘에 사무쳤고 기억하신 바가 되었기 때문에 복수의 심판을 촉발시킨다.

④ 죄에 대한 심판의 정당성(6-8절)

"그가 준 그대로 그에게 주고 그의 행위대로 갑절을 갚아 주고 그가 섞은 잔에도 갑절이나 섞어 그에게 주리라." 이것은 로마법인 렉스 탈리오니스(Lex talionis: 동해복수법)는 사람이 당한 벌은 그 사람의 범죄와 동등해야 한다는 것이다. 그러나 본 절에서 천사는 그의 행위대로 갑절로 갚아 주기를 구하고 있다. '갑절'이란 완전 보응에 대한 전통적인 표현 방법이다(렘 16:18, 17:18; 사 40:2). 이뿐 아니라 이 음녀는 자기만 죄를 짓고 멸망하는 것이 아니라 온 땅을 음행과 진노의 포도주 잔에 취하게 하여 많은 사람들까지 멸망하게 했기 때문이다. 그가 행한 대로 하나님 백성에게 보복한 것같이 바벨론에게 보복하는 것이다. 하나님의 정의는 눈에는 눈, 이에는 이를 요구하신다.

⑤ 심판의 이유(7절)

㉮ 자기를 영화롭게 했다. 계시록의 중심 주제 가운데 하나는 영광을 하나님께 돌리는 것이다. 그런데 이 음녀는 스스로 자기를 영화롭게 하고 영광을 취하였다.

㉯ 사치하였다. 사치는 자신을 영화롭게 하고 하나님을 떠난 자들의 전형적인 모습이다. 이런 사치의 개념 속에는 육체적인 쾌락과 호화스러움이 포함되어 있다.

음녀의 이런 행위에 대해서는 '고통과 애통함으로 갚아주라'고 말한다. 이것은 부자와 나사로의 경우와 같이 주님은 부자에게 분명히 말씀하셨다. "너는 살았을 때에 좋은 것을 받았고, 나사로는 고난을 받았으니 이제 그는 여기서 위로를 받고 너는 괴로움을 받느니라"(눅 16:25)고 하신 말씀과 같이, 이 음녀도 그 행위대로 고통과 애통함을 느끼는 것은 당연하다.

㉰ 나는 여왕으로 앉은 자요 과부가 아니라 결코 애통함을 당하지 아니하리라. 이 오만한 독백은 음녀 바벨론의 특징이기도 하다. 그리고 고대 세계에서는 전쟁이 자주 있어 남편이 죽는 경우가 많았다. 과부들은 남편이 없으면 가족에게 제공되는 보호와 재정적인 지원이 끊겨서 극히 곤궁하고 해를 당하기 쉬운 위치에 있는 자였다. 따라서 과부가 된다는 것은 여성이 상상하기 싫은 정황으로 가장 큰 불행이며 크게 애통할 수밖에 없다. 그런데 음녀 바벨론은 그런 것을 당하지 않는 확신에 찬 오만한 위치에서 영화롭게 사치하며 산 것이다. 자신이 과부가 아니라는 것은 자신이 곤궁하거나 애통할 일이 없다는 의미이다. 그러나 이러한 교만과 사치에 물들어 있는 음녀에게 갑자기 재앙이 이르게 되었는데 사망과 애통함과 흉년이었다. '사망'은 음녀가 과부가 된 것을 비웃었기 때문이고, '애통'은 그녀가 무절

제하게 사치했기 때문이며, '흉년'은 그녀의 평소에 누리던 부귀영화 때문에 당한 형벌이다.[151]

3. 바벨론의 멸망에 대한 애가(9-20절)

9-20절은 세상 통치자들(9-10절)과 상인들(11-16절), 선주들(17-20절)이라는 서로 다른 세 부류의 사람이 바벨론의 멸망을 애도하는 장송곡이다. 이들은 모두 바벨론으로 대표되는 경제로 인해 부자가 되었다. 그들은 그 경제가 붕괴될 때 그로 인해 애가를 부르게 될 것이다. 악한 세상 체제의 멸망은 그것을 누리며 거기에 의존하던 모든 사람에게 영향을 미친다. 이들에게는 몇 가지 공통점이 있는데 이 세 부류가 모두 바벨론이 받을 심판이 자신들에게 미칠까 염려하여 멀리 서서 애가를 불렀다는 것이며(10, 15, 17절), 견고하고 찬란했던 성 바벨론이 순식간에 갑작스럽게 멸망했다고 노래한 것이다(10, 17, 19절). 그리고 바벨론의 멸망 자체를 슬퍼하기보다는 바벨론 멸망으로 인해 자신들이 입게 될 손해로 인해 슬퍼했다는 것이다.

(1) 땅의 왕들의 애가(9-10절)

땅의 왕들이 바벨론의 멸망으로 인해 가슴을 치며 운다. 이 왕들은 경제를 지배했던 짐승들에게 자기 권력을 넘겨주었으며 짐승을 숭배했었다. 그렇게 그와 더불어 음행의 포도주 잔을 마셨던 자들이다. 이 굴종의 보상으로 이 왕들은 그와 함께 사치를 누렸다. 그러나 바벨론의 멸망으로 그들은 멀리 서서 애통하며 그의 멸망을 바라보게 된 것이다. 그들은 바벨론을 구하려고 하지도 않으며 그런 시도가 쓸데없다는 것을 잘 알고 있다.

(2) 땅의 상인들의 애가(11-17절)

151) 제자원, 『그랜드 종합주석 제16권』(서울: 제자원 성서교재간행사, 1994), p.931.

땅의 상인들도 그를 위해 울고 애통한다. 그 이유는 다시 그들의 상품을 사는 자가 없을 것이기 때문이다. 경제의 붕괴는 그들의 상거래와 수입의 종말을 의미한다. 여러 가지 상품들의 목록은 이 사회의 극단적인 물질주의와 사치를 예증한다. 이 상품들 중 필수품은 거의 없다. 모두 7종 28종목으로 이루어진 모든 물품은 거의 다 사치품들이다.

① 귀금속류: 금 · 은 · 보석 · 진주(4종)

② 의류: 세마포 · 자주 옷감 · 비단 · 붉은 옷감(4종)

③ 실내 장식품: 각종 향목, 각종 상아 그릇, 값진 나무, 구리 · 철 · 대리석으로 만든 각종 그릇(6종)

④ 향품: 계피 · 향료 · 향 · 향유 · 유향(5종)

⑤ 식품류: 포도주 · 감람유 · 고운 밀가루 · 밀(4종)

⑥ 가축: 소 · 양 · 말 · 수레(4종)

⑦ 사람: 종들, 사람의 영혼들(1종)

여기서 열거된 상품 목록들은 에스겔 27장 12-16절에서 두로가 주변국들과 거래한 상품들과 유사하다. 위의 목록들의 공통된 특징은 가장 값비싼 물품들이라는 것이다. 이것은 음녀 바벨론 여왕처럼 군림하여 엄청난 방탕과 사치를 일삼는 그녀를 고발하기 위한 것이다.

그러나 우리가 여기에서 특이하게 볼 것은 '종들과 사람의 영혼들(σωμάτων καί ψυχας άνθρώπων)'이다. 고대세계에서 종(노예)들이 재산이었고 가축처럼 취급되었다는 사실이다. '종들(σώματα)'이라는 용어가 교역물품이었다. 노예 무역업자들은 노예 매매를 통해서 막대한 이익을 남겼다.

초기 1세기에 로마제국에 있던 노예들의 수는 대략 인구의 16-20%였던 것으로 추산되고, 그중 대다수는 남자 노예였다. 노예들을 조달하는 주된 방법은 전쟁 포로들을 노예를 만들거나 바다와 육지에서 사람을 잡아다가 노예로 만든 것이다. 로마제국의 주요 도시들에서 대규모의 노예 매매가 정기적으로 있었고, 그중에서 로마는 가장 큰 노예시장이었다. 요한은 이러한 '사람의 몸과 영혼'이 거래되는 사실을 통하여 비인간적인 잔인함과 인간생명 경시 위에 로마제국의 풍요와 사치가 이루어졌음을 고발한다.

본문의 상인들이 애통하는 이유는 세 가지이다.

① 음녀 바벨론이 탐하던 과일이 떠났기 때문이다.

여기서 과일이란 바벨론이 탐욕스럽게 손에 쥐고 있던 세상의 물질과 부를 말한다. 위의 물품들은 자기 자신들을 영화롭게 하고 사치스럽게 치장하기 위한 물품들로 이런 것들의 과실들이 사라졌으니 애통할 수밖에 없다.

② 맛있는 것들과 빛난 것들이 다 없어졌기 때문이다.

여기서 '맛있는(λιπαρά)'이라는 말은 '빛나다', '값이 비싸다'는 뜻으로 '빛난 것(λαμπρά)'과 유사한 의미를 가진 단어이다. '빛난 것'이란 값비싸고 화려한 것을 의미한다. 비싸고 매력적인 것들이 다 없어졌으니 애통하게 되는 것이다.

③ 이것들을 다시 보지 못하기 때문이다.

다시는 화려하고 값비싼 물품으로 치부·치장하거나 누릴 수 없으며, 그렇게 애착을 가졌던 것들을 더 이상 볼 수 없으니 애통하게 되는 것이다.

'그러한 부가 한 시간에 망하였도다'(17절)는 말은 일순간에 임하여 엄청난 부를 상실했기 때문에 더욱 애통할 수밖에 없다.

(3) 바다에서 일하는 자들의 애가(17-19절)

바다에서 일하는 자들(선장·선객들·선원들)은 많은 무역 상품들이 오고 감에 따라서 부를 쌓을 수 있고 생존할 수 있다. 그런데 그 큰 성 바벨론이 멸망하게 되면 더는 생존이 불가능하다. 때문에 이들은 티끌을 머리에 뿌리고 울며 애통한다.

각 부류의 왕들과 상인들, 선원들의 장송곡은 "화 있도다, 화 있도다"이다. 음녀 바벨론이야말로 왕들에게 있어서는 권력이요, 상인들에게 있어서는 상품이고, 바다에서 일하는 자들에게는 수입이다. 그러나 이 모든 것이 사라지게 되었으니 애통하고 애가를 부를 수밖에 없다.

이들과는 반대로 '하늘과 성도들과 선지자들은 그로 말미암아 즐거워하라'(20절)고 한다. 그것은 하나님이 그들을 심판하셨기 때문이다. 이들은 바벨론 체제에 반대하고 참여하지 않았으며, 짐승에게 경배하기를 거부함으로 박해를 당하고 죽임을 당한 자들이다. 바벨론의 멸망은 그분의 백성을 위한 하나님의 심판이다. 하나님은 그의 백성에게 행한 그대로 갚으신 것이다. 하나님께서 '그가 준 그대로 그에게 주고 그의 행한 대로 갑절을 갚아 주고 그가 섞은 잔에도 갑절이나 섞어'(18:6) 그에게 갚아 주신 것이다.

4. 바벨론 멸망의 최종적 선언(21-24절)

마지막으로 한 힘센 천사는 바벨론이 어떻게 갑자기 멸망하게 될 것인지를 보여 주기 위해서 예언적 상징 행위로 큰 맷돌을 바닷속에 던지는 행위를 보여 준다. 이 같은 비슷한 모습이 예레미야 51장 61-64절에도 볼 수 있다. 예레미야 선지자는 시드기야와 함께 바벨론으로 간 왕자 스라야에게 바벨론에 닥칠 모든 재난이 기록된 말씀을 주면서, 너는 바벨론에 이르거든 이 모든 말씀을 읽고 그것을 돌에 매달아 유브라데 강 가운데 던져 넣으면서 말하기를 '바벨론이 나의 재난 때문에 이같이 몰락하여 다시 일어나지 못하리니 그들이 피폐하리라'고 말하도록 명한다. 이 같은 일이 본문에서도 기록되어 있는 것이다.

이것은 멸망당할 바벨론이 다시는 회복되지 못할 것을 비유로 설명한 것이다. 그리고 '결코 ~하지 아니하리라'는 방식으로 바벨론 멸망을 이야기한다.

그처럼 화려하고 번성했던 큰 성 바벨론이 멸망한 후의 황폐한 모습을 문학적으로 표현하고 있다. 즉 많은 사람들이 거주하며 왕래하던 활기찬 큰 성 바벨론에 인적이 끊기고 스산한 모습이 한 폭의 그림처럼 묘사되고 있다.

① 인간의 모든 문화 예술 활동이 사라진다.

거문고 타는 자, 풍류 하는 자, 퉁소 부는 자, 나팔 부는 자의 소리가 결코 들리지 아니한다.

② 세공업자들이 사라진다.

세공업자들이란 보석이나 금속 등을 가공하는 사람들을 가리키지만 더 넓게는 모든 생산업자들이다. 이것은 바벨론의 산업이 완전히 사라질 것을 말한다.

③ 맷돌 소리가 들리지 않는다

맷돌 소리는 사람이 먹고 살 수 있는 곡식을 빻는 기계 소리가 들리지 않는 것으로 사람들의 일상생활이 그친 것을 의미한다. 이것들은 인간이 영위하는 생산, 소비문화 활동이 모두 사라진 것을 말한다.

④ 등불 빛이 비치지 않는다.

등불은 밤에 인간이 활동하기에 절대적으로 필요한 것이다. 이것은 인간의 모든 일상생활이 중단된 것을 말해 준다.

⑤ 신랑 신부의 음성이 들리지 않는다.

신랑과 신부는 새로운 가정을 이루는 사회적 기본 단위이자 후손을 낳는 기반이다. 이런 결혼식이 사라진다는 것은 모든 사회의 제도가 붕괴되는 것을 말한다. 도성이 완전히 인간의 삶의 흔적은 사라지고 침묵과 고요 속에 묻힌다는 것은 하나님의 심판이 철저하다는 것을 보여 준다.

그리고 23-24절에서는 바벨론이 어떤 죄악으로 그와 같이 회복할 수 없는 상황에 처하여 멸망하게 되었는가를 다시 한 번 더 언급하고 있다.

① 땅의 왕족들 때문이다. 이는 땅의 존귀한 자들이다. 그러면 왜 이들 때문에 멸망하는가? 이들은 스스로 영광을 취하는 교만한 자들이고, 상인들이 위대한 자로 불려지는 것은 하나님께 영광을 돌리지 않고 자신들이 영광을 취하는 것이기 때문에 심판을 받게 되는 근거가 되는 것이다(행 12:23).

② 복술로 말미암아 만국을 미혹했기 때문이다. 복술은 우상숭배와 관계가 있다. 바벨론은 복술을 통하여 만국이 우상숭배하도록 미혹했다.

③ 선지자들과 성도들 및 땅 위에서 죽임을 당한 모든 자의 피가 성 중에서 발견되었기 때문이다. 바벨론은 끊임없이 성도들의 피를 흘렸으며 성도들을 죽였다. 예수 그리스도의 증거의 삶을 살다가 죽임을 당한 순교자들의 기도 소리에 대한 응답으로 주어진 하나님의 심판이 바벨론의 멸망이다. 바벨론은 순교자들과 성도들의 신원하는 소리를 들으신 하나님의 진노의 불길에 멸망할 소돔과 고모라와 같은 성이다.

제19장
어린양의 혼인 잔치와 아마겟돈 전쟁

본장의 1-6절까지의 내용은 17-18장의 큰 음녀 바벨론 멸망을 찬양하는 마지막 장면을 묘사하고 있다. 왕들과 상인들, 바다의 사람들의 애가(18:9-19)와는 대조적으로 하늘에 허다한 무리가 큰 소리로 찬양을 한다. 찬양으로 이루어진 다섯 개 단락(1-10절)은 계시록에서 가장 길고 복잡하고 마지막에 나오는 찬양이다.

1. 바벨론 멸망의 찬양(1-10절)

1-10절을 17-18장과의 연계해서 읽어야 하는 세 가지 이유가 있다.

① 찬송의 주제는 새로운 것이 아니라 이미 18장 20절에 나온 것이다.

② 18장 9-24절에서 바벨론의 패망을 슬퍼하는 세 부류(왕들, 상인들, 바다 사람들)과 대조되며 19장 1-8절에는 세 집단(하늘의 허다한 무리, 이십사 장로와 네 생물, 많은 물소리와 큰 우렛소리를 가진 허다한 무리)의 찬양이 제시되고 있다.

③ 무엇보다도 17장 1절-19장 10절의 구조와 21장 9절-22장 9절의 구조가 비슷하다.[152]

152) 이달, 『요한계시록』(서울: 한국장로교출판사, 2008), pp.321-322.

(1) 하늘에 허다한 무리의 찬양(1-3절)

하늘의 허다한 무리가 하나님의 승리를 찬양하기 시작한다. 먼저 '할렐루야' 하며 찬양한다. '할렐루야'라는 단어는 신약에서 이곳에 처음 발견되는데 이 말은 1, 3, 4, 6절에서 네 번 나타난다. 1-6절은 신약성경의 '할렐루야' 코러스(합창)라고 할 수 있다. 특히 구약의 할렐루야 시편이라고 알려진 시편 113-118장에서 찾아볼 수 있다.

'할렐루야'에 이어서 그들은 하나님의 구원과 영광과 능력을 찬양한다. '구원(σωτηρία)'은 '해방'을 의미하고, '영광(δόξα)'은 하나님 심판에 의한 '도덕적 영광'을, '능력(δύναμις)'은 바벨론에 대한 심판을 행하는 것에 대한 '힘'을 의미한다.

그러면서 하나님의 심판은 '참되고 의롭다'고 하면서 하나님의 심판의 진실성과 정당성을 찬양하고 있다. 그 정당성의 이유는 음행으로 땅을 더럽게 한 큰 음녀를 심판하시므로 자기 종들의 피를 그 음녀의 손에서 갚으셨기 때문이다(2절). 큰 음녀는 땅의 모든 사람들을 더럽혔고 하나님에게서 분리시켰으며 하나님을 예배할 수 없게 했다. 그리고 성도들의 피와 예수의 증인들의 피에 취해 있었다(17:6). 따라서 짐승과 그 음녀는 만국을 미혹하고 하나님의 종들을 죽인 것에 대한 심판이다. 하늘에서 두 번째 찬양의 음성이 들려온다. 악한 도시 큰 음녀 바벨론은 멸망되었고 그 도시에서는 연기가 세세토록 올라갔다. 결코 다시 소생하지 못한다. 이들의 멸망은 하늘의 즐거움을 유발시키고 찬양하게 한다.

(2) 이십사 장로와 네 생물의 찬양(4절)

이십사 장로와 네 생물의 정체는 4장 4, 6절에 나와 있다. 이들은 허다한 무리에 합류하여 보좌에 앉으신 하나님께 경배하여 이르기를 '아멘 할렐루야' 하며 찬양한다. '아멘'은 동의에 대한 공식적인 표현으로 앞의 찬양을 더욱 강화시켜 준다.

(3) 성도들에게 찬양을 요청한다.

보좌에서 음성이 나서 이르기를, '하나님의 종들 곧 그를 경외하는 너희들아 작은 자나 큰 자나 다 우리 하나님께 찬송하라'고 한다. 이는 찬양과 화답으로 더불어 땅에 거하는 자들에게 찬양하라는 요청이다. '작은 자나 큰 자'라는 말은 지위의 높고 낮은 사회적 신분을 막론하고 어느 누구라도 하나님을 찬양하라는 말이다. '우리 하나님께 찬양하라'는 말은 '할렐루야'라는 말을 풀이한 것으로 공의로운 심판을 집행하는 하나님을 계속 찬양할 것을 권면하는 것이다.

(4) 하늘에 허다한 무리의 두 번째 찬양(6-8절)

① 바벨론을 멸망시키고 마침내 하나님의 통치를 시작하신 하나님을 할렐루야로 찬양한다(6절). 1-5절에서는 하나님 심판의 진실성과 정당성을 말한다면, 6-8절에서는 바벨론의 멸망으로 인하여 이 땅이 하나님이 통치하는 나라가 됨과 동시에 어린양의 혼인 잔치가 이르게 되었음을 찬양한다.

② 찬양해야 할 근거와 동기는 '어린양의 혼인 기약'이 이르렀기 때문이다. 더 구체적으로 찬양의 이유를 말한다면 그의 아내가 자신을(신부로서) 준비했기 때문이요, 그 신부는 빛나고 깨끗한 세마포 옷을 입도록 허락하셨기 때문이다.

(5) 복의 선언과 하나님 경배(9-10절)

9절에서 천사는 '기록하라'고 명한다. 그 기록하라는 것은 '하나님의 참되신 말씀'으로 '어린양의 혼인 잔치에 청함을 받은 자들은 복이 있도다'라는 말씀을 가리킨다. 어린양의 혼인 잔치에 참여하는 것은 '종말론적 연회'로서 종말에 하나님 나라에서 먹고 마시는 잔치에 참여하는 것은 성도들에게 약속된 최고의 선물이고 축복이다.

이때 요한은 혼인 잔치에 초청하는 말씀을 전해준 천사에게 경배하려고 했으나 천사는 '나는 너와 및 예수의 증언을 받은 네 형제들과 같이 된 종이니 삼가 그리하지 말라'(10절)고 한다. 그러면서 '오직 하나님께 경배하라'고 한다. 천사는 자신을 비롯한 성도들이 예수 그리스도에 대한 증언자임을 말한다. '예수의 증언은 예수의 영이다.' 천사는 예수를 증언하는 것이 참된 '예언의 영이라'는 기준을 제시한다. 다시 말해서 예수를 증거하는 사람이라면 누구든지 '예언의 영'을 받은 자라는 뜻이다. 이를 통하여 알 수 있는 것은 천사를 비롯한 요한, 그리고 그의 모든 형제들의 증거가 예언의 영을 받아 증거하는 것임을 말한다.

2. 예수의 재림과 두 짐승(11-21절)

(1) 그리스도의 재림(11-16절)

다시 환상의 장면이 바뀐다. 하늘이 열리고 백마 탄 자인 예수께서 전사로 등장한다. 예수의 초림은 인간의 죄를 위한 희생의 제물이 되기 위해 어린양으로 오셨지만, 예수의 재림은 심판을 행하기 위해 오시는 만왕의 왕으로 오신다. 본문 11-21장은 문학적으로 한 쌍을 이루는 두 개의 단락으로 이루어졌는데, 11-16장까지는 백마 탄 예수께서 만국을 멸망시킬 것을 묘사하고 있고, 17-21장까지는 짐승과 거짓 선지자가 붙잡히고 그들이 이끈 군대가 멸망당할 것을 말하는 최후의 전쟁 아마겟돈 전쟁을 묘사하고 있다.

요한은 이전에 하늘의 문이 열린 것(4:1)과 하늘의 성전이 열린 것을 보았다(11:19, 15:5). 이어서 그는 하늘이 열린 가운데 백마를 타신 그리스도께서 재림하시는 광경을 보게 된다. 백마 타신 분의 이름은 '충신과 진실'이다. 이 이름은 이미 소개된 바 있으며(1:5, 3:14), 이 두 단어는 다 같이 히브리어 '아멘'을 번역한 말이다. 충신과 진실은 예수의 삶 그 자체이시고 우리의 모델이며, 백마를 타고 승리하여 심판하실 분의 속성이기도 하다.

이처럼 예수를 소개하면서 그의 하실 일은 공의로 심판하시며 싸우는 것이다(11절). 예수 그리스도는 신실하시고 진실하시기 때문에 공의로 심판하실 수밖에 없다. 구약에서 하나님은 공의를 행하시는 분으로 묘사되어 있고, 여기서 예수 그리스도는 하나님의 이미지를 갖고 계신 분으로 나타나신다. 그리고 그분이 벌이시는 전쟁은 공의에 입각한 것이다. 그가 벌이는 전쟁은 정의로운 전쟁이며 거룩한 전쟁이다. 이처럼 공의로 심판하실 예수 그리스도를 자세히 소개하고 있다.

① 백마 탄 자에 대한 묘사

㉮ 그의 눈은 불꽃같다(12절).

㉯ 그의 머리에는 많은 관들이 있다(12절)

㉰ 그가 피 뿌린 옷을 입고 있다(13절).

㉱ 날카로운 검이 그의 입에서 나온다(15절).

② 그의 이름(정체성)

㉮그는 충신과 진실이다(11절).

㉯ 이름 쓴 것이 있는데 자기밖에 아는 자가 없다(12절).

㉰ 그의 이름은 말씀이다(13절).

㉱ 그 옷과 그 다리에 이름 쓴 것이 있으니 만왕의 왕이요 만주의 주다(16절).

③ 그의 임무들

㉮ 그의 공의로 심판한다(11절).

㉯ 그의 공의로 싸운다(11절).

㉰ 그의 입에서 나오는 예리한 검으로 만국을 친다(15절).

㉱ 그는 철장으로 만국을 다스린다(15절).

㉲그는 전능하신 이의 맹렬한 진노의 포도주 틀을 밟을 것이다

(15절).[153]

이상의 모습에서 다시 오시는 예수는 악의 세력을 완전히 멸하기 위해서 심판주로 오시는 것을 알 수 있다. 이처럼 예수의 재림은 악인들을 멸망시키는 것으로 이미 12장 5절에서 예고된 것으로 최후 추수(14:14-20)와 아마겟돈 전쟁(16:14, 16)과 깊은 연관을 가지고 있다.

(2) 두 짐승의 심판과 멸망(17-21절)

① 하나님의 큰 잔치(17-18절)

한 천사가 태양 안에 서서 공중에 나는 모든 새들을 향하여 큰 음성으로 외쳐 말하기를 '와서 하나님의 큰 잔치에 모여 왕들을 비롯한 모든 자들의 살을 먹으라'고 초대한다. 이것은 '어린양의 혼인 잔치'(7, 9절)와 대조되는 것으로 그리스도와 하늘 군대, 그리고 사탄의 세력이 대결한 아마겟돈 전쟁에서 패망하고 그 시체가 널려 있어 새들의 밥이 되는 잔치를 말한다. 이 같은 전쟁은 에스겔 38-39장에 나오는 곡과 마곡에 관한 예언이다. 둘 다 하나님이 마련하시는 잔치이지만 하나는 축하연이요, 다른 하나는 재앙과 참화의 잔치이다.

② 두 짐승과 아마겟돈 전쟁(19-21절)

19절에는 백마 탄 자와 그의 군대, 그리고 짐승과 땅의 임금들과 그의 군대들과 전쟁을 소개한다. 물론 전쟁은 17-18장에서 짐승에게 속한 자들의 패배로 이미 결정되었다. 이 전쟁은 물리적 전쟁이 아니다. 왜냐하면 날카로운 검이 예수의 입에서 나오는 순간 그 전쟁은 즉각적으로 끝나기 때문이다.

㉮ 짐승과 거짓 선지자가 잡힌다. 이들은 13장에서 나오는 첫째 짐승과 둘째 짐승을 말한다. 둘째 짐승은 거짓 선지자로 첫째 짐승을

153) 데이비드 E. 아우내, 김철 역, 『요한계시록, 하』(서울: 솔로몬, 2005), p.305.

경배하도록 사람들을 미혹했고, 이적을 행했던 자이다. 그런데 이 두 짐승이 함께 잡힌 것이다. 악의 세력이 백마 탄 그리스도께 붙잡힌 것이다.

㉯ 이 둘은 산 채로 유황 불못에 던짐을 받는다. 불못은 마지막 심판의 장소이다. 불못에 던졌다는 것은 저희를 미혹하던 마귀가 불과 유황 못에 던져지니 세세토록 밤낮 괴로움을 받으리라(20:10)는 구절과 병행되는 문구이다. 산 채로 던져진다는 말은 이들의 괴로움은 영원히 지속될 것을 말하는 것이다.

㉰ '나머지'는 예수의 검에 죽임을 당한다. 짐승과 거짓 선지자를 제외한 짐승에 미혹되어 짐승을 따랐던 무리를 말한다. 흥미로운 것은 짐승과 거짓 선지자와는 달리 '나머지'는 '불의 못'에 던짐을 받는 것이 아니라 예수의 입에서 나오는 검으로 죽고 모든 새의 먹이가 된다고 했다. 이것은 끝까지 회개하지 않는 자들이 주의 공의의 심판에 의해서 그들의 행위대로 심판을 받아 영원한 사망에 처하게 된다(20:11-15)는 것으로 이해하면 된다. "누구든지 생명책에 기록되지 못한 자는 불못에 던져지더라"(20:15)고 했기 때문이다.

제20장
천년왕국

본 장은 천년왕국에 대한 말씀이 기록되어 있다. 이런 내용을 담고 있는 본 장은 다른 어느 부분보다도 많은 주장과 논의, 그리고 해석하기 어려운 난해한 부분으로 많은 논란을 낳고 있다.

천년왕국에 대해서 자세한 설명은 없다. 다만 그리스도께서 이 세상 끝에 그의 대적들을 멸망시키시고 난 후 그리스도의 통치를 만방에 펼치실 것을 나타내는 것뿐이다. 천년왕국 동안의 그리스도의 통치에 대해서 그 목적이 무엇인지, 그 성격이 어떤 것인지 자세히 알 수 없다. 다만 전체적인 문맥 가운데서 이 천년왕국이 짐승의 심판[154]과 바벨론의 멸망으로 시작된 전 심판 과정의 일부이며 악의 완전한 척결과 구속의 영원한 완성으로서의 하나님 도성의 설립을 예비하는 성격이 있다는 것이다. 그러므로 이 천년왕국은 두 시기의 중간기로서 악보다 선이 지배하고 하나님의 법의 경영이 그리스도와 그의 성도들에 의해서 잘 시행될 기간이다.[155]

이렇게 천년이라는 기간에 관한 전통적인 두 해석(역사적 해석과 영적 과도기 해석)은 옳기도 하고 그르기도 하다. 이 기간이 실제로 역사 안에 놓인다는 점에서 옳다. 이 천년이라는 기간이 역사의 구체적 사건이라고 하는 신학자들의 생각과 같이 어떤 의미에서 이 기간

154) 악의 세력 심판과 멸망 : ① 큰 성 바벨론의 심판과 멸망(17:1–19:10) ② 짐승과 거짓 선지자의 심판과 멸망(19:11–21) ③ 용의 심판과 멸망(20:1–10) ④ 불신자들의 심판과 멸망(20:11–15)

155) 메릴 C. 테니, 김근수 역, 『요한계시록 해석』(서울: 기독교문서선교회, 1988), p.103

은 '역사 안에서의 역사 성취'이다. 이 천년이 날짜가 정해져 있는 역사의 한 기간이 아니라 사탄이 예수 그리스도의 죽음에 의해 묶임을 당한 역사적 사건을 의미한다고 하는 점에서 '과도기론'도 옳다. 그러나 미리 정해진 기간이라거나 신비로운 천상의 사건 또는 역사상 하나님의 영광을 드러내는 기간이라는 후천년론자들의 생각은 틀린 것이다. 이것이 인간 행위의 의미 변화인지, 자연이라거나 현실 세계에서 천국 생활에 들어감을 의미하지 않는다는 점에서 영적 이론도 틀린 것이다. 이것은 분명 역사성 안에 자리하는 '사건성'이다.[156]

천년왕국에 대해서는 세 가지 주요 견해가 있다. 그 견해들은 서로 의견을 달리한다. ① 그리스도의 천년 통치가 지상에서의 역사적인 평화의 통치인가, 아니면 하나님의 백성의 마음속에서 이루어지는 영적 통치인가? ② 이 천년 통치가 문자적 천년인가, 아니면 또 다른 길이의 사건인가? 천년이 문자적이거나 상징적인 숫자이거나 간에 십중팔구 천년왕국은 역사 가운데 이루어질 것이다. 그것은 아마도 그리스도의 재림에 이어지는 그분의 지상 통치일 것이며[157] 역사 안에서 자리하는 하나님 주권의 사건이다.

본 장을 좀 더 구체적으로 살펴본다면 다음과 같다.

① 사탄의 일시적인 감금(1-3절)
② 성도들의 그리스도와 함께 왕 노릇 함(4-6절)
③ 사탄이 불못에 던짐을 받음(7-10절)
④ 흰 보좌 심판(11-15절)

1. 사탄의 일시적인 감금(1-3절)

요한은 한 천사가 무저갱의 열쇠와 큰 쇠사슬을 가지고 하늘에서

---

156) 자크 엘룰, 유상현 역, 『요한계시록주석』(서울: 한들, 2000), p.257
157) 그랜트 오스본, 전광규 역, 『요한계시록』(서울: 성서유니온교회, 2008), p.353.

내려오는 모습을 본다. 하늘에서 내려오는 천사는 10장 1절과 18장 1절에도 나온다. '내가 본다'는 말은 본서에서 새로운 계시가 전개될 때나 내용의 전환을 알려주는 문구이다. 이 천사는 무저갱의 열쇠뿐 아니라 '큰 쇠사슬'을 손에 쥐고 있었다.

'무저갱'은 밑도 끝도 없이 바닥이 없는 깊고 어두운 곳을 지칭한다. 본서에서 무저갱은 음부 · 지옥 · 짐승과 사탄이 잠시 잡혀 있는 곳이다.

① 용의 정체

용은 옛 뱀 · 마귀 · 사탄이라고 했다. 이 용에 대한 이름은 12장 9절에도 나온다. "큰 용이 내쫓기니 옛 뱀 곧 마귀라고도 하고 사탄이라고도 하며 온 천하를 꾀는 자라"고 했다.

② 결박 기간

천년 동안 결박한다. '결박한다(δέω)'는 개념은 주술 세계로부터 가져온 것이다.[158] 즉 결박한다는 말은 사탄, 귀신들을 심판의 날까지 가두는 것을 말한다. 3절에서 세 개의 동사를 사용하여 사탄을 감금하는 절차를 보여 준다. 무저갱에 '던지고', 열쇠로 '잠그고', '봉인'까지 한다. 이 던지고 잠그고 봉인하는 과정을 통해 사탄의 활동을 전면적으로 봉쇄하고 있다.[159]

③ 그 후에 잠깐 놓인다.

사탄의 활동이 정지되는 기간은 천년이다. 이 천년이 지나면 반드시 잠깐 놓이게 된다.

이 모든 것들을 살펴보면, 사탄은 하나님의 주권하에 놓여 있고 하

---

158) 결박하다 : '결박하다'는 말은 초자연적인 존재들에 대하여 사용되는 주술세계로부터 가져온 것이다. '결박하다'라는 은유, 즉 사탄 또는 귀신들을 심판의 날까지 가두는 것은 유대교 문헌들에 자주 나온다. 이 '결박하다'와 '봉인하다'라는 말은 서로 결합되어 함께 사용한다. 이 한 쌍의 용어는 귀신이 정복되었다는 것을 보여 준다.

159) 이달, 『요한계시록』(서울: 한국장로교출판사, 2008), p.335.

나님의 허락 없이는 어떤 것도 할 수 없다는 것을 알게 된다.

2. 성도들이 그리스도와 함께 왕 노릇 한다(4-6절).

사탄은 결박되어 무저갱에 던져졌다. 이는 천년 동안 만국을 미혹할 수 없게 하려는 것이다. 이제는 악의 영향력을 받지 않고 그리스도의 천년 통치에 참여할 자들이 누구인지를 설명한다.

요한은 보좌를 보았다. 그 보좌에 앉아 있는 사람들은 심판하는 권세를 받았다. 그 사람은 누구인가?

① 예수를 증언함과 하나님의 말씀 때문에 목 베임을 당한 자들의 영혼들.

② 짐승과 그의 우상에게 경배하지 아니한 자들.

③ 그들의 이마와 손에 그의 표를 받지 아니한 자들이다.

이들은 살아서 그리스도와 더불어 천년 동안 왕 노릇 한다. 그리고 순교했던 자들이 살아나는 것을 본문에서는 '첫째 부활'이라고 했다. 첫째 부활을 언급했다는 것은 둘째 부활도 있다는 것을 암시한다. 그런데 이 첫째 부활과 둘째 부활에 대해서도 무천년주의자들과 전천년주의자들 간에 이해가 다르다.

무천년주의자들은 첫째 부활을 영적 부활, 즉 그리스도를 믿음으로 중생한 성도들의 영혼이 하나님과의 정상적인 관계를 회복할 것을 가리키는 말로 이해한다. 그리고 둘째 부활은 육체적 부활, 즉 그리스도 재림 시에 죽은 성도들의 몸이 영생의 몸으로 부활하는 것과 죽은 불신자들이 영벌을 받기를 위해 부활하는 것을 가리키는 말로 이해한다. 반면에 전천년주의자들은 첫째 부활을 신실한 성도들이 그리스도 재림 시에 먼저 부활하는 것으로 이해한다. 그리고 둘째 부활은 천년왕국 후에 악인들이 영벌을 받기 위해 부활하는 것을 가리키는 말로 이해한다.[160] 즉, 둘째 부활은 신자와 불신자, 그리고 역사상 모든 시대를 막론한 인간의 육체적 부활을 일컫는 말이다. 요한복음 5장 24-29절, 다니엘 12장 1-2절, 사도행전 24장 15절 등은 신자와 불신자의 부활이 동시에 있을 것을 말한다. 그러나 성경의 기자들은 그들이 구분하는 것을 언제나 같은 방법으로 구분하지는 않는다. 다만 부활의 보편적 원리만을 말한다. 하지만 계시록은 양자의 차이를 분명히 구분한다. 분명한 것은 그 기간이 그리스도의 재림 뒤를 이은 일정 기간이라는 것이다. 일반적으로 첫째 부활은 순교자의 부활과 최후 심판 사이에 있는 것으로 이해할 수 있다.

그리고 "그 나머지 죽은 자들은 그 천년이 차기까지 살지 못하더라"고 말한다. '그 나머지 죽은 자들'은 그리스도를 알지 못하는 자들, 곧 불신자들을 지칭하는 말이다. 이 불신자들이 살지 못한다는 것은 목 베임을 받은 자들과 신앙의 정절을 지킨 자들이 살았다는 말과 대조되는 것이다. 이것은 불신자들은 중생하지 못하거나 천년왕국 때에 부활하지 못할 것을 나타내 준다.

이 첫째 부활에 참여하는 자는 복이 있다. 왜냐하면 ① 죄의 대가로 받는 영원한 형벌을 면하기 때문이요 ② 하나님과 그리스도의 제사장이 되는 것이고(계 1:6, 5:10) ③ 그리스도와 더불어 천년 동안 왕 노릇 하기 때문이다.

이들은 둘째 사망의 다스림을 받지 않는다. 첫째 사망은 성도나 불신자를 막론하고 모든 사람이 겪는 육체적 죽음을 의미하고, 둘째 사망은 성도들이 그리스도의 재림 시에 영생에 이르지만 불신자들은 영원한 형벌을 받는다.

이를 다시 정리한다면, 첫째 사망은 육체적인 죽음으로써 신자나 불신자나 모두 겪는다. 둘째 사망은 영적 죽음으로써 불신자에게만 해당된다. 또한 첫째 부활에 신자만이 참여한다는 것은 신자와 불신

160) 제자원, 『그랜드 종합주석 제16권』(서울: 제자원 성서교재간행사, 1994), pp.965-966.

자 모두 참여하는 둘째 부활이 있음을 말해 주는 것으로 둘째 부활은 신자와 불신자 모두 해당되는 육체적 부활이다. 따라서 신자의 육체적 부활은 새 하늘과 새 땅에서 영생을 누리기 위한 것이며 불신자의 육체의 부활은 불못의 영원한 심판을 받기 위한 것이다.

3. 사탄이 불못에 던짐을 받는다(7-10절).

① 천년이 차매 사탄이 옥에서 놓인다.

3절에서 '무저갱에 던져졌던 사탄이 천년 동안 갇혔다가 잠깐 놓이게 되리라'고 했는데, 본 절에서는 '천년이 차매 그 옥에서 놓였다'고 말한다. 이 말씀은 사탄이 무수히 많은 부하를 거느리면서 다시 힘을 쓸 것이라는 의미로 볼 수 있지만 실제로는 사탄의 최종적인 심판을 의미하는 것이다. 왜냐하면 잠시 놓여서 하나님의 나라에 최후를 발악하면서 대적한다면 사탄의 최후 역시 불가피하기 때문이다. 사탄이 놓임 받아서 최후의 발악을 하는 것은 그리스도의 정복 사역을 더욱 돋보이게 하는 것일 수 있다.[161]

② 옥에서 나와 땅의 백성들을 모아 싸움을 붙인다.

사탄은 결박되어 천년 동안 지상과 격리된 무저갱에 갇힌다. 그 후 사탄이 잠시 동안 놓여서 땅의 사방 백성 곡과 마곡을 미혹하여 전쟁을 일으킨다. 이들은 에스겔 38-38장에서 하나님의 백성에 대적하는 세력으로 나타나는데, 본문에서는 그 사건이 천년왕국 이후에 이루어질 것으로 묘사한다. 곡과 마곡이 에스겔서에서는 하나님의 백성과 그 땅을 침략하려고 북방에서 오는 것과 달리 땅의 사방에서 모인 자들이라 한다(8절). 즉 그들은 세계적 혹은 우주적 차원에서 하나님께 불순종하는 자들임을 나타낸다. 창조자요 거룩하신 하나님과 그의 그

---

161) 송영목, 『요한계시록의 신학』(서울: 성광문화사, 2007), pp.373-374.

리스도에 대항한 결과 그들은 둘째 사망, 곧 유황 불못에 던짐을 받는다. 그것은 어린양의 생명책에 기록되지 않은 자들의 영원한 사망을 가리킨다[162](20:15, 21:27).

③ 그들이 성도들의 진과 사랑하시는 성을 두른다.

'사랑하시는 성'은 '새 예루살렘 성', 즉 교회를 상징한다. 즉 종말론적인 공동체이다. 비록 새 예루살렘이 곡과 마곡으로 상징되는 교회나 성도들의 대적에게 포위되지만 즉각적인 하나님의 개입으로 전쟁이 종결된다. 하늘에서 불이 내려 그들을 태워버리기 때문이다.

④ 마귀·짐승·거짓 선지자는 불못에 던져져 세세토록 밤낮 괴로움을 받는다. 악의 삼위일체가 영원히 사라지는 것이다.

4. 흰 보좌 심판(11–15절)

요한이 묘사하고 있는 최후의 대심판 장면은 매우 간략하다. 그러나 그 속에는 인간이 도저히 상상할 수 없는 위엄과 엄숙함과 엄정함이 담겨 있다.

① 크고 흰 보좌와 그 위에 앉으신 이

하늘의 법정을 여시고 심판하시는 하나님의 위엄은 그의 보좌에 대한 묘사와 땅과 하늘에 반응에 의해 설명된다. 그의 보좌가 '크고 희다'고 한 곳은 이곳뿐이다. 보좌가 '크다'는 것은 하나님의 위엄과 권위를 나타내는 것이요, 보좌가 '희다'는 것은 하나님의 거룩하심과 공의, 그리고 부정이 없으시다는 것을 의미한다. 하나님의 위엄과 권위는 자연의 반응을 통해서도 알 수 있다. 하나님이 심판의 보좌에 앉을 때에 땅과 하늘이 그 앞에서 피하여 간 데가 없다고 했기 때문이다.

162) 이형의, 『요한계시록의 신학적 이해』(서울: 기독교서회, 2004), pp.251–252.

② 죽은 자들이 심판을 받는다.

여기서 '죽은 자들'이 누구인지를 알 수 없으나 죽은 자들이 '산 사람'처럼 보좌 앞에 서 있다. 그들은 심판받기 위해 살아난 것이 아닌가 생각된다. '죽은 자들'은 믿지 않고 죽은 자들이다. '죽은 자들'은 큰 자들과 작은 자들이 모두 포함되어 있다. 이 세상에서 부귀영화와 권세를 누리던 자들뿐 아니라 소외된 자들까지 모두를 망라한 범위를 말한다. 이들은 비록 짐승의 표를 받지 않고 우상에게 절을 아니 했다 하더라도 짐승을 좇고 바벨론이 제공한 단맛에 길들여진 자들이다.

③ 보좌 앞에 서 있는 자들 앞에 생명책이 펴 있다.

12절에서는 두 책이 소개되어 있다. '책들과 다른 책'이다. 그 '다른 책'은 '생명책'이라고 했다. 이 생명책은 구원받은 자들의 이름이 기록된 책이지만 반면 '책들'은 죽은 자들의 행위를 기록한 책들이라고 볼 수 있다. 이 두 종류의 책이 펴져 있는 것은 두 부류의 사람들이 최종적 구원과 심판의 자리로 구분되는 순간임을 암시한다. 성도들은 구원받은 성도들로 행위로는 심판에 이르지 않지만, 상급의 심판을 받는다는 점에서 이 '책들'에 성도들의 행실도 기록되어 있을 가능성이 크다 하겠다. 불신자나 신자나 자기의 행위에 따라 책에 기록된 대로 심판을 받는 것은 구분이 없다. 그러므로 '죽은 자' 가운데 신자도 포함된다면 불신자는 글자 그대로 행위를 따라 사망의 심판, 형벌의 심판을 받을 것이고, 신자는 생명책에 기록된 대로 사망의 심판을 면제받되 그 행위를 따라 상급의 심판을 받게 될 것이다.

④ 사망과 음부도 불못에 던져지니 이것은 둘째 사망이다.

사망과 음부를 여기서는 의인화했다. 사망이 음부보다 먼저 나온 것은 사망이 음부를 지배하는 세력이기 때문이다. 사망은 최종적으로 제거해야 할 원수이다(고전 15:26). 계시록에는 죽은 악한 자들에 대한 심판만을 언급하지 않는다. 사람들에게 죽음의 권세를 휘두른 사망과 그의 하수인인 음부도 심판하여 불못에 던진다. 이는 둘째 사망으로써 최종적인 것이다.

사망과 음부가 불못에 던져지게 된다는 것은 더 이상 죽음이 세상에 존재하지 않게 된다는 것을 의미한다. 둘째 사망은 앞에서도 언급했지만 육체의 죽음과 달리 영원한 지옥 형벌에 처하는 것을 의미한다. 사람은 누구나 한 번은 육체의 죽음을 맛보는데 불신자는 다시금 영원한 형벌에 처하게 됨으로 그것을 둘째 사망이라 하고, 생명책에 기록된 성도들은 이 둘째 사망에 이르지 아니할 것이다.

천년왕국(특주)

'1천 년'이라는 기간은 어떠한 것을 배경으로 해서 기록되었는지 알지 못한다. 따라서 이 1천 년이 어떤 기간을 의미하는지 단정 지을 수도 없다. 따라서 이 천년 기간을 어떻게 이해할 것인지에 대해 많은 논란이 있을 수밖에 없다. 그러나 그렇다고 해서 이 문제를 그대로 둘 수는 없다. 물론 입장 차이 때문에 해석상의 많은 논란이 야기되고 혼란이 있는 것이 사실이기는 하지만, 이런 가운데서도 많은 학자들은 천년왕국에 대해서 여러 가지 의견을 피력하는 중에 주된 의견이 세 가지가 있다.

1. 무천년설(Amillennianism)

글자 그대로 천년기는 사실상 없다는 견해이다. 즉 천년을 문자적으로가 아니라 상징적인 기간으로 이해하며 그리스도의 초림으로부터 재림까지의 전 기간을 지칭하는 것으로 본다. 그리고 사탄이 천년 동안 무저갱에 감금되는 것을, 그리스도의 성육신과 대속 죽음, 부활 사건으로 인해 사탄이 결정적 패배를 당해 활동이 제한당하는 것을 의미하는 것으로 이해한다.

2. 전천년설(Premillennianism)

이 설은 그리스도의 재림 후에 지상에 문자적인 천년왕국이 건설된다는 견해이다. 그리고 이 기간 동안 사탄이 실제로 무저갱에 감금된다고 주장한다. 그러나 이 견해 안에도 역사적 전천년설과 세대주의 전천년설로 나누어진다. 이 두 천년설의 차이점은 그리스도의 지상 재림 이전에 있을 대환난을 성도가 거치느냐 거치지 않느냐 하는 것이다. 역사적 전천년설은 성도가 대환난을 거치고 나서 재림하신 그리스도와 함께 천년 동안의 복락을 누리는 것이다. 그러나 세대주의적 전천년설은 대환난 이전에 그리스도가 공중 재림하고, 그 재림의 순간에 모든 성도들이 휴거하여 천상에서 혼인 잔치를 행한 다음, 대환난이 끝나는 시점에 그리스도와 성도들이 지상에 강림하여 천년 왕국을 건설한다는 견해이다.

3. 후천년설(Postmillennianism)

이 설은 그리스도 재림 이전에 천년왕국이 있으리라는 견해이다. 이 견해에 따르면 신약 시대 중반 이후 그리스도 재림 전까지의 기간에 지상에는 교회의 황금 시기가 도래하는데 이 시기가 천년왕국이라고 한다. 그리고 이 천년의 기간이 끝날 무렵에는 잠시 사탄이 교회를 핍박하는 시기가 있고, 그 환난의 절정기에 마침내 그리스도가 재림하여 최후의 백보좌 심판이 있게 되어 사탄과 그 세력은 영원한 형벌로, 성도들은 영원한 나라로 들어간다고 한다. 이 세 가지 견해 중 후천년설은 성경의 가르침과 모순되는 점이 많기 때문에 그다지 많은 지지를 받지 못한다. 반면에 무천년설과 전천년설은 보편적으로 받아들여지고 있는 양대 견해이다. 물론 양자 간에 차이는 있다 하더라도 서로 배타적이거나 적대적으로 보기보다는 오히려 상호 보완적인 관계에서 이해하는 것이 좋을 것이다.

제21장
새 하늘과 새 땅

성경은 짝으로 이루어진 책이다(사 34:16). 성경 전체의 내용을 이해하기 위해서는 창세기 1-2장의 내용과 끝장에서 두 장인 계시록 21-22장의 내용을 알아 둘 필요가 있다.

창세기는 '하나님이 처음에 일을 이렇게 시작하셨다'라고 한다면, 계시록은 '하나님께서 마침내 그 일을 이렇게 다 이루셨다'라고 표현할 수 있다.

하나님은 말씀으로 천지만물을 창조하셨다(창 1:1; 히 11:3). 하나님 보시기에 심히 좋았던 그 나라를 하나님의 형상대로 지음받은 사람에게 기업으로 주신 것을 보여주는 것이 창세기 1-2장의 요약이며, 태초에 천지를 창조하신 하나님께서 마침내 만물을 새롭게 하사 새 하늘과 새 땅을 창조하셔서 그리스도 예수 안에서 새로 지으심을 받은 새로 피조물 된 주의 성도들에게(고후 5:17) 그 나라를 유업으로 얻게 하시기를 기뻐하신 것이 성경 끝에 있는 계시록 21-22장의 내용이다(계 21:1-7).[163)]

창세기에서 인간의 범죄로 모든 것을 상실하고 파괴되어졌지만 다시금 계시록에서 깨어지진 않은 에덴동산과 같은 세계를 회복하시고 새 하늘과 새 땅을 이루신다. 아래 도표는 창세기 처음 4장의 시작과 계시록 마지막 장에서 시작하여 넉 장째인 19장까지의 관계에서 서

163) 김형태, 『일어나 주는 땅으로 가라』성산선교회 편저, (서울: 보문출판사, 1991), p.113.

로 짝을 이루고 있음을 도표화한 것이다.

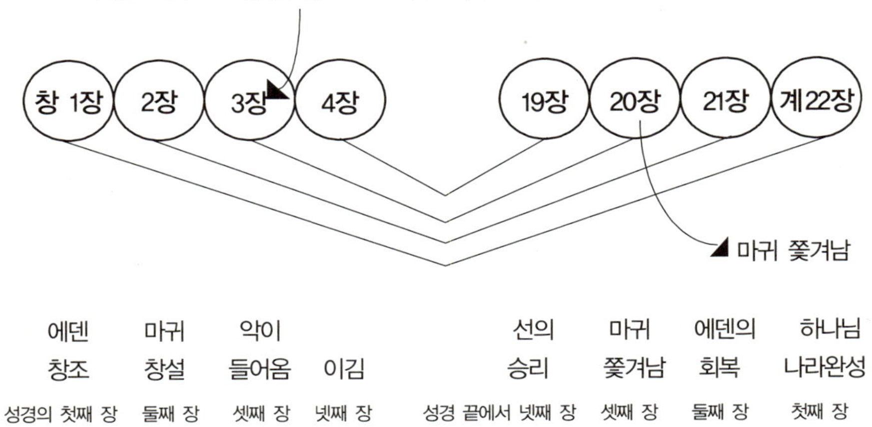

이처럼 성경은 본래의 에덴동산과 같은 새 하늘과 새 땅의 모습을 회복하여 그 나라를 주의 백성들에게 유업으로 주기로 약속하고 있다.

1. 새 예루살렘 성

본문에는 사탄과 그 세력이 최종적으로 결박된 뒤 나타나게 될 아름답고 새로우며 영원한 새 하늘과 새 땅에 대해 묘사하고 있다. 요한은 둘째 사망이 끝난 뒤 세상이 전혀 새롭게 변화된 것을 환상을 통해 본 것이다.

(1) 또 내가 새 하늘과 새 땅을 보니

여기서 '새(καινός)'라는 말은 종별상, 혹은 품질상의 새것을 의미한다. 그런데 이 새 하늘과 새 땅이 현 세계의 변화인지 전혀 새로운 세계의 창조인지에 대한 논쟁이 있다. 그러나 우주의 구재료를 버리고 아무것도 없는 데서 만물을 새로이 지으셨다고 생각할 수 없다. 결국 창세기 1장에서의 창조가 다시 행해진다고 생각하는 것은 이사야 65장 17절을 잘못 해석한 것이며, 로마서 8장 20-23절과 본문의 말씀도 영화롭게 되는 것을 의미하는 것은 아닐까?

사도 바울은 "그리스도 안에 있으면 '새로운(καινη)' 피조물이라"(고후 5:17)고 했고, "오직 새로(καινη) 지으심을 받은 것만이 중요하니라"(갈 6:15)고 한 말씀 속에서 이것은 어떤 산 것들과 더불어 새롭게 변화와 갱신을 나타내는 것이라고 할 수 있다. 바울은 부활장인 고린도전서 15장에서 '몸의 부활'에 대해서 이야기한다. 더욱이 '죽은 자의 부활'에 대해서 말하면서 "썩은 것으로 심고 썩지 아니할 것으로 다시 살아나며, 욕된 것으로 심고 영광스러운 것으로 다시 살며, 약한 것으로 심고 강한 것으로 다시 살아나며, 육의 몸으로 심고 신령한 몸으로 다시 살아난다"(고전 15:42-44)고 말하면서, 51-52절에서는 "우리가 다 잠잘 것이 아니요 마지막 나팔에 순식간에 홀연히 다 변화하리라"고 했다. 이처럼 새 하늘과 새 땅도 새로운 창조라는 것이, 없는 것에서의 새로 만드는 것이 아니라 있는 것에서의 새로운 변화와 갱신이라고 해야 할 것이다.

베드로는 "하늘이 큰 소리로 떠나가고 물질이 뜨거운 불에 풀어지고 땅과 그중에 있는 모든 일이 드러나리라"(벧후 3:10)고 한 말씀은 천지의 물질이 근본적으로 변하게 되는 것을 의미하는 것이라고 할 것이다. 본 절에서는 "처음 하늘과 처음 땅이 없어졌고 바다도 다시 있지 않더라"고 한 말씀은 옛 세계 실체와 물질들의 연속이면서도 아주 새롭고 딴 종류의 근본적인 변화를 의미하는 것이라 하겠다. 20장 11절에서는 "땅과 하늘이 그 앞에서 피하여 간 데 없더라"고 했고, 본문에서는 "바다도 다시 있지 않더라"는 말씀이 이를 더욱 확실하게 뒷받침해 주고 있다.

(2) 거룩한 성 새 예루살렘이 하나님께로부터 하늘에서 내려온다.

요한은 하늘에서 하나님으로부터 거룩한 성 새 예루살렘이 내려오는 것을 본다. 예루살렘은 구약성경에서 '거룩한 성'으로 불렸으며(사 48:2, 55:1), 계시록에서는 두 번 언급되고 있다(21:2, 10). 그러나 '새 예루살렘'이란 구약성경에서는 나오지 않는다.

음녀 바벨론과 마찬가지로 새 예루살렘은 여성인 동시에 도시로 등장한다. 어린양의 신부요(19:7, 21:2, 9), 그리고 '거룩한 성 새 예루살렘'(21:2), '내 하나님의 성'(3:12)이다. 바벨론과 새 예루살렘은 서로 대조를 이루고 있는 한 쌍의 여성 도시로서 계시록의 나머지 장들을 두드러지게 특징짓고 있다.[164]

'하나님의 도성'이란 표현은 그곳이 세속적인 도성과 다르며 하늘로서의 기원을 지닌다는 사실을 강조한 표현이다. 또 '새 예루살렘'은 지상 예루살렘과는 다른 모든 성도가 들어가기 원하는 영원한 성지, 안식처임을 강조한 말이다. 이는 거룩하지 못했던 옛 예루살렘과 대비되고 또 죄악의 성읍 바벨론과 대조를 이루는 곳이기도 하다. 새 예루살렘은 구속받은 사람들이 그들의 신랑이 된 그리스도와 함께 거주할 실제적인 장소이다.

(3) 하나님의 장막이 사람들과 함께 있다.

성막은 이스라엘 백성에게 있어서 하나님이 이스라엘을 보호하신다는 증거였으며, 이스라엘 백성이 하나님의 백성임을 나타내 주는 하나님 임재의 상징이 있다. 말하자면 성막은 하나님과 하나님의 백성이 함께 거하는 이상(理想)이었다. 따라서 이 세상은 하나님의 거처로 삼으신다는 말이고, 이것은 하나님께서 새 예루살렘과 항상 함께 계신다는 뜻이다. 새 예루살렘은 하나님의 거처가 따로 있는 것이 아니고, 새 예루살렘이 곧 하나님의 거처이며 그것은 새 예루살렘이 하나님의 임재를 나타내는 표상이기 때문이다.

---

164) 리차드 보쿰, 최흥진 역, 『예언의 절정 I』(서울: 한들, 2002), p.188.

(4) 사망, 애통, 곡하는 것, 아픈 것이 없는 세상이 될 것이다.

새 예루살렘이 하늘에서 내려오므로 하나님이 이제 사람들과 함께 거하고, 지극히 복되고 완전한 에덴동산과 같은 상태가 회복되었기 때문에 이제는 모든 사망과 고통이 사람들에게서 제거될 것이다.

모든 눈물을 그 눈에서 닦아주실 것이다. 하나님의 백성은 하나님의 공의로운 통치하에서 하나님과 함께 살 것이다. 이 땅에서의 인간의 삶, 그 자체라고 하는 것은 슬픔과 고통 · 질병 · 애달픔 · 고뇌와 끊임없는 눈물의 연속 속에서 살았다. 그러나 새 예루살렘에서는 이런 인간의 불행이 없다. 눈물은 고통과 죽음과 슬픔과 불행의 상징이다. 그러나 이러한 것들로 말미암은 눈물을 씻어 주는 곳이 새 예루살렘이다. 사망과 애통하는 것과 곡하는 것과 슬픈 것, 이 네 가지는 인간의 눈에서 눈물을 흘리게 하는 요소들이다. 그렇다면 이제 다시는 눈물이 없다고 했으니 이 네 가지, 모든 불행의 요소가 되는 것들이 사라진다는 말이 아닌가? 이 세상에 있는 것이 새 예루살렘에서는 없다. 처음 것들은 다 지나갔다. '처음 것들'은 이전 것들이다. 예루살렘의 이전 운명과 결부된 슬픈 것들, 처음 하늘과 처음 땅이 있는 동안에 존속되었던 모든 상황들을 말한다.

"보라 내가 새 하늘과 새 땅을 창조하나니 이전 것은 기억되거나 마음에 생각나지 아니하리라"(사 65:17). "너희는 이전 일을 기억하지 말며 옛날 일을 생각하지 말라"(사 43:18)고 한다.

2. 요한이 들은 하나님 말씀(5-8절)

요한이 들은 하나님 말씀은 "보좌에 앉으신 이"의 말씀이었다. 이 말씀은 기본적으로 '일곱' 개의 말씀으로 이루어졌다. 처음 세 개는 나중의 네 개와는 대조적으로 양식의 유사성을 보여 준다. 처음 세 개는 '이르시되', '말씀하시되' 하는 발화(發話)동사로 시작되지만 나중 네 개는 그것이 없다. 여기서 나오는 말씀은 계시록의 중심 메시지를 간결하게 요약한 것이다.

① 보좌에 앉으신 이가 이르시되 보라 내가 만물을 새롭게 하노라(5절).

'만물을 새롭게 한다'는 말은 재창조가 아니라 갱신, 변화의 의미를 갖는다. '카이노스(καινός)'라는 말은 '갱신'이라는 뜻과 가깝다. 옛 세계에서 새 세계로의 극단적이고 철저한 변화를 가리킨다. 특징이나 본질에 있어서의 새로움을 의미한다. 그러나 '네오스(νέος)'라는 단어는 동시에 시간이나 근원에서 새로움을 뜻한다. 마태복음 9장 17절의 "새 술은 새 부대에"라는 문구에서 '네오스'라는 용어가 사용되었는데 이것은 헌 부대와 헌 술의 완전한 교체를 의미한다. 그러나 카오스는 현 우주를 완전히 교체해 그 근원에 있어서 전혀 다른 존재의 등장이 아니라 그 성격이나 본질에 있어서 철저한 변화를 겪은 창조세계의 등장을 의도하는 것이다.[165)]

② 또 이르시되 이 말은 신실하고 참되니 기록하라 하시고.

"이 말은 신실하고 참되다"라는 말은 22장 6절에 동일하게 나오는 문구이다. '신실하다(πιστός)'는 것은 '신뢰할 만하다' 또는 '믿을 수 있다'는 의미이고, '참되다(αληθινός)'는 것은 '거짓이 없음'을 뜻한다. 따라서 하나님의 말씀은 믿을 만한 것으로서 반드시 성취될 것이므로 기록해 두라는 것이다. '기록하라'는 말은 13장 14절, 19장 9절에도 나오는데 이곳에는 단지 부분적인 명령이지만 여기에 나오는 '기록하라'는 말은 계시록 전체를 대상으로 한 마지막 명령이다.

③ 또 내게 말씀하시되 이루었도다.

하나님은 "그 창조하시며 만드시던 모든 일을 마치시고"(창 2:3),

165) 이필찬, 『내가 속히 오리라』(서울: 이레서원, 1990), p.875.

"천지와 만물이 다 이루어지니라"(창 2:1)고 말씀하시고, 예수께서는 십자가상에서 구속사역을 다 마치시고 운명하시면서 '다 이루었다'(요 19:30)고 하셨으며, 이제는 구속받은 자들을 새 예루살렘 성으로 초대함으로써 구원의 모든 계획을 마치시고 '이루었도다'라고 말씀하신다.

본 절은 16장 17절에서 일곱째 대접이 쏟아진 후에 보좌에서 들려온 음성이 '되었다(νέγονεν)'고 선언한 말씀과 병행을 이룬다. 예수께서 십자가상에서 운명하시기 전에 마지막으로 하신 말씀도 '다 이루었다(τετέλεσαι)'였다. 이 단어 역시 히브리어로 '아멘'을 헬라어로 번역하고자 한 시도라고 할 수 있다.

하나님은 말씀으로 천지 만물을 창조하신 일을 마치시고(창 2:3), 예수님은 십자가상에서 운명하심으로 인간의 구속 사업을 '다 이루었다'고 하셨으며, 이제 마지막으로 구속받은 성도들을 새 예루살렘 성으로 초대하시고 구원의 모든 계획을 마치시고 '이루었다'고 인을 치고 계신다.

④ 나는 알파와 오메가요 처음과 마지막이라.

알파와 오메가라는 말을 계시록에서 서너 차례 나온다(1:8, 21:6, 22:13). 그러나 1장 8절, 21장 6절에서는 하나님께 대해서만 사용되지만 21장 13절에서는 그리스도에 대해서 사용한다. '알파와 오메가와 처음과 마지막이라'는 말은 같은 뜻의 말이다. 이 말은 하나님께서 영원토록 존재하시는 스스로 계시는 분이요 또 우주 만물의 창조자이시며 심판자라는 뜻을 내포하고 있다. 세상은 그로 말미암아 시작되었으며(요 1:3), 그로 말미암아 종결되고(20:11, 21:1), 그로 말미암아 새 세계가 새롭게 창조되어(21:5) 그와 함께 영원히 지속된다.

⑤ 내가 생명수 샘물을 목마른 자에게 값없이 주리니.

이사야 55장 1절에서는 "너희 목마른 자들아 물로 나오라 값없이

와서 포도주와 젖을 사라"고 한다. 7장 17절에서는 "보좌 가운데 계신 어린양이 그들의 목자가 되사 생명수 샘으로 인도하신다"고 했다. 요한복음 7장 37절에서는 "누구든지 목마르거든 내게로 와서 마시라." 요한복음 4장 14절에서는 "내가 주는 물을 마시는 자는 영원히 목마르지 아니하리라 내가 주는 물은 그 속에서 영생하도록 솟아나는 샘물이 되리라"고 하셨다.

여기서 물은 영생을 상징한다. 이 물은 하나님의 은혜로 값없이 주어지는 것이다. 새 예루살렘에서 하나님의 장막에 거하는 자들에게만 주어지는 생명수요 영생수이다.

⑥ 이기는 자는 이것들을 상속으로 받으리라 나는 그의 하나님이 되고 그는 내 아들이 되리라.

이기는 자는 아시아의 일곱 교회에 보내는 편지의 마지막 부분에 어김없이 나오는 문구이다. 이기는 자에게 주어지는 상급은 하나님이 우리의 하나님이 되고 우리는 그의 아들이 되는 것이다. 이것은 하나님의 약속 가운데 가장 크고 복된 상급이요 상속이다. 하나님이 우리의 아버지가 된다는 것은 우리의 신분과 위치가 어떻게 변화되리라는 것을 보여 준다. 하나님의 아들이 된다는 것은 하나님의 후사로서 새 예루살렘 성을 유업으로 상속받는다는 뜻이다.

⑦ 그러나 두려워하는 자들과 믿지 아니하는 자들과 흉악한 자들과 살인자들과 음행하는 자들과 점술가들과 우상 숭배자들과 거짓말하는 모든 자들은 불과 유황으로 타는 못에 던져지리니 이것이 둘째 사망이라.

이와 병행을 이루는 두 곳이 있는데 9장 20-21절과 22장 15절이다. 9장 20-21절에서는 회개하지 않는 악인들 다섯 종류(우상숭배자, 살인자, 복술가, 음행하는 자, 도둑질하는 자)이다. 22장 15절에서 새 예루살렘 성에 들어가지 못할 자들은 여섯 종류(개, 점술가들,

음행하는 자들, 살인자들, 우상 숭배자들, 거짓말하는 자들)이다.

이 세 종류의 목록을 비교해 보면 21장 8절의 목록이 가장 많은 죄목을 다루고 있다. 이 목록 중 '흉악한 자(ἐβδελυγμένοις)'는 '개들(οἱ κύνες)'과 같은 부류의 사람들로 남색(男色)하는 자들, 동성애자들을 가리키는 것으로 이해하는 것이 자연스럽다.

'두려워하는 자들(δειλοί)'과 '믿지 아니하는 자들(ἄπιστοι)'이라는 두 단어는 계시록에서 오직 여기만 나오고 신약의 다른 악덕 목록에도 나오지 않는다. 이 단어는 마태복음 8장 26절에 나오는 예수의 말씀에 대한 간접 인용일 수도 있다. "어찌하여 무서워하느냐(겁쟁이처럼 행동하느냐) 믿음이 작은 자들아"를 개작한 것이다. 겁쟁이의 속성인 '비겁함'은 헬라 세계에서 일반적인 도덕적 타락을 가리키는 용어이다.[166] 나머지 점술가 · 복술가를 제외한 다른 사람들(살인자, 음행자, 우상 숭배자, 거짓말하는 자들, 도둑질하는 자들)은 모두 십계명과 관련된 죄들이다.

3. 새 예루살렘 성의 모습(9-27절)

본문은 하나님의 도성, 새 예루살렘을 집중적으로 묘사하고 있다. 일곱째 천사 중 하나가 요한에게 이르기를 "이리로 오라, 내가 신부 곧 어린양의 아내를 네게 보이리라"고 한다. 새 예루살렘 성은 아내요, 이 남편은 어린양 예수 그리스도인 것을 알 수 있다. 성경에서는 남편과 아내의 관계를 하나님과 그의 신실한 백성들과의 관계로 비유해서 나타내고 있는 것을 볼 수 있다. 신약성경에서는 이러한 관계를 초기 그리스도인들의 신앙을 표현하는 데 사용한 것을 볼 수 있는데 고린도후서 11장 2절, 에베소서 5장 22-23장 등에서 예수 그리스도와 그리스도인, 혹은 교회와의 관계를 남편과 아내의 관계로 나타

166) 데이비드 E. 아우내, 김철 역, 『요한계시록, 하』(서울: 솔로몬, 2005), pp.441-442.

내고 있다.

계시록에서 신부는 단순한 그리스도인인 공동체가 아니라 구원된 공동체로서의 실체를 가리킨다는 점에서 새 예루살렘은 완성된 하나님의 나라를 가리킨다고 하겠다.[167)]

✻ 새 예루살렘의 외부 모습

성도들은 하나님의 도시인 새 예루살렘 성에 살게 된다. 게다가 바벨론은 화려하게 의인화된 음녀와 같고(17:1–6), 새 예루살렘은 결혼식을 위해 치장된 신부와 같다. 21장 9절에서 이 도시는 '아내'로 불려지고 동시에 '신부'로 명시되어 있다. 이 도시의 개별적인 묘사는 도시의 성곽과 함께 시작된다. 성곽의 폭과 높이는 그곳에 사는 거주자들의 고귀성을 암시한다(12–13절). 열두 문에 관해서는 사방으로 각각 세 개의 문으로 구성되어 있다.[168)]

① 그 성에는 하나님의 영광이 있다.

하나님의 거룩한 본성은 '영광'이다. 그 영광의 상징은 빛이다. 이 영광이 장차 임할 거룩한 성에 가득 차 있다고 말한다. 이 영광은 구약시대의 성전 안쪽 지성소에서 보여지던 하나님 임재의 영광, '쉐키나(Shekinah)'이다(출 40:34; 왕상 8:11). 이 예루살렘 성에는 하나님께서 직접 임재하고 계시기 때문에 그것에 하나님의 영광이 가득차서 빛나는 것은 당연하다 하겠다.[169)]

이 성은 도성의 빛이 지극히 귀한 보석 같고, 벽옥과 수정같이 맑다. 18절에서는 이 성은 "정금인데 맑은 유리 같더라"고 했다. '새 예루살렘 성'은 하나님의 영광을 발산하기 때문에 도성의 전체적인 모

---

167) 이형의, 『요한계시록의 신학적 이해』(서울: 기독교서회, 2004), p.222.

168) 오토 뵉허, 박두환 역, 『요한묵시록의 난제 열두 가지』(천안: 한국신학연구소, 1995), p.159.

169) 임마누엘, 『레마 종합자료씨리즈 제15권』(광명: 임마누엘, 1990), p.547.

습을 상징하는 데는 벽옥이 제격이다. 4장 3절에서는 하나님을 '벽옥'으로 비유하고 있다. 벽옥은 통상적으로 불투명한 돌이기 때문에 '도성이 수정과 같았다'는 묘사는 도성의 순수성과 가치를 강조한 것이다.

② 새 예루살렘 성곽과 문: 그 성은 크고 높은 성곽이 있고 열두 문이 있다.

성에 관한 성곽이 먼저 언급된 것은 성의 경계를 보여 주고, 성을 보호하기 위해서 둘러쳐진 것이다. 이 도성을 둘러싸고 있는 성곽에는 열두 문이 있고 각각의 문의 이름은 이스라엘 열두 지파의 이름을 따라 명명되어 있다. 이것은 요한이 열둘이라는 숫자[170)]의 상징적인 의미에 관심을 두고 있기 때문일 것이다. 열두 지파에 관한 언급은 새 예루살렘이 단순히 하나의 성이 아니라 온 땅의 중심이라는 것을 함축한다. 이러한 배열은 사면으로 세 개의 문이 나 있는 새 예루살렘의 네모난 성곽에 관한 에스겔의 환상과 일치한다.

열두 기초석은 열두 문과 같은 숫자로서 열두 지파, 열두 사도와도 일치한다. 이 열두 기초석은 성벽의 무게를 지탱할 수 있을 만큼 깊고 안전하게 놓여 있으며, 또 이것은 "하나님이 경영하시고 지으실 터가 있는 성을"(히 11:10) 바라는 이스라엘의 굳은 믿음을 잘 표현해 주고 있다. 한편 열두 사도가 언급된 것은 본서에 처음이다. 성문에는 열두 지파의 이름이 있고, 성터에는 열두 사도의 이름이 있어 구약과 신약의 총체적인 우주적 교회를 의미한다. 다시 말해 새 예루살렘 시민은 단지 교회 혹은 지금의 세상 성도들뿐 아니라 이스라엘과 다른 시대의 성도들, 즉 구약시대나 신약시대나 환난시대의 성도들도

170) 새 예루살렘의 열둘 12라는 숫자: 새 예루살렘에는 12라는 숫자가 두드러지게 나타난다. 12문과 12 천사 이스라엘의 12 지파, 12 기초석, 12 사도, 12 진주, 12종의 과실 등이 있다. 이 도성의 길이 폭은 어느 것이나 12,000 스다디온, 혹은 성벽의 높이는 12 규빗의 12배, 즉 144규빗이라고 말하고 있다.

포함되어 있는 것이다.

③ 새 예루살렘의 크기: 그 성과 그 문들과 성곽을 측량하려고 금 갈대 자를 가졌다.

이것은 새 예루살렘 성의 크기를 말하고 있다. 새 예루살렘 성은 크고 높은 성곽으로 둘러싸여 있고(21:12), 동서남북에 각각 세 문씩 열두 문이 있으며, 그 문들 위에 이스라엘의 열두 지파 이름이 새겨져 있다. 그리고 성의 성곽에는 열두 기초석이 있고, 그 위에 열두 사도의 이름이 있는데 성의 크기는 네모가 반듯하여 길이·넓이·높이가 일만 이천 스다디온이다. 성곽은 144규빗으로 이 수치는 완전수인 12를 제곱한 것이기 때문에 실제의 수치라기보다는 성곽의 완전성을 나타내주는 상징적인 길이이다.

④ 새 예루살렘 성의 재료(18-21절)

"그 성은 벽옥으로 쌓여 있고 그 성은 정금인데 맑은 유리 같더라."

새 예루살렘 성의 재료는 가장 귀하고 값진 여러 종류의 보석으로 이루어졌다. 즉 성곽은 벽옥이고 그 성 자체는 유리 같은 정금이며 성곽의 열두 기초석은 열두 보석으로 되어 있다. 그리고 열두 문은 열두 진주로 되어 있고, 성 안의 모든 길도 모두 맑은 유리 같은 정금이며 각종 보석으로 꾸며진 아름다운 도시가 새 예루살렘 성이다. 그래서 천국의 아름다움을 신부가 남편을 위하여 단장한 것 같더라(21:2)고 한 것이다.

⑤ 새 예루살렘에 없는 것(22-27절)

20-27절에서는 새 예루살렘 성의 내부 모습을 묘사했는데 거기에는 하나님의 영광의 광채로 인하여 이 땅의 어떤 도시보다도 족히 비교할 수 없을 정도로 찬란하다. 새 예루살렘 성에는 일곱 가지가 없음을 알 수 있다.

㉮ 성전이 없다 : 성 안에서 내가 성전을 보지 못하였으니(22절)

새 예루살렘에는 성전이 없다. 성전이 없는 이유는 천국에는 죄가 없기 때문에 죄를 속하는 장소로서의 구약적 개념의 성전이 필요 없고, 또 땅에서 성전이 필요했던 것은 하나님과 대면하기 위함이었는데 새 예루살렘에서는 누구나 하나님과 대면하면서 살기 때문에 성전이 필요 없다. 그러나 더 분명한 이유는 "주 하나님이 곧 전능하신 이와 및 어린양이 그 성전이심이니라"고 했기 때문이다(21:22; 사 8:14).

㉯ 빛이 필요 없다: 그 성은 해나 달의 비침이 쓸데없으니(23절)

새 예루살렘 성은 빛 자체이신 하나님(요일 1:5; 사 60:19)이 자기의 영광으로 비추시고 빛 되신 예수 그리스도께서(요 1:4) 그 등불이 되시기 때문이다.

㉰ 문이 없다: 낮에 성문들을 도무지 닫지 아니하더라(25절)

이 말씀은 이사야 60장 11절의 "네 성문이 항상 열려 주야로 닫히지 아니하리니"와 연관이 있다. 도시의 성문들은 항상 밤이면 닫혀 있다. 그것은 도둑이나 외적이 침입하지 못하게 하기 위해서다. 그러나 새 예루살렘 성은 도둑이나 대적할 자가 없기에 낮에도 문을 닫아둘 필요가 없다.

㉱ 밤이 없다: 거기에는 밤이 없음이라(25절).

어둠은 악과 부정한 것들이 태동하고 감추어져 범죄가 넘치는 때이다. 그러나 하나님의 도성은 악이나 부정한 것이 숨거나 번창할 곳이 없다.

㉲ 속된 것이 없다: 무엇이든지 속된 것이나 가증한 일, 또는 거짓말하는 자는 결코 그리로 들어가지 못하되(27절)

새 예루살렘 성은 위와 같은 죄목을 가지고 있는 자들이 없다는 말이다. 영적으로나 도덕적으로 더러운 것과 속된 것들이 없다는 말이다.

㉶ 저주가 없다: 다시 저주가 없으며(22:3)

이 땅은 죄로 인하여 가시덤불과 엉겅퀴 등 인간의 불행과 저주가 생존하고 있는 곳이다. 그러나 새 예루살렘 성은 저주가 풀리고 죄의 삯이 없으니 불행이나 사망이 없는 곳이다. 죄와 저주가 없음은 하나님이 처음 인간에게 주셨던 그 누림의 특권과 능력이 회복된 것이다.

㉷ 노동이 없다.

죄로 인해 평생 동안 수고해야 먹고 땀을 흘려야 하는 고달픔이 없다. 하나님의 도성에는 무익한 노동도 없고 하나님께 대한 반역도 없다. 모든 것은 자원하여 기쁨으로 할 것이며 부르기 전에 응답하는 시스템으로 기쁨의 교제와 영광만이 있다. "그의 종들이 그를 섬기며"(22:3)라고 한 것은 열매 없는 섬김이 없고, 헛된 수고는 사라진 것이다. 모든 하는 일은 건설적이며 유용한 일이 될 것이며, 영원한 상태는 끝없는 게으름의 연속이 아니라 피곤함이 없고 실패함이 없는 끝없는 활동의 연속일 것이다.[171]

171) 메릴 C. 테니, 김근수 역, 『요한계시록 해석』(서울: 기독교문서선교회, 1988), pp.106-109.

제22장
새 예루살렘과 재림의 약속

본 장은 계시록의 마지막 장일 뿐 아니라 성경 전체의 마지막 장이기도 하다. 이러한 본 장은 하나님이 직접 주신 절대 무오한 계시의 책인 성경 자체의 신적 권위와 성경 말씀의 핵심 중의 핵심 내용인 파루시아(Parousia)와 마라나타(Maranatha) 사상, 즉 예수의 재림과 재림 대망사상을 다루고 있다.

먼저 1-5장은 21장에서 언급된 새 예루살렘에서의 복된 삶의 내용을 종합적으로 언급해 주고 있다. 다시 말하면 본 단락은 장차 성도가 들어가 살게 될 하나님 나라와 그곳에서의 삶을 최종적이고 결론적으로 언급하고 있다.

그리고 6-21장까지의 내용은 모든 세대의 교회에게 지금까지의 계시와 예언의 말씀들이, 인간의 말이 아닌 심판의 주관자이신 하나님 말씀이기 때문에 반드시 속히 이루어질 사실이라는 것을 선언한다. 다시 말해서 본서의 진정성과 필연성·성취성·성취의 신속성 등을 피력함으로써 이 땅에서의 잠시의 고난을 감내하면서 속히 오실 주님을 맞을 준비를 하라고 최종적으로 권면하는 내용을 담고 있다.

1. 낙원으로서의 하나님 나라(1-6절)

본문에서의 새 예루살렘 성인 하나님 나라의 모습은 하나님이 창조하신 에덴동산을 연상케 한다. 에덴동산은 지금도 우리의 이상향이며 천국이다. 바로 본문의 새 예루살렘은 에덴동산의 완전 회복이며 백성들이 그와 함께 영원히 하나님의 나라에서 맛볼 승리와 축복의 절정을 보여 준다.

(1) 생명수 강을 내게 보이니

요한은 수정같이 맑은 생명수의 강이 하나님과 어린양의 보좌에서 흘러나오는 것을 본다. 에덴동산에는 네 개의 강이 흐른다(창 2:10-14). 비손과 기혼과 힛데겔과 유브라데 강이 있었는데 이들 강은 에덴에서 발원하여 온 땅으로 흘러들었다.

그러나 새 예루살렘에 흐르는 강은 하나님과 어린양의 보좌에서 발원하여 흐르는 하나의 강이다. 생명수의 강에 대한 내용은 에스겔 47장 1-12절에서도 나온다. 성전 문지방 밑에서 흘러나오는 물이 요단강과 사해의 생물들을 살리게 될 것이라는 환상을 본다면, 하나님 어린양의 보좌에서 흘러나오는 생명수는 영원한 생명수요 목마름이 없는 생명의 물줄기이다. 이 강은 그 성의 중심 한가운데를 흐르며 모든 사람이 먹고 영생하는 것이다.

(2) 강 좌우에 생명나무가 있어 열두 가지 열매를 맺는다.

생명나무는 에덴동산에 있었던 것이다(창 2:9). 이 생명나무는 하나님께서 인간에게 주시는 영생을 상징하는 것이며 예수의 피로 죄사함을 받고 새 예루살렘에 거하는 주의 백성들이 이제는 얼마든지 자유롭게 먹을 수 있는 열매이다. 분명 예수께서는 "이기는 자에게 하나님의 낙원에 있는 생명나무 열매를 주어 먹게 하리라"(2:7)고 약속하셨다.

이런 생명나무는 열두 가지 열매를 맺되 달마다 그 열매를 맺는다고 했다. 이것은 에스겔 47장 12절의 "강 좌우 가에는 각종 먹을 과실나무가 자라서 그 잎이 시들지 아니하며 열매가 끊이지 아니하고 달마다 새 열매를 맺으리라"는 말씀에 배경을 두고 있다. 이 세상에서는 고작 한두 번 밖에 열매를 거둘 수 없는 것을 새 예루살렘에서는 달마다 열두 가지 서로 다른 종류의 과실을 먹을 수 있다고 하니 이것은 절대적이고 풍성한 생명력과 축복이 충만한 곳이 하나님의 나라라는 것을 보여 준다.

그뿐 아니라 "그 나무의 잎사귀들은 만국을 치료하기 위하여 있더라"고 했다. 에스겔 47장 12절에서는 "그 열매는 먹을 만하고 그 잎사귀는 약재료가 되리라"는 말씀을 배경으로 한다. 만국을 '치료한다(θεραπεύω)'는 말은 '섬긴다', '봉사한다'는 의미를 갖고 있는 뜻으로 '건강을 준다'란 의미로 해석되어야 한다. 바꾸어 말하면 이 나무의 잎은 새로운 예루살렘에는 존재하지 않는 병을 치료한다고 하기보다는 거기에서의 생활을 즐기는 것을 촉진시키는 것을 말한다.[172] 21장 4절은 이것을 뒷받침한다. "다시는 사망이 없고 애통하는 것이나 곡하는 것이나 아픈 것이 다시 있지 아니하리니 처음 것들이 다 지나갔음이더라." 지상에서의 고난 때문에 흘린 눈물을 영원히 흘려보내고 새 땅에서는 결코 아픈 것, 병에 걸리는 일이 없으니 영생복락이 아닐 수 없다.

(3) 저주가 없다.

이 말씀은 스가랴 14장 11절의 "사람이 그 가운데 살며 다시는 저주가 있지 아니하리니 예루살렘이 평안히 서리로다"를 배경으로 하고 있다. 에덴동산에 내렸던 저주를 하나님께서 거두심을 가리킨다. 하나님의 나라는 하나님의 장막이 사람들과 함께 있고, 그분이 친히 그의 백성들과 함께 계시는 곳이다. 그러므로 그곳은 저주가 있을 수 없다.

천년왕국에서는 저주가 지상에서 사라졌다고 되어 있으나 죄가 가

172) 존에프 왈푸드, 전준식 역, 『예수 그리스도의 계시』(서울: 교회연합신보,1987), p.441.

져왔던 고통에서 완전히 해방된다고 하는 것은 아니다. 왜냐하면 천년왕국에서는 여전히 죄인이 저주받아(사 65:20) 죽을 가능성이 있기 때문이다. 그러나 새 예루살렘 성 하나님의 나라에서는 저주는 전혀 없고, 하나님의 형벌의 가능성도 필요 없다. 이런 확실한 이유는 하나님과 어린양의 보좌가 새 예루살렘에 있어 하나님의 종들이 끊임없이 하나님께 봉사하고 있다는 사실에 근거하고 있다. 여기서 "하나님의 종들이 그를 섬길 것이라"고 되어 있는데 영원한 세계에서의 하나님을 섬기는 자로서 그분께 예배하고 섬긴다는 것은 당연한 것이요 축복인 것이다.

(4) 그의 얼굴을 본다.

구약적인 개념에서 죄인이 하나님의 얼굴을 볼 수 없으며 그의 얼굴을 본다는 것은 죽음을 의미한다(출 33:20). 그러나 이제는 하나님의 백성으로서 서로 대면하여 볼 수 있게 된 것이다.

사도 바울은 고린도전서 13장 '사랑장'에서 "우리가 지금은 거울로 보는 것같이 희미하나 그때에는 얼굴과 얼굴을 대하여 볼 것이요 지금은 내가 부분적으로 아나 그 때에는 주께서 나를 아신 것같이 내가 온전히 알리라"(고전 13:12)고 했다. 세상에서는 부분적으로 알고 희미하게 볼 수 있었으나 이제는 서로 대면하여 온전히 알고 교제하게 된 것이다. 요한은 그의 서신에서 "사랑하는 자들아, 우리가 지금은 하나님의 자녀라 장래에 어떻게 될지는 아직 나타나지 아니하였으나 그가 나타나시면 우리가 그와 같은 줄 아는 것은 그의 참모습 그대로 볼 것이기 때문이니"(요일 3:2)라고 했다. 하나님의 얼굴을 볼 수 있다는 것은 그와의 친밀한 교제를 나눌 수 있다는 말이다.

그리고 "그의 이름도 그들의 이마에 있으리라"고 한 것은 이들 모두는 하나님의 백성이며, 그의 소속이고 같은 동일한 그룹의 자녀들이라는 말이다. 즉 하나님께서 주의 백성들을 안전하게 보호하고 영원한 세계의 영광을 누리게 하시겠다는 의미이다.

(5) 다시는 밤과 등불과 햇빛이 쓸데없다. 그것은 주 하나님께서 그들에게 비치시기 때문이다.

이 말씀은 21장 23, 25절의 말씀을 반복하는 것이다. 그리고 이기고 벗어난 자들에게 주어질 상급으로 "만국을 다스리는 권세를 주리라"(2:26)고 한 것처럼 하나님의 나라에서도 하나님과 함께 왕 노릇할 것이다. 이는 성도들이 하나님의 양자로서 그분의 영광에 참여하여 영생과 복을 누리게 될 것을 말한다.

2. 재림의 약속과 결어(6-21절)

(1) 반드시 속히 될 일

요한은 21장 9절에서 말하는 "일곱 나팔을 가지고 마지막 일곱 재앙을 담은 일곱 천사 중 하나라"고 할 수 있는 천사가 말하는 것을 듣는다.

① 이 말은 참되고 신실하다.

이 같은 말씀은 19장 9절, 21장 5절에도 있다. 이것은 지금까지의 하신 모든 말씀이 참되고 신실하다고 하는 것을 마지막으로 강조하는 것이다. 새 예루살렘에서는 저주는 없으며(완전한 회복), 하나님의 어린양의 보좌가 도상 가운데 있으며(완전한 지배), 그 종들은 하나님을 섬기고(완전 자원하는 복종), 하나님의 얼굴을 보며(완전한 변화), 그들의 이마에는 하나님의 이름이 있고(완전한 신원확인), 그분이 빛이 되심으로 밤이나 등불과 햇빛이 필요 없는(완전한 조명), 세세토록 왕 노릇 하게 될 것이니(완전한 승귀와 영광) 이 어찌 복되고 신실한 영광과 기쁨이 아니겠는가?

6절부터는 계시록의 결어(結語)가 시작된다. 특히 22장 6-21절과

1장 1-3절은 아주 유사성이 뚜렷하게 나타난다. 두 부분은 모두 ㉮ 반드시 속히 될 일(1:1 / 22:6), ㉯ 그의 종들에게 보이시려고(1:1 / 22:6), ㉰ 예언의 말씀을(1:3 / 22:7), ㉱ 지키는 자들이(1:3 / 22:7), ㉲ 복이 있나니(1:3 / 22:7), ㉳ 때가 가까우니라(1:3 / 22:10)[173]라는 내용이 병행을 이루고 있다. 이것은 계시록의 서언과 결어를 상응시킨 것이다. 어찌했든지 간에 요한은 하나님이 천사를 보내어 계시의 말씀이 '신실하고 참되다'는 것을 강조한다.

② 내가 속히 오리니.

이 말씀은 예수 재림의 약속이다. 예수께서는 계속 반복해서 '내가 속히 오리라'(22:12, 20)고 말씀하신다. 예수 재림의 필연성과 임박성 · 확실성을 말한다. 그리고 "이 두루마리의 예언의 말씀을 지키는 자는 복이 있으리라"고 한다. 일곱 가지 복(1:3, 14:13, 16:15, 19:9, 20:6, 22:7, 22:14) 중의 하나이다. 하나님의 축복은 이 예언의 말씀을 지키는 자에게 약속되어 있다.

(2) 요한이 천사의 발 앞에 경배하려고 엎드렸더니.

요한이 본서의 계시의 내용을 보고 들은 것은 자신이지만 하나님께서 천사를 통하여 요한 자신에게 보여 준 말씀들이다. 그렇다면 왜 요한은 하나님께만 행해야 할 경배의 태도(19:10)를 천사에게 하려고 한 것일까? 그것은 바로 천사가 전달해 준 계시의 엄청난 내용에 압도되었기 때문이다. 그러나 천사는 "그리하지 말고 하나님께만 경배하라"고 한다. 그것은 당연한 일이다. 왜냐하면 천사 자신도 "너와 네 형제 선지자들과 또 이 두루마리의 말을 지키는 자들과 함께 된 종이기" 때문이다.

(3) 예언의 말씀을 인봉하지 말라(10-11절).

---

173) 이달, 『요한계시록』(서울: 한국장로교출판사, 2008), p.372.

이것은 예언의 말씀을 선포하라는 말씀이다. 구약의 다니엘서에는 "하나님의 말씀을 인봉하라"(단 8:26, 12:4, 9)고 한다. 그러나 본 절에서는 '인봉하지 말라 때가 가까우니라'고 그 이유를 말한다.

5장에서는 예수께서 그 봉하였던 두루마리 책의 인봉을 떼는 장면이 나온다. 예수께서 그 인봉을 떼셨다는 그것은 그리스도의 재림의 때가 가까웠다는 것을 보여 주는 것이다.

종말의 때에 "불의를 행하는 자는 그대로 불의를 행하고, 더러운 자는 그대로 더럽고, 의로운 자는 그대로 의를 행하고, 거룩한 자는 그대로 거룩하게 하라"고 한다. 이 말씀은 예언의 말씀에 대한 두 부류의 반응을 보여 준다. 서로 두 쌍을 이루고 있는 말을 사용하면서 악인은 악인대로의 방임을, 의인은 의인대로의 선한 행위에 대한 독려를 하고 있는 말씀이다. 불의를 행하는 자와 더러운 자는 사탄에 속한 자요, 거룩한 자는 하나님께 속한 자들로 불못에 들어갈 자와 하나님 나라에 들어갈 자들에 대한 회개를 역설적으로 경고하는 마지막 말씀이다.

그리고 주께서는 자기의 행한 대로 갚아 주신다고 말씀하신다. 우리의 상급은 하나님 나라에 있는 장소이지만 이는 우리의 선행 때문이 아니라 하나님의 은혜의 약속 때문이다(눅 12:31-32). 이 말씀은 계시록에 일관되게 나타나는 근본적인 진리 가운데 하나이다. 사실 구약성경에서는 행한 대로 보상을 받는다는 사상은 보편적이라 할 수 있다. 그러나 신약성경의 바울 서신에는 이러한 사상이 크게 후퇴하고 믿음이 강조되었다. 하지만 다시금 계시록에서 믿음보다 행위가 강조되었다. 그 이유는 각 사람의 행함에 따라 보상해 주는 심판의 때와 종말의 때가 가까웠기 때문일 것이다.

(4) 알파와 오메가 되시는 그리스도

"나는 알파와 오메가요 처음과 마지막이요 시작과 마침이라." 이 같은 그리스도의 세 가지 호칭은 그리스도의 정체성과 아울러 자신을 소개하고 있다. 계시록 서두(1:8, 17, 2:8)와 결말 부분(21:6, 22:13)에 집중적으로 나타나고 있다. 계시의 원천으로서 하나님과 그리스도의 권위를 시작과 끝에서 강조하기 위한 것이다.

(5) 자기 두루마리를 빠는 자는 복이 있으니.

계시록의 일곱 개의 축복 가운데 마지막 축복문이다. 여기서 두루마리를 빠는 행위는 도덕적 및 영적 정결 또는 개혁을 가리키는 은유이다. '옷을 빤다'는 것은 하나님 앞에 나아가기 전에 자신의 옷을 빨 것을 요구받았고(출 19:10, 14), 레위인들은 성별의식으로서 자신의 옷을 빨아야 했다(민 8:7, 21). 따라서 옷을 빠는 행위는 제의적 부정함을 지닌 자들이 광야의 성막에 들어가거나, 도성의 성전에 들어가거나, 제단에 나아갈 때 반드시 요구되는 필수 조건이었다. 따라서 그리스도의 혼인 잔치에 들어갈 성도들이 빛나고 깨끗한 세마포 옷을 입는 것은 당연한 일이다. 이처럼 새 예루살렘의 열두 문을 통과하여 성에 들어갈 권세를 얻으려면 도덕적으로나 영적으로 정결해야 한다.

그러나 성 밖에 있는 자들(15절)은 개들과 점술가들과 음행하는 자들과 살인자들과 우상 숭배자들과 거짓말하는 자들이다.

여기서 '개들'은 악인들에 대한 은유적인 표현으로 쓰고 있다. '개'라는 용어는 '카데쉬', 미동, 남색하는 자와 병행되는 용어로 사용한다. 개들은 성소에 살이 붙어 있는 뼈들을 먹을 염려가 있기 때문에 개들을 거룩한 진으로 들여서는 안 된다. '개들은 예루살렘에 들이지 말라'는 것은 부정한 짐승이기 때문만이 아니라, 개는 땅을 파서 희생 제물로 드려진 짐승의 뼈를 찾아내어 거기서 붙어 있는 고기를 먹는 경향이 있기 때문이다.

개들은 사람들이 역겨워하는 습성을 가지고 있었기 때문에 경멸의 대상이기도 했다(잠 26:11; 눅 16:21).

또 유대인들은 이방인들을 가리킬 때 사용했다(막 7:27-28; 마 15:26-27). 마지막으로 '개'라는 용어는 초기 기독교에서 이단자들(빌 3:2)에게는 물론 세례받지 않은 자들, 부정한 자들을 가리키는데 사용했다.

위에 열거된 악인들은 성 밖에 있을 자들로, 단지 새 예루살렘 성 안으로 들어가지 못한다는 것을 의미하는 것이 아니라 영원한 불못에 떨어진다는 의미이다(20:14-15).

(6) 나 예수는 다윗의 뿌리요 자손이니 곧 광명한 새벽별이라.

이 말씀은 예수 자신 스스로가 자신이 누구인지를 밝히는 말씀이다. 예수는 다윗의 뿌리이시며 자손이다. 이 말의 뜻은 그분이 육신의 혈통상 다윗의 자손임을 뜻하는 말이다. 예수 그리스도가 이 땅에 육신을 입고 오신 초림은 이사야서 예언이 성취된 것으로 "이새의 뿌리에서 한 가지가 나서"(사 11:1)라고 한 예언대로 '메시아'라는 선언과 같다.

'광명한 새벽별'이란 말은 다윗의 후손으로 탄생할 메시아를 유대인들이 흔히 부를 때 사용한 표현이다(민 24:17). 뿐만 아니라 예수 그리스도의 재림에 대한 신분상의 성격을 나타내기도 한다. 예수가 새벽별이 동트기 전 어둠 속에서 제일 먼저 보이는 별이듯이 새벽이신 그리스도께서는 환난의 밤이 곧 끝날 것이며 새로운 나라의 동이 트고 있다는 약속이다.

(7) 성령과 신부가 말씀하시기를 오라 하시는도다.

이것은 생명수로의 초대를 의미하는 말이다. 이는 그리스도께서 '속히 오시리라'고 하신 말씀에 대한 성령과 교회의 응답이다. 교회와 함께 성령께서도 그리스도의 재림을 갈망하고 있는 까닭은 성령님이 교회를 인도하시고 보호하시는 보혜사이기 때문이다.

이처럼 성령과 교회에 의해서 초대가 이루어지는데 여기에는 3개의 초청이 강조되고 있다. 제1은 듣는 자, 제2는 목마른 자, 제3은 원하는 자이다.

(8) 예언의 말씀을 가감하지 말라.

성경 예언의 말씀은 다른 어떤 책과는 다른 것이다. 성경은 하나님의 감동으로 된 것이요(딤후 3:16), 그 모든 말씀은 하나님의 말씀이다. 사람의 뜻으로 낸 것이 아니고 오직 성령의 감동하심을 받은 사람들이 하나님께 받아 말한 것이기에 이 예언의 말씀을 사사로이 풀거나 고의로 왜곡해서는 안 된다(벧후 1:20-21). 모세도 이스라엘 백성들을 향하여 "내가 너희에게 명령하는 말을 너희는 가감하지 말고 내가 너희에게 내리는 너희 하나님 여호와의 명령을 지키라"(신 4:2)고 했다.

예언의 말씀에 더하게 되면 계시록에 기록된 재앙들을 더할 것이고, 예언의 말씀에 무엇인가를 제하여 버리면 생명나무와 거룩한 성에 참여함을 제해 버리시리라고 하셨다. 예언의 말씀에 인간적인 가감하는 행위를 한다면 그에 따른 징벌이 있을 것임을 경고하고 계신다. 하나님의 말씀은 절대적인 것으로 그 어떤 사람이 변개시키고 변질시키는 것은 하나님의 권위와 위엄을 손상시키는 것이요, 계시록의 절대적인 가치를 떨어뜨리는 것이다. 그러므로 함부로 하나님의 말씀을 첨삭하는 것은 그에 따르는 보응과 징벌을 받게 되는 것이다.

(9) 아멘 주 예수여 오시옵소서.

예수님은 "내가 속히 오리라"고 약속하셨다. 여기에 대한 열정적 화답으로 "아멘 주 예수여 오시옵소서(마라나타)"라고 응답한다. 이 말은 양날과 같은 예언이다. 신실한 자들에게는 구원이 되고 신실과 경건치 않은 자들에게는 심판이 되는 말씀이기 때문이다.

요한은 주께서 속히 임하실 것을 기원한다. 그 당시 로마제국의 박해하에서 고난받던 그리스도인들에게 있어서 그리스도의 재림은 최고의 소망이고 기쁨이었다. 참된 재림신앙은 박해받는 성도들만이 가질 수 있다. 고난이 없는 곳에는 진정한 주의 나라도 없으며, 천국에 대한 관심도 없다. 그러므로 "아멘 주 예수여 오시옵소서"라는 요청은 진정한 의미에서의 진실된 신앙 고백이라고 할 수 있다.

성경의 시작은 창조로부터 시작하여 마지막은 그리스도의 재림으로 끝을 맺는다. 이는 결국 창조 이후 죄로 인해 파괴된 세상이 주의 재림에 의해 원래의 상태로 회복되는 것이다. 그러므로 재림은 우리 성도들의 최대의 희망이요 삶의 목표라 할 것이다.

(10) 주 예수의 은혜와 모든 자들에게 있을지어다. 아멘.

이 은혜(χάρις)의 축도는 1장 4절과 이곳에만 나온다. 이것은 서신이라는 것을 상기시킨다. 이 정형적인 축도 문구는 하나님의 백성은 오직 예수 그리스도 안에서 예수를 통해서만 은혜를 자기 것으로 만들 수 있고 체험할 수 있다는 확신을 효과적으로 전해준다. 다시 말하면 신·불신자 간에 장차 그리스도의 재림 시에 하나님의 나라에 들어가 생명나무 열매를 먹고 그리스도와 더불어 왕 노릇 하려면 반드시 주 예수의 은혜를 힘입어야 한다는 사실이다.

"아멘 주 예수여 오시옵소서."

Ⅲ. 에필로그

요한계시록은 묵시문학 형식으로 기록되어 있다. 묵시는 박해를 당하고 있는 사람들에게 하나님의 궁극적인 승리에 대한 소망을 전달하기 위해 상징적인 이미지를 사용하는 유대문학의 한 유형이다. 그렇다면 이 시대를 살고 있는 우리에게 계시록은 무엇을 말씀하는 것일까?

1. 하나님의 주권적인 역사

성경의 모든 역사는 하나님의 주권 통치를 말씀하는 기록이다. 인류의 역사는 인간이 만들어 가는 것 같고 인간이 주도하는 것 같지만, 인류의 꼭지점을 붙잡고 그의 권한과 주권 아래서 이루어지는 하나님 통치의 역사이다. 이 세상에 하나님의 주권하에서 벗어나 이루어지는 역사는 없다. 직간접적으로 이 땅에 존재하고 있는 인간과 피조물, 그리고 모든 환경과 역사의 모든 흐름과 진행과정도 하나님의 계획과 성취의 골인지점을 향해서 달려가고 있을 뿐이다. 이 세상에 악인이나 의인이나 성공과 실패, 축복과 저주, 구원이나 심판, 심지어 공중에 나는 참새 한 마리도 하나님의 허락 없이는 떨어지지 않는다(마 10:29)는 것은 하나님의 절대적인 주권을 선포하는 말씀이다.

지금도 하나님은 알파와 오메가가 되셔서 역사의 진행과정을 주관하시고 인도하시며 그의 뜻대로 모든 것을 이끌어 가시고 성취해 가게 될 것이다.

2. 그리스도의 재림

예수께서는 이 땅에 다시 오신다. 그의 말씀은 일점일획도 변함없이 이루어질 것이고, 그가 다시 오셔서 이 세상을 만왕의 왕으로서 다스릴 것이다. 계시록은 어느 책보다도 그리스도의 왕국과 그 나라를 그의 백성들에게 유업으로 주시겠다는 종말론적인 사상이 두드러지게 나타나 있다. 그리고 장차 나타날 이 땅에서의 벌어질 여러 징조들과 사건들을 자세하게 기록하고 있다. 역사 진행과정이 전개될 때마다 그것은 예수 재림의 때가 가까웠다는 하나의 사인이며 징조들이다. 그러나 그 재림의 때는 알 수 없다. 예수님이 오실 징조들은 여실히 나타나고 구원과 심판의 수레바퀴는 예수 재림의 그 목표점을 향해서 지금도 쉬지 않고 굴러가고 있는 것이다.

3. 그리스도의 백성들

그리스도의 재림의 시기가 가까워 올수록 이 땅에 벌어지는 모든 사건들과 사탄의 최후의 발악은 극심해져서 하나님을 믿는 성도들에게는 시련과 고난, 그리고 교회 안팎에서 엄청난 핍박이 도래하게 될 것이다. 이런 마지막 때를 살아가고 있는 성도들은 이런 환난과 시련의 때를 어떻게 극복하고 이겨낼 것이냐 하는 것은 큰 과제가 아닐 수 없다. 때문에 이런 고난의 때를 잘 이기고 그 나라를 유업으로 받기까지 잘 참고 인내하며 흔들리지 않는 믿음으로 무장하고 단련하여 '이기는 자'의 삶을 살아야 한다. 하나님의 부르심과 사명에 합당하게 쓰임받을 수 있는 신실한 믿음과 변함없는 충성과 단련된 근육질을 연마하지 않으면 우리는 환난의 바람을 이겨내기가 쉽지 않을 것이다. 따라서 지금은 은혜받을 만한 때요 구원의 날인 것(고후 6:2)을 기억하고 말씀으로 깨어 기도해야 한다.

4. 심판

이 세상은 참으로 불공평한 듯하다. 악인들이 잘되고 승승장구하며 번영을 누리는 것같이 보인다(시 73:1-9). 주를 믿는 자들의 끊임없는 고난과 시련 등은 하나님의 존재에 대한 의구심과 절망감을 느끼게 한다. 그러나 하나님의 때는 정해져 있고, 그분이 오시면 악인과 의인, 알곡과 쭉정이, 안식을 누릴 자와 저주를 받을 자를 나누시고 심판하실 때가 올 것임을 분명히 기록하고 있다. 하나님을 믿고 끝까지 믿음을 지킨 자들에게는 상급과 영생을 주실 것이고, 믿기를 거부하는 자들에게는 영영한 형벌에 들어갈 것이라는 것이 예수님의 말씀(마 25:31-46)과 계시록의 기록이다.

5. 소망의 말씀

계시록은 우리에게 소망과 안위의 복을 주시는 진리의 말씀이요(롬 15:4), 예언의 말씀이다. 이 땅 위에서 예수를 믿다가 고난받고 박해받으며 죽임을 당한 자들을 주께서 일으키시고 새 하늘과 새 땅을 그의 유업으로 주실 것을 말씀하고 있다. 하나님께서 예비하신 새 예루살렘 성은 하나님과 영원히 살 수 있는 에덴동산과 같은 곳이다.

계시록은 어둠 가운데서도 우리에게 소망의 빛을 비춰주고 하나님의 신실하신 약속이 실현되어 새 하늘과 새 땅에서 영광을 누리며 살 것을 보여 준다. 따라서 계시록은 신자들에게 현실의 어려움과 고난의 풀무 가운데서도 하나님께 대한 신실한 믿음과 약속을 의지하며 소망 중에 기뻐하며 살 것을 말씀하신다.

따라서 우리는 이 시대를 살면서 준비하고 무장해야 한다. 계시록은 마지막 때의 일을 기록하고 있다. 그 진행과정은 역사 속에서 하나하나 빠짐없이 이루어져 갈 것이다. 이런 역사적 진행과정의 흐름 속에 발을 담고 사는 주의 백성들은 그날과 그때를 위하여 무장하고 준비하며 살아야 한다. 준비되어 있는 자는 신랑 되시는 예수 그리스도를 기쁨으로 맞이할 것이요, 그의 혼인잔치에 참여하게 될 것이다. 그리고 믿음과 사명으로 무장되어 있는 자들은 하나님의 역사에 함께 동참하여 구원의 역사와 시대적인 사명을 잘 감당하여 하나님의 나라 실현과 의를 위하여 귀하게 쓰임을 받게 될 것이다.

아시아에 있는 일곱 교회에 주어지는 말씀마다 '이기는 자'라는 말을 반복하고 있다. 이것은 이기는 자 되어 상급을 얻고 그 나라에 동참하는 자들이 되어야 한다는 것을 강조하는 것이라 하겠다. 준비하고 무장하는 자는 영광의 기업을 누리게 될 것이요, 기쁨을 만끽하게 될 것이다.

Hallelujah!

참고문헌

【국내문헌】

권성수, 『요한계시록』(서울: 선교횃불, 1999).

김재준, 『김재준전집 제6권』(오산: 한신대학출판부, 1992).

김철손, 『요한계시록신학』(서울: 대한기독교서회, 1989).

김추성, 『요한계시록 4-5장 연구』(서울: 예영커뮤니케이션, 2008).

김형태, 『일어나 주는 땅으로 가라』(서울: 보문출판사, 1991).

박계형, 『이후에 마땅히 될 일』(서울: 보이스사, 2001).

박용우, 『요한과 아시아 일곱교회』(서울: 바울서원, 2004).

박윤성, 『요한계시록 어떻게 가르칠까』(서울: 기독신문사, 2002).

박홍무, 『소아시아 일곱교회(상)』(서울: 쿰란출판사, 2009).

백금산, 『요한계시록 1, 2권』(서울: 부흥과 개혁사, 2010).

송영목, 『요한계시록의 신학』(서울: 성광문화사, 2007).

유동근, 『요한계시록』(서울: 국제선교신학원 출판부, 2007).

이경환, 『작은 책의 비밀』(서울: 크리스챤서적, 2007).

이광호, 『요한계시록』(고양: 도서출판 깔뱅, 2009).

이달, 『요한계시록』(서울: 한국장로교출판사, 2008).

이필찬, 『내가 속히 오리라』(서울: 도서출판 이레서원, 1990).

이형의, 『요한계시록의 신학적 이해』(서울: 기독교서회, 2004).

【번역서】

그랜트 오스본, 『요한계시록』 전광규 역, (서울: 성서유니온교회, 2008).

마틴 로이드 존스, 『영광스러운 교회와 아름다운 종말』임범진 역, (서울: 기독교 문서선교회, 1988).

메릴 C. 테니, 『요한계시록 해석』 김근수 역, (서울: 기독교문서 선교회, 1988).

리차드 보쿰, 『예언의 절정 Ⅰ』 최흥진 역, (서울: 한들출판사, 2002).

『요한계시록신학』 이필찬 역, (서울: 한들출판사, 2000).

오토 뵉허, 『요한묵시록의 난제 열두 가지』 박두환 역, (천안: 한국신학연구소, 1995).

자크 엘룰, 『요한계시록주석』 유상현 역, (서울: 한들출판사, 2000).
존에프 왈푸드, 『예수 그리스도의 계시』 전준식 역, (서울: 교회연합신보,1987).
제자원편, 『그랜드 종합주석 제16권』(서울: 제자원 성서교재간행사, 1994).
데이비드E. 아우내, 『요한계시록 상. 중. 하』김철 역, (서울: 솔로몬, 2005).
임마누엘편, 『레마 종합자료씨리즈 제15권』(광명: 임마누엘출판사, 1990).

【성경】
8개 대조 신약성서, (서울: 가나안 출판사, 1990).
헬라어 신약성경, (서독 슈트가르트: 1974).
헬라어 사전, 박창환 편, (서울: 대한기독교서회, 1977).

요한계시록

지은이: 장윤철
초판일: 2018년 3월 10일

펴낸이: 김혜경
펴낸곳: 도서출판 나됨
주소: 서울시 은평구 역촌동 68-33(3층)
전화: 02) 373-5650, 010-2771-5650
메일: nADoem1@naver.com
등록번호: 제 25100-1998-000010
등록일자: 1998. 2. 25

값: 15,000원

저자와의 협의하에 인지를 생략합니다.
ISBN 978-89-94472-35-5 03230